老人ホームの錬金術

ティモシー・ダイアモンド
工藤政司訳

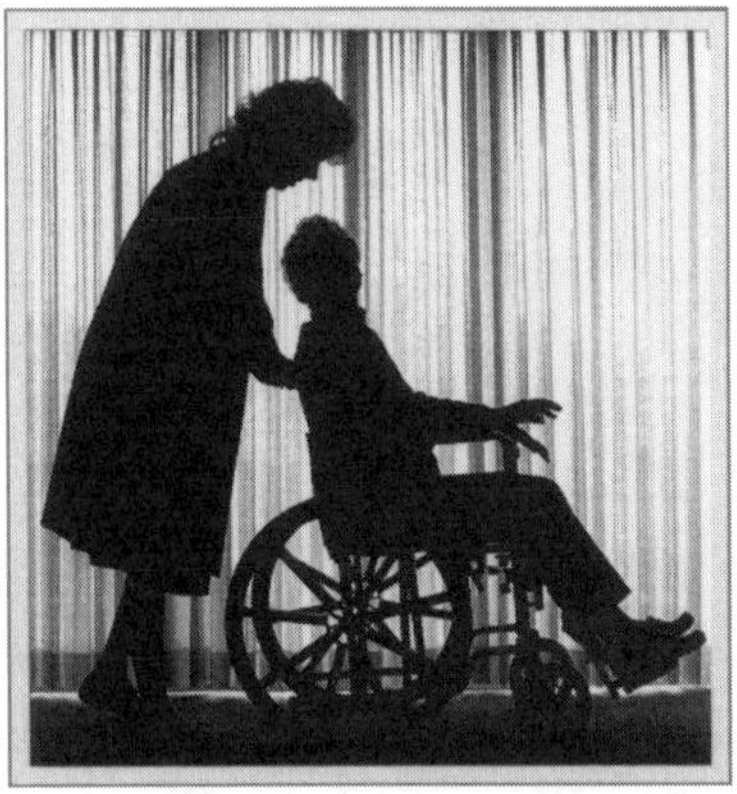

photograph: Ted Lacey

法政大学出版局

Timothy Diamond

MAKING GRAY GOLD
Narratives of Nursing Home Care

Japanese translation licensed by
The University of Chicago Press, Chicago, Illinois, U. S. A.
through The English Agency (Japan) Ltd., Tokyo.

目次

まえがき

『老人ホームの錬金術』〔原題は『灰色の金をつくる――老人ホームの介護物語』〕はアメリカの医療システムという巨大な機構、とりわけ老人ホームの変革を求める一つの叫びである。この産業を取り締まる官僚、ホームの収容老人を診察する医師、健康管理を口にする政治家、健康管理会社の株をもつ投資家、並びに医療の研究者たちはすべからくティモシー・ダイアモンドの手になるこうした施設の介護士の民族誌的研究を読むべきである。彼の語り口は明快で力強く、大胆かつ同情的である。看護助手、被介護者、その家族らは全て本書を歓迎するだろう、というのが私の感想である。

一九八一年の冬、ダイアモンドは医療組織を研究する社会学者だった。彼は偶然行きつけのコーヒーショップで通り一本隔てた老人ホームで働く二人のアフリカ系アメリカ人女性と知り合いになった。この女性たちは昼食時や休憩時間中にホームを離れることを禁じられていたために、彼は残念ながら彼女らと語りあうことを止めなければならなかった。

しかし、彼女らの仕事への好奇心が消えなかったダイアモンドは職業訓練学校に入って看護助手の資格を取り、ある程度の良心のとがめを覚えながら数か所の老人ホームで働いた。介護業務の参加者兼観察者として、彼の目に映ったのは暴力と堕落のはびこるひどいところではなかった。老人たちは誕生パーティを開いていたし、善意の人たちのボランティア活動もあった。月に一度やって来る医師は丁寧な問診を行なってカルテに記録する。ダイアモンドが見たものは地獄絵図というよりも営利目的で経営される官僚的な煉獄だった。アメリカの人口が高齢化しつつあるという人口統計上の事実が一部の人々に利益をもたらしているのである。

この煉獄を維持するのに三つの部門が協力している。その一つはアメリカという企業社会であって、これが医療産業をつくり上げた。ここでは介護がビジネスになる。老人ホームの職員は労働コストであって、生産性と効率という基準で判断される。二つ目の部門はアメリカの医療であるが、ダイアモンドが働くホームではこれが人を肉体に、高齢化する男女の肉体を病んだ肉体にし、複雑な経験をカルテ化している。三つめの部門は政府である。社会保障、メディケア〔主として六五歳以上を対象とする政府の医療保障制度〕、メディケイド〔州と連邦政府が共同して行なう低所得者や身障者のための医療扶助制度〕、などの金は政府機関を通じて医療産業に流れる。さらに、公的機関が老人ホームを認定し、従業員の訓練を施す学校を認可している。

ダイアモンドは十分な介護をしばしば不可能にしている各部門が課する階級的で無感覚で、現実の人間的な欲求から程遠い日常業務の実態にえてして批判の目を向ける。看護師は処方薬をスケジュール通りに配るが、頭痛を訴える患者にアスピリンを一服投与するだけのことをしないし、癌で死期の近い患者が皮膚の痒みを訴えても外用水薬をあたえることはない。看護助手は決められたスケジュールに則って入居者にシャワーを浴びさせるが、そのさい温度は熱かろうがぬるかろうが冷たかろうがおかまいなしだ。ダイアモンドはまた各部門の非人格的でえてして難解な専門用語に敏感で、職業学校の一人の教師が生徒にむかって、「触れる」と言えばすむところを「触覚的コミュニケーション」などという表現を使って自己戯画化の弊に陥っている事実を指摘している。「レズビアン行為」は厳しく禁じられているが、看護助手の目を盗んで別の階に収容されている八九歳になる母親のベッドに潜り込みたがる六九歳の老女の行動が本人のカルテに記入される。こうした言葉が混じりあい、本能的かつ実存的な日常生活の現実を隠したり否定したりする。

ダイアモンドは高齢者介護の難しさについて現実的で、尿や洗浄液の臭い、吐き気をもよおす排泄物まみれのおむつやベッドの処理、さまざまな文化圏出身者間の誤解、高齢者の隔絶した世界、等々について忌憚なく描く。しかし、彼は老人ホームの入居者には暖かい目を向ける。入居者は全てではないがおおむね白人女性で、社会的地位が下降移動して施設に頼らざるをえない隔絶した貧窮の身分に落されたと感じている。成功した元教師が小さな子供みたいに扱われ、主婦として立派に家事をこなしていた女性が栄養的に申し分ないにせよ食欲をそそらない食事を支給される。ダイアモンドは、入居者が互いに作り出す込み入った関係の網の目と、彼女らのえてして巧緻で小さな自己主張や抵抗の行動を周到に描き出して見せる。たとえば入居している女性は看護助手に一五セントをつかませ、五〇セントのコーヒーを手に入れようとする。

入居者に同情的ではあるが、ダイアモンドの描く主人公は看護助手である。肉体的に厳しく、心情的に辛い労働に彼女らは「母親の機転《ウィット》」を持ち込むのだが、これは彼女らが自分の家族との付き合いのなかで身につけた介護技術と、常識と、介護を必要とする人間への気遣いが結びついたものだ。彼女らの仕事の多くは目に見えず、公的なカルテには記録されない。医療現場の最前線に立つ職業人という自覚を持ちながらも、彼女らは悲惨なまでに薄給で、ダイアモンドの初任給は税引後の手取りで週給一〇四ドル五〇セントだった。生きて行くためにはフルタイムの仕事を二つこなさなければならない。老人ホーム経営の基盤であるこの職業の労動力が人種、階級、性などの理由で弱者の立場にある集団に支えられていることは驚くに当たらない。要するに彼女らはおおむねアメリカまたは第三世界出身の有色人種の女性なのである。白人男性が何だってまたこんな低賃金で働いているのか、と一人の理事がダイアモンドに訊いたそうである。

ダイアモンドは社会学の壮大な伝統にしたがって改革を提案する。提案のなかにはプラグマティックなものもあって、看護助手が労働条件の改善を図るには組合の結成が必要だという。老人ホームは入居者の声に耳を傾け、昼夜のスケジュールの形成に彼らも参画しなければならない、というのが著者の考え方だ。推薦事項のなかにはもっと急進的なものもある。なぜならそれらは実際の介護業務に携わる者が貧困線上にある中でホームの経営者が利益を上げている道徳的、社会的、経済的仕組みを変えることを要求しているからだ。

最近高齢のおばの一人が老人ホームで死んだ。まだ医療扶助が受けられる程度まで資産を使い果たしてはいなかったから彼女のホームは居室も快適だったし、医療設備も整っており、献身的な家族に看取られての他界だった。私は遠くに住んでいたのであまり訪れる機会もなかったが、彼女は最初歩行器を使い、それから車椅子、最後には寝たきりへと移行したものの、あまり苦しまずに旅立ったと思っている。本書を読んで、彼女と家族は比較的運が良かったとあらためて思わないではいられない。そうした思いと切っても切り離せないのは、ダイアモンドの描く思い遣りに欠けた煉獄のような世界への怒りと、私や家族や友人たちがこんなところで一生を終えることになりはしないかという恐怖の念である。おばの齢になってもっとひどいところに入れられる羽目になったらどうしようか？　椅子に縛り付けられたままテレビを見させられるとしたらどうだろうか？　ティモシー・ダイアモンドの著書や私の怒りや恐怖が、また、ほかの人たちの怒りや恐怖が、そうした状況を防ぐことのできる強い薬にはたしてなるだろうか？

——キャサリーン・R・スティンプソン

謝辞

この企画には一〇年近い時間がかかった。その間ひじょうに多くの人々のお世話になったので、本書は個人の努力というよりもみんなの協力の賜物といった観がある。執筆中はいうまでもなく、そのまえから、家族がつきっきりで介護の手ほどきをしてくれた。したがってまずは母のアンと、メアリー、アン姉妹、弟のボブに感謝の言葉を述べたい。私はまた偉大な教師に恵まれ、社会学、フェミニズム研究、批判的思考法、などを紹介していただいたが、わけてもノーム・コウエイト、デレク・ジル、ローレル・リチャードソン、T・T・ヤングの諸氏には一方ならぬお世話になった。

ノース・ウェスタン大学の女性に関するプログラムで責任者のバリー・ワトキンズ氏の招請を受けて研究に携わる機会を与えられ、私は大勢の優れた学者に会い、この仕事を続けることができたが、そうした学者のなかには、マージ・ド・ヴォールト、メアリー・ケイト・ドリスコル、エリザベス・エリオット、スーザン・ハーシュ、リサ・ジョーンズ、ロビン・レイドナー、ジュディス・レヴィー、デイヴィッド・メインズ、ケイシー・フィリップス、ベス・レニンガー、それにとりわけプログラムの立案者で、この仕事をあらゆる段階で支えてくれたアーリーン・カプラン・ダニエルズ氏らがいる。

ドロシー・E・スミスがノース・ウェスタン大学構内に住んでいた一九八三年に、私はこの記念碑的な思想家の助言と友情に浴する機会を得たが、彼女がいなければこの本は構想されもしなければ書かれもしなかったに違いない。本書は彼女が概説してくれた社会学的方法の応用なので、ある意味で彼女に献じられて然るべきものである。

フィールドワークを行なっている間、私は加齢問題社会学研究中西部協議会（Midwest Council for Social Research in Aging）から特別研究員として給費を受けることになった。この組織は生活を支えてくれたばかりでなく、職員や特別会員や同僚たち、わけても会長のウォーレン・ピーターソンをはじめ、バーバラ・ブレンツ、ロバート・ハーベンスタイン、ロブ・ジョン、ヘレナ・ロパタ、ハル・オーバック、それに私を協議会に紹介し、その後何年にもわたって調査を支援してくれたスタン・イングマン、といった方々には一方ならぬお世話になった。

給費を受けたあと、私はブライアン・ホフランドとバーニス・ニューガーテンの推薦のお陰で退職調査基金（Retirement Research Foundation）から助成金をもらった。その後、私はラトガース大学ダグラス・カレッジ、女性問題研究ローリー講座のジュニア・スカラーとして招聘された。そこで私はもう一人の寛容な師であり友人でもあるアリソン・ジャガーの指導と、彼女の主催するセミナーのメンバーの協力を得て、本書の概要をまとめることができた。私はまたそこでキャサリーン・R・スティンプソンに会い、本書は彼女の肝煎で「文化と社会のなかの女性」シリーズの一冊に加えてもらうことになって、上梓にいたるまで七年の長きにわたって辛抱強く待っていただいた。

この間私は友人を訪ね、知的、感情的、経済的にあらゆる支持を求めた。ジム・アッシュビー、シエイラ・コリンズ、モーリーン・コノリー、ジュディス・クック、フレッド・エルキン、ヘレン・ヘルウィッグ、リンダ・マイリック、ルシル・サレルノ、アンジェリカ・シーワートと彼女の家族、リサ・ヴォーン、そしてとりわけダイアン・ヴォーンの皆さんには深く感謝したい。

ゲラ刷りができあがると、多くの人々が示唆を与えてくれた。すでに挙げた人々をはじめ、ゲイル・アリオラ、キャサリーン・ブット、マリー・キャンベル、コワン・コリンズ、ロザンナ・エスパーザ、マーサ・ヒップスキンド、デブラ・シュルツ、スーザン・スタイナー、スザンヌ・ヴォーン、ケイス・ウェストンらが読んで貴重な感想を述べてくれた。

書き終える頃にはロサンゼルス市のカリフォルニア州立大学で教鞭をとっていたが、私は社会学の教授陣や、デル・ケリー学科長、ドナルド・デューイ学部長らの励ましを受けた。特に学部長と学科長には休暇を頂くなど一方ならぬお世話になった。ロサンゼルスではビル・ダロウ、ボブ・エマーソン、リンダ・ショー、キャロル・ウォーレン、といった同僚の書誌学者と相談する機会があり、とりわけシカゴ大学出版局のエミール・エイベルには原稿の丹念な検討をしてもらった。

シカゴ大学出版局のカレン・ウィルソン編集主幹は、終始暖かい目で支援を惜しまず、なかなか仕上がらない原稿を気長に待ってくれたし、ようやく脱稿にこぎ着けたあとは、ウィルマ・エビットが原稿整理を引き受けて文章を直し、参考文献に当たるなど、尽力していただいた。

友人諸兄姉には忌憚のない批評と、信頼と、配慮をいただいたが、彼らのそうした協力が無ければ、本書が日の目を見ることはなかっただろう。メアリー・ベス・ホーキンソン、ポール・ルーケン、アデル・ミューラー、ジュディ・ウィットナーの諸氏には本書が世に出るまでのあらゆる段階でご協力をいただいた。リン・オルセンは優しさと洞察と愛をもって協力してくれた。ジュディ・ディロリオは彼女の研究を通じて、私に実際に参与観察研究ができることを示し、彼女の篤い友情は一〇年にわたって日々に私を支えた。

以上述べた短い感謝の言葉は本書の末尾と密接につながっている。私は友人たちの研究が自分の仕事の背景を提供するという特権を享受することができた。ここに名前を挙げた人々の四分の三は巻末に参考書目〔本訳書では省略〕の著者として再登場する。したがって、彼らに感謝の言葉を繰り返し述べ、本書がみんなの努力の賜物だと言った言葉の意味の証拠書類を提供することができるのは無上の喜びである。

最後に、勤務する生活の一部を分かち合ってくれた老人ホームの多くの入居者と職員、わけても本書を著すきっかけとなった冒頭に登場する二人の看護助手に感謝の言葉を述べたい。

序文

仕事について語る看護助手の話をはじめて聞いたのは一九八一年冬のある日曜日の朝、九時半のことだった。イナ・ウィリアムズとアイリーン・クローフォードは、私がのんびり週末の朝を過ごしていた喫茶店から通り一本隔てた老人ホームで働いていた[1]。私たちはドナの喫茶店で数回会っており、その後何度か交わした会話の最初のきっかけをつかもうとしていた。コーヒーをすすりつつ新聞に目を通しながら、私がドナにむかって、学生の個人教授をアルバイトで引き受けたおかげでこんな早い時間に起きる羽目になってしまった、と冗談混じりにぼやいてみせ、

「日曜日に目覚しをセットしなきゃならないんだから辛いよ」

と言うと、ドナは、「何が辛いの?」と腰に手をあてがって言い返した。「六時半に起きてここを開ける人だっているのよ」

「辛い?」片隅の席からアイリーンが口を挟み、イナと声をそろえて笑った。「二人とも私たちみたいに週に六日、四時半に起きてみるといいわ」

その言葉で私は誇張しているに違いないと思い、二人に疑りの目をくれた。けれども、それから何か月か過ぎて、イナやアイリーンと仕事の話をするうちに早起きをするという話が嘘や冗談ではない

ことがはっきりしてきた。二人はアフリカ系アメリカ人で、長い距離を公共輸送機関に揺られて午前七時に出勤しているとわかったのである。四時半に起きるというのは冗談ではなかったが、彼女らは老人ホームや仕事の内容についてはいろいろと冗談めかした話し方をした。耳を傾けるうちに好奇心が沸き、私はもっと話してほしいと頼んだ。

「看護助手（ナーシング・アシスタント）というのは看護師の新しい名前なのよ、私たちは今でも助手と言うことが多いけど。老人ホームでは大抵の仕事は私たちがやっているの——入居者のお世話は私たちがやっているという意味」そういって彼女はこの手でやっているという意味に手の甲をさすってみせた。

彼女らも私の仕事に好奇心を抱いたようで、私が自分たちの仕事をほとんど知らないとわかって奇妙だと思ったらしく、

「私たちのしていることぐらい知っているのが当り前だわ、だってあなたは教授でしょ」と言ってからかった。

彼女らは医療組織を一〇年ちかく研究してきたという社会学者をからかっていた。私たちが互いに知り合いになったときには、私は近くの大学で医療社会学の講座を担当していたのだ。統計によれば、看護助手は医療労働者のなかでも人数の最も多い職種で、数の増え方もいちばん早いものの一つだった[2]。しかし、仕事の内容は一握りの書物や論文で言及されているにすぎない[3]。こうした労働者については、私は単純な肉体労働を黙々とこなしているほとんどが女性の集団だぐらいにしか思っていなかった。

しかし、朝の休憩時間に喫茶店にやって来たイナとアイリーンは、仕事について強い感情をさらけ出してみせた。ある朝アイリーンは悲しい表情でひとり静かに窓の外を見つめていた。やがて彼女はおもむろに口を開き、「ゆうべ担当のおばあちゃんが亡くなったのよ。二年ちかくも面倒を見ていたんだけど、忘れられない人になりそうだわ」と言った。別の日イナは、「ここまで来る時間が無駄と言いたくなるぐらいしか貰っていないのよ」という言葉で給料の低さを痛烈に批判した。

彼女らはときおりホームで起こる滑稽な出来事を披露してドナと私を笑わせた。八二歳で駆け落ち結婚をしたカップルの話や、日によって黒と白髪のかつらを交互にかぶり、新入りの職員を混乱させようとした九六歳の老婆の話がそれだった。そうした話を聞くたびに、彼女らの仕事はつまらない未熟練労働だという私のイメージが間違っていることを思い知った。

こうした会話は、本書で報告される研究の序文にすぎないことがわかった。私たちは数か月にわたって、彼女らの休憩時間に話し合ったり笑ったりしつづけ、話を聞きながらメモをとっていいかと訊いたりもした。彼女らの仕事の本質を見究める努力は研究の足しになるかもしれない、ふとそんな気がしたからである。最初は彼女らや同僚をインタビューしようかと思った。イナとアイリーンはこれをちょっと奇異に感じたらしいが、説明したところ彼女らも賛成してくれた。そうこうするうち彼女らは喫茶店に姿を見せなくなった。ぱったり来なくなった。来なくなった理由が昼の休憩時間に外出することを禁じられたためだとわかったのは何週間かたってからだった。仕事のまえや終ってから喫茶店に立ち寄るにはイナとアイリーンの住いが遠すぎたから、私たちにはめったに会う機会がなくなった。それでも、発展途上の友情がこうして強制的に中断したこともあって、彼女らの仕事と老人ホームの生活への好奇心は募った。

医療組織に関する以前の研究から、私はあるインタビューの席上「老人ホームの内部で行なわれていることについてはほとんど知らない」と述べた当時加齢問題国立研究所長だったロバート・バトラーと同じ結論に達していた[4]。それは専門の文献についても当たっていそうだが、それでいて私の知っているほとんど全ての人は老人ホームについて個人的な体験から考えをもっており、私は中から見た老人ホームがどんなものかと思い始めた。イナとアイリーンの話はもはや聞けなくなっていた。

その後数か月にわたって、調査をすることに決めてさてどんな方法をとろうかと考えた結果、私はこの募る関心の原因となっている基本的な理論上の諸問題から始めることにした。アメリカ全土には老人ホームが点在し、健康管理施設として急速に増えつつある[5]。大抵は渓谷や景観や憩いや幸福な気分を彷彿させるサンセット・マナー〔荘園〕、パイン・ヴュー・ヒルズ、メリー・レスト、といった名前が付けられている。それがイナやアイリーンが見せたような強い肯定的な反応や、否定的反応を引き起こすとはホームの実情はどうなっているのか。私たちの会話が出し抜けに中断されたことの裏にはどんな種類のルールが働いているのだろう。老人ホームにはどんな人々が入居し、彼らはそこで何をしているのか。

こうした問いかけが一つの支配的な研究課題の下に結晶したが、それが本書の題名〔原題〕になった。教え子の一人が金融専門誌に掲載された老人ホームに関する論文を私に見せてくれた。寄稿者はこの成長産業への投資を強く勧め、「アメリカ社会の高齢化は……一部の人々にとって絶好の機会を提供している。老人ホーム産業がそれをどう利用できるかが現実の問題になっている」と結論づけていた。論文の題名は「灰色の金」だった6。

論文の筆者は、老人ホームは一つの産業を構成し、産業としてどのように繁栄しうるかを論じていた。しかし、老人ホームは、病院やその他の健康管理機関のように、かならずしもビジネスと考えられているわけでもなく、アメリカ以外の多くの社会にあるのでもない。ひ弱な老人の介護が当然のことのようにビジネスになるとは考えない社会学的研究方法は、どうして老人ホームが産業になり、その拡大がそうした言葉で定義づけられるのかと問いかけるだろう。産業を構成する生産性、効率、労働、経営、所有、株式、利潤、製品、等々の概念は介護サービスとはかならずしも相容れるものではない。介護業務は歴史的にみても比較的最近起こった需要である。さらに、介護は自動車の製造や商品の販売とは似ても似つかず、商品生産の論理にもなじまない。

そこで私は老人ホームの経営がどうして企業として成り立つのか疑問に思い始めた。日々の介護業務がどのような経過で事業として定義づけられ、日々に再生産されるのか。品物やサービスがこのような関係で売り買いされる過程は何か。換言すれば、どのようにしてイナやアイリーンや彼女らの同僚、及び彼女らが介護している老人の日常世界が、金融専門誌に金《かね》の古典的隠喩である黄金を生産する機構だと書かれるようになったのか。老人を金に変える過程とはどんなものか。

もしこの本質的な問題が題名を説明するとすれば、サブタイトル〔老人ホームの介護物語〕はこれらの問いかけに答える際に私が追求した方法に言及している。私はイナとアイリーンが語り始めた物語を集め、その状況を体験したかった。もし彼女らが外へ出て仕事の内容を話すことができなければ、自分が中に入って仕事を体験したいと考え、看護助手になったのである。

先ず私は国が義務付けている免許状を取得するため、一九八二年に週に二晩と土曜日は終日というスケジュールで六か月間学校に入った。それから、何週間かかけて就職口を探し、シカゴ市内の三つの老人ホームに一か所に三ないし四か月の割合で勤めた。これらのホームはそれぞれ非常に違う環境に位置しており、一か所では最初はしばしばメディケア〔主に六五歳以上の高齢者を対象とした政府の医療保障制度〕の援助を受けるものの、入居費は自費で賄われていた。ほかの二か所では、ほとんどの入居者の費用はメディケイド〔州と連邦政府が共同で行なう低所得者や身障者のための医療扶助制度〕が負担していた。職に就いていない間とその後数年間に現地調査資料を整理分析し、関連文献を読み、本書を執筆したわけである。執筆中に私は国内の多くのホームを訪ねて観察結果を検証し、規制上の変更が導入された例では修正を施した。

本書は半ば私が知るに至った入居老人と看護助手の語る物語集である。同時にこれは正規の記録に含まれる管理言語の分析でもある。私は二本の糸をないまぜ、それらがどのように結び付いているかについて私自身の解釈をちりばめた。したがってこれらは老人ホームの内部から語る私の物語である。

この種の仕事に取りかかった動機は三つある。一つには社会学の参与観察法〔調査者自身が研究対象とする共同体の生活に参加して行なう現地調査法〕の伝統を研究した者としてそれに寄与したいと願った、ということがあるが[7]、「老人ホームの内部で行なわれていることについては我々はほとんど知らない」というロバート・バトラーの言葉が健康管理に関心を抱く社会学者にとって誘い水になったのも事実である。さらに重要なのは、私がフェミニスト文学とその方法も研究していたことだ。この分野で働きたいと考えた白人男性として、主として女性の行なう仕事をあるていど経験してみるのは価値のあることではないか、と思った。こうした影響は社会学者ドロシー・スミスの著作に昇華している。スミスは、女性が日常的に行なう仕事の世界に始まる実際的研究を勧めている。そうした観点に立って初めて、組織や社会がどのように機能しているかについて多くを知ることができる、と彼女は論じる。あいにくその観点は大抵の管理および専門的記録やテクストが作られる方法によって見えなくなっている。この研究はスミスにならって日常生活とそれの管理的説明の違いを探究するものだ[8]。

この方法によって仕事を進めるに当たり、私はデータの蒐集と私の発見の記述の両面で慣例に従わない方法を採用した。看護助手や入居者と顔なじみになり、彼らの日常生活のさまざまな側面を経験する過程で、私はバスルームやその他人目につかないところで、誰かが言ったりしたりしたことをひそかに紙切れに書きつけた。勤務が明けるとメモをかき集めて整理した。基本的データはこうした観察や会話や、フィールドノートからできるかぎり忠実に再現した人々が実際に使った言葉である。人の言葉や行動を保存する目的で、物語風に読めるよう小説に似た形式を踏み、章がすすむにつれて、会話のあちこちに社会学的論評をちりばめるよう心がけた。こうした論評の出典は議論の一部とするよりも、物語の流れを中断することのないよう注として巻末にまとめた。同じ目的を追求するため、私はしばしば話し手がどのホームの住人かをいちいち指摘することをやめ、彼らが光を投げかける重要なテーマがはっきりするように背景を示した[9]。

調査と執筆期間を通じて、私はノース・ウェスタン大学と形式的なつながりを維持した。大学とは無給ながら「女性に関するプログラム」の賛助会員という資格で関係があったが、それのお陰で加齢問題社会学研究中西部協議会の加齢と女性研究を支える組織から研究奨励金を交付されることになった。私が看護助手の給料だけでやり繰りしていたのはこの時期の一部の期間だけである。残る期間は奨励金で賄った。研究奨励金のおかげで私はフィールドワークが終ると国内の多くの老人ホームを訪れ、短期間ながらカナダ、イギリス、フランス、スイスにも足を伸ばした。

こうした大学とのつながりが提供してくれた最も重要なことは、私のやっていることは倫理的にも法的にも妥当なことだとする同僚の励ましだった。計画の実行過程でそう考えない人もいたからである。相談をもちかけた友人や同僚のなかには、そんなことできるものかと言下に退け、「だいいち中へ入れてくれないよ」と取り合わない者もいた。同様に、フィールドワークを行なっている間や終ったあとに、多くの人々が先ず訊いたのは「彼らには言ったのか」ということだった。ここで彼らとは老人ホームの管理者であり所有者であって、こうした言葉が暗に示しているのは、そんな意図をもっていたのではホームへの立ち入りは許されまい、とする懸念だった。

最初私は計画のどの段階でも、看護助手として働き、その経験を書く、という二重の目的を明らかにしたいと考えていた。いくつかの例では明らかにすることができたが、できない場合もあった。多くの看護助手とホームの入居者には、仕事と研究の両方をやっているのだと言っていたし、看護監督や管理者にもそれは隠さなかった。しかし、みんなに打ち明けたうえで仕事を続けることはできないので、「彼らには言ったのか」という問いかけにはっきりイエスとかノーと答えるよりも、分析が進むにつれて触れていくことにしたい。けれども、手短に答えれば、時間がたつにつれて研究の進み具合はどうしても隠さなければならなくなってくるようだ。

目的を明らかにする必要は就職の面接とともにやって来た。看護助手の希望者は訓練プログラムに参加して免許状を取得することが国の法律で決められている。しかし私はイナとアイリーンが働くホームで面接を受けるまでそうした条件があることを知らなかった。彼女らの推薦でホームの管理者が私の面接に同意してくれたが、面接は一分足らずで終った。

私が仕事と研究の両方をやりたいと説明するまえに、管理者は机の向こうから訝《いぶか》しげに私を睨《にら》みつけ、「何だってまた白人がこんな低い賃金で働きたがるんですか?」と訊いた。ずけずけした口の利き方に衝撃を受け、私はしどろもどろに何か言いかけたが、相手は答に関心などなかった。彼はかまわず言葉を継いで、「それに、免許状がないのでは雇いたくても雇えませんよ」それではお引き取り願いましょう、といって彼は出口を指し示した。

その後まもなく、面接の終りは計画の始まりだったことに気がついた。私は看護助手の免許状を取得することに決め、数日以内に学校の入学手続きをとった。

第I部　原鉱を採掘する

最初の1～3章で私は看護助手と老人ホームの入居者の社会的・経済的特徴を紹介する。第1章は正規の看護助手になるための訓練プログラムについて述べ、第2、第3章では底流となっているテーマを提供する性、人種、階級等々の力学について述べる。第2章では看護助手の賃金とその結果に関する情報を扱い、労働力の国際的性格にも取り組む。第3章は焦点を老人ホームの入居者と、彼らが経験し語る貧窮化の過程に向ける。

第1章　健康管理の第一線にようこそ！

授業が始まった日の夜、職業学校の経営者は長身の体を三つ揃いの背広に包んで、看護世界への新入生に向かって、「健康管理の第一線にようこそ！」と軍隊もどきの歓迎の辞を述べた。

三六人の学生は白い制服を着て机に買ったばかりの教科書を置き、彼のまえに並んで神妙に耳を傾けていた。私たちは経営者や、テキストや、教師が健康管理チームという言葉でいつも言及していたものに参加することになっていた。学校はそのチームのなかの私たちの立場を教えるだろう、と彼らは言った。「第一線」とは戦場の最前線を意味する軍隊用語だが、ここでは患者の介護という意味だ。「登録正看護師（レジスタード・ナース〔以下正看〕）はちかごろでは事務的な仕事をしている。あなたたちの仕事は、少なくとも老人ホームで働けばの話だが、一次医療を行なうことだ」

経営者のミスター・コーンは講義を続けた。「あなたたちは補助看護婦と呼ばれていた。ここでいう看護助手にあたる。健康管理産業界では仕事の内容が一般に専門化しつつある。私は業界が法律を起草することに手を貸した。今では州の公衆衛生局が認める免許状がなければ大きな看護施設で働くことはできない。老人ホームでは多くの問題が発生してきたが、なかには職員が十分な訓練を受けていないことから発生したものもある。我々はそうした事態を修正したいと考えている。このコースを滞りなく終えれば、ベッドの支度料も二五セントはあがるだろう」

　ミスター・コーンが注意を促すまえに、学生たちは歩き回って自己紹介をしあい、おしゃべりをはじめた。大抵の者にとっては、このクラスの一員であることは仕事のスケジュールや予算に最も適合したプログラムを探した結果だった。それはシカゴで利用しうる六つのプログラムのいくつかで面接を受けることを意味した。個人経営の学校は日刊紙に広告を出し、健康管理のプロを目指す学生を募集する。私が面接を受けた三つの学校はそれぞれ授業料と引き換えに入学を許可した。授業料は一九八〇年代のはじめには六九五ドルだった。これには教科書、制服、靴、時計、体温計などの購入費は入っておらず、これが入学時にしめて二〇〇ドルになった。私が選んだ学校は授業を夜間に行ない、土曜日は臨床授業に充てるが、これは昼間に仕事のある者には都合がよかった。

　面接担当のミズ・ノースはプログラムの説明をした。「本校は就職のお世話まではしませんが、老人ホームの仕事はたくさんあって、就職に苦労することはありません」と前置きをしてから、彼女は、州は一〇〇時間の理論と三六時間の臨床体験を要求している、と言った。

　待合室が混んでいたので面接は慌ただしかった。学生は主として二〇代と三〇代の有色人種の女性で、ミズ・ノースは希望者をこなすのに大わらわだった。「何か質問がありますか？」彼女は私のファイルを閉じながら訊いた。

　訊きたいことは色々あったが、一問しか訊く時間がない。「私はわずかしかいない男性の一人で、白人はほかにあまりいないようですが、場違いな感じはしませんか？」

「そんなことは全くありません」と彼女は主張した。「この分野には男性も必要なんです」と言いながら彼女は戸口に歩み寄り、ドアを開くと、「じゃこのへんで」と口早に言った。

第一回目の授業の夜、ミスター・コーンは歓迎の辞のなかで授業はかなり難しいと述べ、看護助手が専門職でないと考えられていた時代は過ぎたこと、試験に合格しないと落第することなどを強調した。教室を眺め渡すと、一時間目の授業に典型的な緊張が見て取れた。しかし、ある意味でこの緊張はいままで経験したことがなかった。教室の環境が多くの学生にとって馴染みのないものだったからだ。入学資格は高校卒が条件ではない。後で分かったことだが、高校を出ていない者もいれば、言葉から明らかに外国生まれと分かる者もいた。学生は大抵が黒人だ。もっともアメリカ人とは限らず、スペイン語をしゃべる者もいれば、アジア出身者も少数ながらいる。三人を除けば後はみんな女性で、男性の一人は一八歳の白人、もう一人は三〇半ばで黒人、もう一人は三〇半ばの白人、つまり私だった。大抵の学生は昼間に働いており、事実上職が保証されている第二の経歴を目指して入学した者たちだった。

「我々はこの市場きっての職業人だと考えたいものです」ミスター・コーンの歓迎の辞は終りに近づいた。「我々の教育界で関連健康産業と呼んでいるこの業界は国内第三位の産業で、年間売り上げは二二五〇億ドルを越えています。今夜はこれで終りますが、何か質問はありますか？」

緊張した沈黙が一〇秒ほど続いた。沈黙を破ったのは彼の学校紹介にいささかもおじけづかなかったらしいアフリカ系アメリカ人女性だった。彼女は単刀直入に、「私たちは死んだ人を扱うこともあるんですか？」と訊いた。

ミスター・コーンの軍隊調はいくぶんたじろいだ感じだったが、クラスが無言の笑いを分かち合うなかで答を何とか思いつき、彼は咳払をしたあとで、「看護助手の仕事は個人的な懸念を極限まで排除します。うちの先生は全て高度に訓練された正看です。そういうことは先生と一緒に処理することになっています」といい、テキストの第一章を読めと指示して授業は終った。

テキストには『看護助手になること』という標題がついていたが、これは軍隊調やビジネス調ではない、違った語調で私たちに仕事を紹介していた。第一部の支配的なモチーフは健康管理のプロ意識だった。この分野のほかのマニュアル同様、ほとんど全てが学士号をもつ看護師によって書かれ、丁寧な歓迎の辞で始まっていた。「看護助手学校への入学を歓迎する……看護助手はきわめて特殊で、大きな誇りをもつことのできる仕事である。諸君は人々を助け、地域社会を住みやすいところにするだろう」[1]

看護助手が行なう仕事とその手順のいくつかを紹介したあと、テキストはこの仕事に必要とされる基本的な個人の特質、わけても信頼性、正確さ、秘密性、身ぎれいさ、などを概説していた。その章は「経歴の梯子《はしご》をのぼる」と題する項で終っていた。各段階はピラミッドの図形であらわされ、看護助手がいちばん下だ。学生はしばらく看護助手として働き、それから学校に戻って勉強し、准看護師の資格を取る。さらに一年働いたあと、免許状を取るために正看護師養成プログラムでスクーリングを受けることができる。それから、正看護師の仕事を一年経験すると、看護学の理学士号を目指して大学に入学することができる。そのほか文学修士号を取ることもできるし、最後には大学院に戻って博士号を目指す。

この経歴の梯子はここにいる大抵の学生には及びもつかないものだ、ということは最大級の控え目な言い方である。この学校に入学を果たしただけでも、多くの者は誇りと不安の入り交じった気持で喜んでいるのだ。この経歴の梯子は看護助手のクラスの初日から、医師の修学年限よりもかなり長い一七年間も続くのである。

この仕事に必要なものは母親のウイットです

入門講義と、経歴専門職意識という考え方が生み出す緊張感が、二時間目の講義を待つ私たちの会話にみなぎっていた。しかしそれは三〇分とたたないうちにほぐれたらしい。私たちの教師であるミセス・ボンデロイドの努力のおかげだった。正看（レジスタード・ナース）で臨床看護師（ナースプラクティショナー〔ナースクリニシャンともいい、簡単な疾患の診断や治療ができるように訓練された正看〕）でもある彼女は年の頃五〇のアフリカ系アメリカ人で、教室の不安や、学生の実態を知り尽くしている感じだった。「この仕事に必要なものは母親のウイットです」彼女はマザーウイット〔もって生れた知恵〕ではなくマザーズウイットと言った。マザーウイットでは性に関わりのない生まれつきの知恵になってしまう。彼女は母性的な感情と技量が必要だと言っていたのである。

後でわかったことだが、教室は母親でほとんどいっぱいだった。しかし、緊張をほぐそうとする考え方が導入されたばかりなのはほかの連中にもわかった。主題が軍隊の隠喩またはプロ精神の約束よりも身近かな枠組に組みこまれた。自分自身の経験を踏まえて仕事の内容を訊くことができるので、数人の学生が目を輝かせて質問をした。たとえばビバリー・ミラーはもう一度、「私たちは死んだ人を扱うこともあるんですか？」と訊いた。

この夜は答が違っていた。ミセス・ボンデロイドはちょっと考える風にしてから教卓に身を乗り出し、穏やかな語調でゆっくりしゃべった。「患者の目をできるだけよく見つめて信号を読み取るように心がけなければなりません。特に亡くなる直前にはそれが肝心です。そうしたほうが介護する側にも楽ですし、本人にとってもいい場合もあります。そのとき自分が何を思っていても何かを言ってあげてください。聴覚がいちばん最後までのこることを忘れないように。最後を看取って亡くなれば、彼らは死んでもなあなたの患者なのです」

彼女は「母親のウイット」という言葉を最初の週の授業のなかで数回くり返した。「それを使えばいざというときに役に立ちます」当然のことながらそれがどんな感情なものか、私には正確にはわからなかったけれども、ホームで働いていたあいだ常に念頭にあったのは事実である。「いつもそこにいるというある種の意識だわね」ミセス・ボンデロイドは一度そう説明したことがあった[2]。

彼女自身、教室でテストと失敗の脅威に引き起こされた恐怖心を和らげるために母親のウイットを実行して見せたことがあった。それでも、脅威は最初の授業から終りまで教場に漂い続けた。彼女は歓迎講義で触れられた州の決めたカリキュラム担当の責任者だったが、その内容は私たちが思ったよりも厳しかった。

理論は主として生物学と解剖学に関わるものだった。高等学校や大学の生物学の授業のように、人体解剖と生物学の基本知識を暗記しなければならない。先ず第一に細胞と組織、それから骨格、筋肉、胃腸、神経、排泄、生殖、呼吸、循環、内分泌、皮膚等々の組織と機能、および主要器官に及ぶ。これはクラスで理論といっていたものの核心を含んでいた。看護助手の教育では生物学が主要な理論である。教科書はこの点を「全ての細胞、組織、器官、並びに体系は共同して人体を形成する」と簡潔に述べている[3]。

ラテン語やギリシア語に由来する多音節語は高校や大学の学生の場合と同様、多くの学生にとって難しいばかりか、脅威だった。しかし、ミセス・ボンデロイドは前の時間のテスト問題を復習することで我々の恐怖心を和らげ、我々が熱心に体験したがっていること、つまり患者との接触にしばしば言及することで高い関心を維持し続けた。

もしミセス・ボンデロイドが教室内の恐怖心を和らげることに成功したとすれば、老人ホームで臨床訓練をはじめたさいに遭遇した、環境に我々を慣れさせることはもっと大変だったにちがいない[4]。あの最初の朝、クラスの半数に当たる一八人の学生が鼻を突く異臭を防ごうと廊下に円陣をつくって佇んだ。異臭は清浄用科学薬品、すえた尿臭、粉末卵の残留臭などの混じりあったものだった。我々は最初の一時間を半ば指示に耳を傾け、好奇心に駆られて廊下に出てきた入居者相手に半ば冗談口を叩きながら過ごした。車椅子に乗った一人の女性が特に好奇心を寄せ陽気に話しかけてきたが、彼女は九〇を越えているように見え、言葉はちょっとはっきりしないけれどものべつしゃべり、ミセス・ボンデロイドの指示を部内者の知識で補っていた。「あたしの階を見るまで待ってなさいよ」と言って彼女は含み笑いをした。「きっとびっくりするから」

私たちはさまざまな居室を割り振られ、仕事中の看護助手のかたわらで日常業務についた。私の担当看護助手は名前をアーマ・ダグラスといったが、彼女は廊下を歩きながら私の袖口をつかみ、「さあ、行きましょう」とにっこり笑った。「今日はあなたが看護助手の看護助手というわけね」割り当てられた階に着くと、四人の有給看護助手が働いていた。一人は登録正看護師（レジスタード・ナース）で、もう一人は有資格実務看護師（ライセンスド・プラクティカル・ナース）だった。残る二人はナースステーションでグラフに書き込んだり、私たちの仕事を手伝ったり、日中二度にわたって投薬をした。この階には四七人の女性と一一人の男性が二人部屋と三人部屋に入居していた。

私たちの仕事は勤務表をざっと見たかぎりではかなり単純に思えた。患者の排便を介助し、ベッドを整え、シャワーを浴びさせ、こうした作業を図表に書き込み、昼食の準備をするなどだが、それでいて大抵の看護助手にはひどく時間のかかる厄介な朝になることもあった。私たちは患者に笑顔で愛想よく接したかったが、何しろ彼らは見知らぬ相手であるし、なかには言葉が言えなかったりはっきりしない者もあり、多くは肉体的に何らかの病気を患《わずら》っているとあって、愛想よく接するにはある程度の修練が必要なことは明らかだった。なかにはベッドから起きないうちに排便をすまさねばならない者もいたが、ということはすでに何時間か前に排便してしまった者の清拭が最初の仕事になることを意味する場合もあるということだ。私は恐れをなしてミセス・ダグラスのもとに駆け込んだ。うまくやってのけるこつを教わりたい一心だったが、彼女は、

「ジョージから始めることだわ」と助言してくれた。「彼をお父さんだと思い込むことね。しばらくしてこの人たちと顔なじみになれば、誰のが臭《にお》って誰のは臭わないかが分かってくるわよ」

このどぎつい言葉で彼女が何を意味したか、理解するのにしばらく時間がかかった。しかし、ジョ

ージ・ルイスについて彼女の言った言葉が正しかったことはたちまち明らかになった。彼は体を清拭するあいだ上手な遣り方はどうだとか冗談をとばし、気を紛らそうとしたのである。しかし、車椅子でシャワー室に運ばれる段になると彼の気分は一変する。真冬のことだが、湯は使わないのだ。シャワーが終るまで彼は叫び続け、まるで格闘しているようなものだった。四人を相手にこれを終えると、私は肉体的にも感情的にも精魂尽き果てたが、考えている暇などはない。五人の患者の排泄とシャワーによる清拭完了を図表に書き込まねばならないし、それが半分終るか終らないうちに昼食トレイが到着する。

翌週の授業では、学生はミセス・ボンデロイドに仕事と患者と老人ホームについて質問の矢を浴びせた。彼女はきついカリキュラムをこなさなければならないとあって、質問にはてきぱき答える必要があった。学生の質問は、肉体的、精神的にきつい作業をどうこなせばいいかとか、患者との会話のきっかけをどうつかむか、といった問題に集中した。彼らはまたホームの現状について、とりわけ冬のさなかに湯が使えない理由を知りたがった。彼女は仕事の要領については説明をしたが、ホームの状況は私の力ではどうしようもない、と断わり、「あなたたちはもっといいところで働くことになるでしょう」と言うにとどめた。当面の主題は人間の心理で、これがつぎの試験の問題だった。

授業と臨床体験の時間に、私は全てのことについて尻ポケットに入る大きさの四角い紙にメモを取り始めた。目立たぬように心がけ、バスルームでやることがしばしばだったけれども、そうした行為はいくら隠しても人目に立つとみえ、

「何をしてるの、ティム？　本でも書こうというわけ？」と最初に訊いたのはジョアンナ・サント

スだった。

まさかと思ったのに捕まった格好で、私はおどおどして、「まあそうだけど」と答えた。その後まもなく、私はだんだん親しくなってきた級友に自分の計画を打ち明けることにした。率直に言う時機が来たと思ったのである[5]。そこで私は授業が始まるまえの時間を利用して一席ぶち、実を言うと自分は教師兼学者であること、老人ホームと私たちの仕事を題材に本を書くつもりであることなどを打ち明けた。

恐れていた拒絶反応は起こらなかった。それどころか、大抵の学生は私の計画をさりげなく受け止め、「頑張って、ティム」とか、「やり通すことね」などと励ましの言葉をかけてくれた。彼らの目には見え見えだったに違いないが、私は当時経済的に逼迫していた。恐らくこのため、あるいはほかの理由で、大抵の学生は私が言ったことを、期待に反してどうせ長続きはしないと思ったのかもしれなかった。一人の友人が、級友たちは私をチャールズ・ベイカーという名前のもう一人の三〇代半ばの男と同じように見ていたのかもしれない、と言った。チャールズはアフリカ系アメリカ人のジャズミュージシャンで作曲をしており、本人が言うにはいつも頭は作曲のことでいっぱいだった。彼らはきっと私たちを第二のもっと安全な仕事を念頭に置いて仕事をしている、と見ていたのに違いなかった。どう思っていたにせよ、私はメモを取り続けていたし、時には仲間が、「ねえ、このことを忘れないで書き加えたほうがいいわよ」などと言ったりした。

授業が進むにつれて勉強が忙しくなって、学生たちの関心は仲間の一人がメモを取っていることなどどうでもよくなった。授業に対する最初の畏怖の念と興奮が過ぎると、不満が取って代わった。

「生物学を勉強したり、テストを受けたりする必要がどこにあるのかしら？　仕事と何か関係でもあるというの？」と言い出したのは三人の子持ちで元ホームの健康管理助手のマーサ・ヴォーゲルだった。

チャールズは教師がしゃべるまえに答えたが、彼の言葉は不満を解消しはしないものの皆を笑わせた。「気を楽にもてって言うんだよ。何を期待しているんだ？　ここはアメリカだ。誰も彼もが生物学を知っていなきゃならないというわけじゃないだろ？」

大抵の学生には一獲千金の土地とは逆の意味に使ったアメリカという言葉の意味の皮肉がわかった。しかし、なかにはここの授業がアメリカやアメリカ文化の最初の体験であり、学習経験である者もいた。それは何よりもアメリカには人種の区別があることの実習体験だった。ヴィヴィアン・バーンズとダイアナ・オブの言葉が仕事の人種的側面がどんなものかを示していた。

ヴィヴィアンはジャマイカ人で、自国で六年間、看護助手として働いたことがあった。アメリカで最初に働いた経験は富裕な大都市郊外の家庭で看護助手としてであった。ある日の夜、彼女たちと三人でバスで帰る途中、介護していた女性のことを聞いた。「とても上品な言葉を使うのよ」ダイアナはそう言って上流階級の口調を真似て見せた。「それに鼻は並みの人たちと違ってぺちゃんこじゃないしね」ヴィヴィアンは言葉を継いで悔しそうに流し目をくれた。「それから二、三日たつと彼女ったら『あなたはとてもかわいいわ。あたし、あなたが大好き。ところで、キッチンの床を磨いてくれない？』だって。そんな調子なのよ！」

ヴィヴィアンは私たちにそういって手をふってみせた。「それしか言わないの。私、次の日にやめたわ。彼女にとって私は看護助手なんかじゃない、ただの黒人女なのよ」[6]

ヴィヴィアンがおもしろおかしい言い方をするので私たちは一瞬笑った。しかしそれも私がアメリカの白人の無知に思い当るまでだった。郊外に住む金持ち階級のように、私もヴィヴィアンの完璧な言葉づかいというか、イギリス人風のものの言い方に強い感銘を受けた。ダイアナも似たような言葉づかいをするように思われたから、私は全ての黒人女性が同じものの言い方をするわけではないということに気づいて彼女に顔を向け、「あなたもジャマイカ出身なのかい?」と訊いた。

「違うわ」ダイアナはちょっと侮辱されたという面持で答えた。「ガーナの出身だわ」両国は距離にしてわずか五〇〇〇キロしか隔たっていないけれども、文化的にかなり違っていることには気がつかなかった。それで私は何か言い訳をしなければと思って口を開きかけたが、彼女は、白人って赤くなると滑稽な顔をするのね、と言って皆の気持をほぐした。

私はこうして多くの違った社会出身の黒人男女に会うことになったが、なかには互いの類似性ばかりでなく、相違点を口にする者もいた。ヴィヴィアンやダイアナはアメリカの黒人が軽視されていることを知って驚いた。そして私が黒人と呼んだアメリカ人の学生について何か言うと、彼女は目を丸くして、「あの色のうすい学生のこと?」と訊いた。時間がたつにつれて、「黒人」などという一般的な社会的範疇が存在するなんてあり得そうもないことのように思えてきた。

同時にこの範疇は私たちの小さな社会のなかでさえ絶えず再創造された。冷水シャワーで悲鳴が上がるといった老人ホームの処遇問題に対して学生の間で高まってきた批判を封じようと、学校の管理者が発言をしたことがあった。

「あなたたちの仕事は患者の世話をすることであって、施設の批判をする立場にはありません」と管理者は言った。

この言葉でヴィヴィアンは私に顔を向け、皮肉な笑いを浮かべながら囁《ささや》いた。「どう思う、ティム？　学校は私たちに看護助手になれと教えているわけ、それとも黒人女性になれといっているの？」彼女は郊外の家庭での経験を思い出しているのだった。

ミセス・ボンデロイドには批判というか、民族紛争でさえ鎮めることのできる独特の遣り方があった。それは私たちの関心を患者の介護に向けることだが、臨床訓練の時間中に私たちを連れていくつかの病室を回りながら、彼女は、「患者は大きさも肌の色も同じでなければならないのよ。たとえ彼らが黒人ではなくて白人看護師にしてほしいと言っても、プライドをぐっと押えて知らんぷりで仕事を続けることだわ」と言った。

臨床訓練の間に、彼女は、注意ぶかく私たちを最初は恐ろしい状態にある幾人かの人々に紹介した。意識不明に見える女性の毛布をそっと折り返しながら、彼女に話しかけつづけるのだ。それから彼女は声を潜めて私たちに、「患者はいつも意識していると決めてかかることだわ」と言った。私たちはその教訓を記憶に留めようとしながら、この女性の臀部の一面にできたただれに思わず息を詰まらせないではいられなかった。ミセス・ボンデロイドは言葉を継いで、「彼らは敗血症と言っているけれど、私たちは床擦れと呼んでいるわ。あなたたちの仕事のなかで一番大事なことの一つはこまめに患者の体を動かしつづけて、彼らの皮膚をクリームやオイルやその他思いついたものでできるだけマッサージしてやることなのよ」この種の集中的な訓練のさなかに、学生の興味は高い状態を維持し続け、授業が始まるとさまざまな質問が出た。

戻って心理社会学的なことでもやるんだな

一七週間に及ぶコース期間中に、私たちはだしぬけに授業で驚くことに出くわした。ミセス・ボンデロイドがいなくなったのである。解雇されたのだ。理由の説明はなかった。訊き当ててみたが、彼女は経営者側とうまくゆかず、考え方が対立したという噂以外に詳しいことは分からずじまいだった。彼女の代りに別のレジスタード・ナースとナース・プラクティショナーが任命されたが、彼女らにはミセス・ボンデロイドとの共通点はなかった。新任の教師は白人の男性だった。

ミスター・ストアは名前の頭文字が刻印された鞄を下げて教室に颯爽と現われ、三分もたたぬうちに授業の遣り方を次の言葉で示した。彼は、「私は長年にわたって教職を経験し、教師としてきわめて高い基準をもっている。ということは、看護学を実践してきただけではないということを意味する。何を学んだかは問題ではない。私の授業では、どのようにして患者を全人的に扱うかを学ぶことになる。生命徴候〔脈拍、呼吸、体温、ならびに血圧〕の調べ方、患者の肉体的評価法、図表の読み方、意思疎通技術をもって患者と接する方法などがそのなかに入る」学生は背筋をしゃんと伸ばし、彼の言葉を聞きながらちょっと呆然としたように黙っていた。「たとえベッドを整えるだけにせよプロとして仕事に誇りを持たねばならない。やがて我々は身体組織の復習を始めることになるが、そうなれば毎週テストをするから勉強に励んでもらいたい」

学期のその後の期間中、みんなの気持を緊張させ続けたのは何よりも恐らくテストだった。英語は多くの学生にとって第二言語で、テストはほとんど全部が空欄を正しい言葉で埋めよという形式だった。「諸君の成績は国に直送されるから忘れないように」ミスター・ストアは口癖のように言った。テストは生物学、解剖学、生理学、栄養学、ラテン語の略語、液体摂取と排泄の計測値、生命徴候の計測並びに記録、について行なわれた。ミスター・ストアはテストの強調点、および採点法についてある程度の説明をしたが、テストの内容は主として州の衛生局が決めた。学期の残りの期間中は、学生からの苦情が絶えず耳に入った。

「今週はずっと勉強したのよ」メキシコ出身のリディア・ゴンザレスが文句を言った。

「これ、どうしてもっと読みやすく書けないいんですか?」と訊いたのはダイアナである。

「こんなこと老人ホームとどんな関係があるっていうの?」挑むように訊いたのはビバリーだった。

私は高校と大学で勉強したのではじめのうち生物学のテストを軽く見ていた。甘い見方は出し抜けに止んだ。あまり準備をしなかった神経と骨格組織のテストのあとで、リンダが私に打ち明けて、「何のことだかさっぱり分からなかったから落したと思うわ。あなたも大汗をかいていたところを見ると落したみたいね」と言った。はたして二人とも単位を落した。

ミスター・ストアは授業と臨床実習を一手に引き受けていたが、後者の領域では彼の考え方はやはり前任者のそれと天と地ほどかけ離れていた。彼は、「患者と接触しているときには『切除《エクトミー》』とか『瘻造設術《オストミー》』といった専門用語を使ってもらいたい。患者の『態度がわるい』と言うかわりに、『振る舞いが不適切だ』と言ってもらいたい。『触る』と言うかわりに『接触コミュニケーション』という言葉を使うんだな」などと言った。

このコミュニケーションというテーマについて彼はもう一つ助言をしたが、それがもとで学生が大いに陰口をたたくことになった。臨床実習も終りに近づいたころ、訓練生がナースステーションのミスター・ストアのもとへ戻ってきたときのことだ。所定の作業が全て完了したので、私たちはつぎの仕事は何かと訊いた。しばらく考えたあとで、彼は、「そうだな……戻って心理社会学的なことでもやるんだな」

この言葉は初めて聞いたとあって、ビバリー・ミラーは皮肉たっぷりな言い方で、「患者とお話でもしろと言うんですか？　私たち、一日中何をしていたと思っているんですか？」と訊いた。

「いいから行ってもうすこしつづけるんだ」彼は口早に言い返した。私たちは話をしに患者の部屋に戻った。しかし私たちはいまやそれ自体に特別な名前のあるはっきりした専門的な行動に携わっていた。その一方でミスター・ストアは彼のチャートに学生たちはコミュニケーション技術を磨きに出かけたと書き込んだ。

その日以降、クラスの反逆は高まった。臨床実習の頻度が増すにつれて、担当患者の扱い方について学生たちの疑問も増えていった。けれども、この医療モデルの範囲内では、基本的な介護問題には答のないことがしばしばだった。シンシア・ギボンズは少なくとも三つの異なった場合に質問し続けた。「ベッドケアを始めるには先ず最初に何をするのですか？」彼女は、今でも私たちみながそうであるように、患者のベッドに排泄物を発見した際に感じる互いの当惑にどう対処すべきかを問うていたのである。ジョージの場合を思い出し、私もそれを重大な問題だと思った。

「先ずそれをかたずけ、それから便器の使用を勧めて、ベッドバスと歯磨きに移る」というのが答だった。ミスター・ストアはシンシアが知りたがったことが何かを正確には理解していないようだった。質問は、「どうすれば彼らにそれをやめさせることができるか」というものだった。答が出るまでに彼女はさらに二度質問を繰り返さねばならなかった。けっきょく諦め、私たちは差し迫った抽象的な生物学の問題に移った。

ミスター・ストアは「汚れた下着はどうするかね?」と訊いた。学生たちは、「洗う?」、「汚れを落す?」、「こする?」、と三つの答えを試みたが、三つとも間違いだった。ミスター・ストアの求めていた答は、「捨てる」だった。

「どうして洗ってはいけないんですか?」この種の仕事に六年の経験があるヴィヴィアンが訊いた。するとと彼はすかさず、

「捨てるということは洗うことを意味するんだ」と言い返した。

彼の基準によれば、「捨てる」は下着を手にとって洗濯室や洗濯シュートにほうり込むことを意味するのだった。しかし、看護助手はシーツをシュートにほうり込むまえに汚れを落さねばならない。私たちはすでに洗濯室でかなりの時間を過ごして、シーツが洗濯に出せるようになるまで、つまり汚れていると言える程度に汚物を処理していた。汚れた下着類をベッドから取り除いたあと、専門の作業員がその作業に当たり、看護助手や洗濯係の女性はやらない。彼らは汚れた下着類を取り上げて汚物を取り除く段階までの作業をやる。「捨てる」というのはその段階を消去し、見えない労働にすることだ。この仕事にははっきり示されない側面が多々あったが、この指示などは教えられているとき

でさえよくわからないそうした側面だった[7]。

「ミスター・ストア」ダイアナが食ってかかった。「組織の六つのタイプだのラテン語の単語なんて要らない。知る必要があるのは人体の清浄法でしょう！」

この基本的問題に関して、ミスター・ストアはまるで質問の意味をとりちがえでもしたように曖昧な答え方をした。彼は汚れを落す行為が前提になっていることを認めはしたが、その作業がどのようなものであるかを説明できなかった[8]。彼とヴィヴィアンはある一点で激しく議論しあった。彼女が六年間やって来た家庭健康管理に子守りのようなという言い方で触れたとき彼女は侮辱されたような気がした。

「違うわ、ミスター・ストア」ヴィヴィアンは激しく言い募った。「あなたには分かりません。他人の家庭に入っていると、いろんな面で相手の面倒を見なくてはならないんですよ。ときには一日の仕事が終ってからも家族に付き合って起きていなければなりませんからね」

清拭の問題に関しては、ミスター・ストアは看護助手のアーマ・ダグラスよりも実際面を知らないらしかった。彼女は患者を個人的に知っていた。ジョージが新入りの患者を助けてくれる、ということを彼女は知っていた。彼女の授業はミスター・ストアの抽象論と違って具体的な知識に裏付けられている。彼女の一般原則でさえ科学よりも母親のウイットから出ている。「寒いときには頭は決して洗わないし、顔には石鹸をつけないことがほとんどだわ——石鹸はいつも目や口に入るのよ」彼女はそう言って、こんなことを知らないとは驚いたといわんばかりに私の顔を見つめた。「あなたには赤ん坊はいないんでしょう？」

「うん」と私は答えた。

「そうだと思ったわ」彼女は言葉を継いで頭を振り、顔をそむけた。

教室と実際の作業条件の、少なくともミスター・ストアとアーマの異なった入り方の矛盾は、肉体の生物学的組織について教えられた数時間の間は皮肉混じりの揶揄の対象になった。ある程度の人種差別はすでに出てきており、反感を抱くアフリカ系アメリカ人や、外国生れの学生はミスター・ストアを「あの白人の若造」と呼び、白人学生の一部はそれに身構えるような反応を示していた。けれども、白人の学生でさえ、私たちはプロの看護師に教わっていてもプロの看護師として教育を受けているのではない、ということを認めざるをえなかった。要するに私たちは看護師とは違う、同僚のほとんどが非白人の一段低い階層の職業人として教育を受けているのである。

ミスター・ストアがある日の授業のはじめに開口一番、「皮膚の機能は何だと思うかね？」と訊いた。人種問題が表面から透けて見えるとあって、この質問は抑えた薄笑いで迎えられた。しかし彼はかまわず言葉をつづけ、「皮膚の機能は体を守り体温を調節することにある」と言った。ミスター・ストアは良心的で、私たちが州保健局の課する試験に合格することだけに関心があった。彼は皮膚が肉体にたいして果たしている機能を問題にしているのであって、黎明期の健康管理産業のなかでそれが社会または分業にたいしてもっている役割を議論する時間はなかった。

生殖体系の問題になると、臨床状況と教室の科学的生物学の矛盾はばかげたユーモアと実際的な矛盾という形で表われた。臨床訓練の場では、二十代半ばのジャネット・モリスはアーサー・スコットの担当になった。彼は五〇歳前後の元軍人で、脚の疾患と神経障害で寝たきりとなったが、性を含め他の機能には異常がなかった。

ジャネットと私は友達だった。彼女はアーサーに食事の介助をしたあと、いくつかの場合に遭遇したジレンマのことで私やもう一人の学生に相談をもちかけた。ジャネットは来る日も来る日も寝たきりのアーサーに同情をおぼえ、アーサーも彼女に引かれるようになった。ある日ジャネットが介護にとりかかると彼は性的に興奮し、ジャネットにむかって緊張をほぐしてくれないかと頼んだ。ジャネットは要求に応じないことに決め、とっさに冗談めかして仕事にとりかかった。しかしこの問題はご多分に洩れず気にかかった。私たちに相談をもちかけたとき、ジャネットは彼の依頼をむげに断われないような気がとっさにしたのではないか、ふとそう思われた。彼女はジレンマ、つまりどのみち満たされないことを選択する立場に立たされたのだった。

ミスター・ストアはそれから二日後に一つの質問をした。彼は生物学的システムについて暗記することになっている解答リストを読み上げるようにしながら、「ペニスの機能は何かね?」と、科学的質問につきものの客観的な訊き方をした。ジャネットと私は素早く目配せをしあって笑いを噛み殺した。そのときまでにはジャネットのジレンマが理性的な討議の対象になる環境ではないとわかっていたからだ。彼は返事を待たず言葉を継いで、「ペニスの機能は放尿することだ」と言った。この答のあと、彼はリストされたほかの問題に移っていき、学生たちが正しい答を書き留めていることを確認するために言葉を切った。この生物学的事実はテストに実際に表われた。したがってその視点からすればミスター・ストアは義務を果たしていたことになる。ところで、この生物学としての介護の授業はジャネットのジレンマ解消の役にはほとんどたたず、アーサーにとっては何の役にもたたなかった。

ねえ、仕事をやめたくなったことってある?

こうした出来事は、授業が進行するにつれて幻滅が唯一または圧倒的な感情だったことを証明したくて引き合いに出しているのではない。実際、制服には毎週しみひとつついていないし、テキストは怠りなく暗記した。しかも、就職への意欲は依然として高かった。老人ホームの給料は最低賃金に近いという噂でさえ学生たちの意欲を大してそぎはしなかった。それだけではない、ミスター・ストアとテキストを信用するために私たちは介護技術を学んでいたし、私たちのほとんどはこの新たな知識を実行に移すことができると誇らしげに言いあっていたのである。

さらに、何週間かたつうちに、質問の巧みさは劇的に向上していった。わけても臨床訓練用のホームに入居する人々を知るようになるとそうだった。内容は魅力的になるし、こうした人々の障害の原因や軌道は強度を増してくる。しかし、毎週土曜日に終日の臨床訓練が行なわれることへの関心は、有給で働きたいという希望が高じるにつれてしだいに減じていった。それぞれ一八人からなる二組の臨床訓練生は、ホームが無料奉仕の労働を不当に受けているとして不満を漏らすようになった。

「どうしてここは私たちが帰る時間になるといつも清潔なにおいがするのかしら?」ドリーン・フォースターは部屋から出がけに何度となく皮肉を言った。衝撃的なこのホームが多国籍ホテルチェーンの所有になっていることを知ったとき、我慢し切れない気持になった。「それを知っていたらあんなに一生懸命ただ働きするんじゃなかったわ」とドリーンが告白した。それでももっといい条件で働くことになると請け合う教師の言葉を真に受け、私たちは楽観的な考えを持ち続けた。

卒業が近づくにつれて、ほとんどの職業専門学校の学生の例に漏れず、私たちの話題や勉強は通過儀礼である最終試験に集中していった。これに成功するか否かはミスター・ストアがときおり現実世界という言葉で言及する実務に入ることができるかどうかを決めるのである。臨床技術熟達度試験は六部で構成され、うち二部は便器のあてがい方、ベッドの整え方、生命徴候その他の計測法、患者を起こす適切な方法など、学生の実演から成り立っている。残る四部は生命徴候の記録、流動物の摂取および分泌物の排泄記録、採尿および採便、患者の位置変え、等々に関する筆記試験だった。臨床試験の点数に解剖学、生理学、生物学、などの理論の点数が合算されて合否が決まる。結局、成績は多くの者が恐れたほどの脅威にはならなかった。課程を終えた学生のうち不合格は一人だったからだ。

試験に合格すると私たちは労動力の一員として考えられた。訓練期間中に自信や、技術や、勇気が増したことに間違いはない。しかし、後日必要になるであろうことの多くは決して口にされなかった。はじめの頃ミセス・ボンデロイドと話したとき以外に、死の問題はテキストや講義や試験のどこにも出たことがなかった。また、細胞、組織、システムなどに関する厖大な資料のなかに、癌の原因または結果の問題も出てこない。私たちの老人ホームでは大抵の入居者は服を着て娯楽室に座っているか、病棟を歩き回っているのに、教科書はなぜ患者が呼出しボタン付きのベッドに横たわっている図を描いているのか、私たちは考えてもみなかった。

「我々は細胞で、細胞は我々だ」ミスター・ストアは口癖のようにそう言ったが、これは「細胞、組織、器官、およびシステムが協同して人体を形成する」という教科書の表現を鸚鵡《おうむ》返しに繰り返したものである。州や医療産業が理論というラベルを貼ったものは疾病と介護の医療モデルのコンテクストのなかに盛り込まれた一〇〇時間の生物学的・機械的事実から成り立っている。私たちは肉体的システムに関する知識に基づく専門職に入ってゆくが、それは感情や、衝動や、欲望や、欲求の理論ではない。それは老人ホームがどうして現にあるような組織になっているか、そこには誰が住んでいるのか、そこでは誰がどんな条件の下で働いているのか、などといった問題には取り組まない。

授業が最後の週に近づいてきた頃、一人の友人が、「安心させるような介護を教えるのにどうしてこんなに時間がかかるのかしら？」と私に訊いた。私はそのとき、安心させる介護なんて授業で聞いたこともない、と答えざるをえなかった。介護という言葉を教えたり論じたりする考え方はなかった。学校は細菌と疾病の名前を教えるだけだった[9]。

卒業式が近づくにつれて学生の言葉に誇りがましい響きが聞かれるようになった。正規の看護助手になるのはかなりの費用と努力を要することだから無理もない。学生たちは口々に家族や友達の主催する卒業パーティや、卒業祝いの話をしあっている。何人かの学生たちが近くのレストランで送別会を開くことになり、クラスの大半がそれに出席した。

新しい専門職のいくつかのグループがあの最後の宴会の主要な話題に参加し、互いに職探しには協力しあおうと約束しあったあと、話題はすぐに問題の核心に触れた。それは、臨床訓練の際にどの患者が一番好きで、嫌いだったのは誰か、そして仕事を身に着けていく期間中にへどが出るほど嫌だったことは何か、という問題だった。

大抵の時間は、「ねえ、仕事をやめたくなったことってある？」という問いかけに対する答を聞くことに費やされた。答はそれぞれが聞いたばかりの経験談を上回るひどさで、「まあ、ひどい！」という憤慨の声につづいて、けたたましい笑い声が上がった。

それはミセス・ボンデロイドならば言ったと思われる、敗血症よりも床擦れの話であり、科学よりも母親のウイットに関する話だった。しかし今は、私たちは科学と免許状で武装し、健康管理の最前線に出撃する日を待つばかりだった。

第2章　一か所で働くだけで、どうやったら暮せるの？

ほとんどの職場の例に漏れず、老人ホームでも四時半が仕事じまいの時間だった。応募受付も面接も勤務時間内に行なわれる。職探しに歩き回った最初の一週間に、私は四か所の老人ホームを訪れた。どのホームでも入り口のデスクの近くに陣取る看護師が出入りする訪問者や入居者をモニターしていた。二か所では看護師が私の志願表をちらと見て、ちょくちょく空きが出るからそのうちに電話をしますと言った。二か所では口がないと答え、一か所では「大勢の看護師が正看の試験を受けたのだけれど合格しなかったために看護助手として働いているから」と、具体的な理由をつけて断わられた。

時間も遅くなってくるので、その日最後の職探しをするのに躊躇を覚えた。しかし、古めかしい五階建の煉瓦の大きな建物はガラス張りの窓ごしに食堂に入って行く人の列が見えたので私の注意を引いた。一階に広いロビーと食堂があり、上の階には小さな窓が等間隔で並んでいるところを見れば、この建物はかつて優雅なホテルか何かだったらしい。それが今は老人ホームになっていた。

若い男が入り口の守衛詰所で私を呼び止めた。職を探していると言いながら、私はロビーに視線を走らせた。少なくとも四〇人の人が動き回っている。大抵は並んで立っているが、コーヒーやソーダマシーンのところに群がったり、広いロビーに座っている者もいる。男は私を主任看護助手の部屋に案内した。

彼女は手を差し伸べたり名前を訊いたりするまえに、「資格はもっていますか？」と早口に訊いた。資格を手に入れるのにかなりの時間と金がかかっているし、仕事の内容を本に著すという二重の目的を言ってやれば緊張したやり取りが一部省けるだろうという意識があったから、私はいくぶん誇らしげに免許状を差し出した。彼女はそれをじっくり見てから募集要項の必要事項に書き入れてほしいと言ったが、腕時計に目をやって、「明日入社試験と面接があるから来てください」とつけ加えた。

試験は学校の卒業試験に似ており、生命徴候の数値や、摂取と排泄の計測単位や、解剖学に関する詳細な知識の記入などだった。もう一人の求職希望者リザ・マーティンが隣りに座っていた。部屋には二人しかいないので、私たちは答を教えあった。

二人とも合格し、残って雑談をした。

「あなたはどうしてここに来たの？」とリザが訊いた。

「ぶらっと立ち寄って空きがないか訊いたんだよ。きみは？」

「通りをずっと行った先のホームから来たんだけど、そこは最低賃金しか払わないの。こっちのほうが給料がいいって聞いたものだから」それから彼女は六か月も昇給しなかったとか、ここの初任給は三ドル五〇セントで、最低賃金を一五セント上回ると聞いた、それだと面接を受けてみるだけのことはあると思った、などと言った。

明くる日私は制服を着て、免許状と成績表と教科書を小脇に抱え、私の存在に正当性を与えそうなものをもって出かけた。嘘はつくまいと思いながらも、計画の目的はおいおい明らかにすることとし、全部を打ち明けることはすまいと心に決めた。面接はきびきびと進められた。それはこの主任看護助手にとって慣れっこのことで、無数の管理的な業務のあいまに行なっている感じだった。願書には免許状を取得した場所と時を書き入れる欄の隣りに前歴欄があった。それまで一五年を大学で過ごしているので、私の答は典型的なものにはなりっこない。結局、ノース・ウェスタン大学で研究助手だったと書いた。

経歴に関する質問を不安な気持で待っていると、彼女は願書にちらと目を遣って、「前の職場の電話番号はこれでいいんですね？」と訊いた。

「ええ」と答え、何か言い足す間もなく、彼女は受話器を手に取り私のほうを見もしないでダイヤルを回していた。

私が勤めていた女性問題研究所では、職員は私の計画を知っていて協力的だった。けれども、私はなお所長が電話に何と答えるか心配だった。彼女にはイエス・ノー、空欄を埋めよ式の質問が矢継早に浴びせられた。

「時間に几帳面ですか？」

「はい」

「正直ですか？」

「はい」

「ものを盗んだことはありませんか？」

「ありません」

「無断で勤務を休んだことはありますか？」

「いいえ」

「御協力ありがとうございました」

彼女は受話器を戻し、私にむかって、「夜勤はできますか？」と訊いた。

「できます」

「それでは明日の午後三時に来てください」

彼女は私をせわしげにドアの外へ押し出した。私はまたしても暴露ジレンマに直面した。電話の質問と、紋切り型の慌ただしい面接から、彼女が志願者のなかから必要な労働者を選んでいることははっきりしていた。この選考過程を複雑にする必要はない。就職口はそうざらにあるわけではない。志願者が白人とあれば疑惑を抱く雇主は多いだろう。とりわけ大学と関わりがあるばかりか、研究に関心があると聞かされればなおさらそうに違いない。しかし、この問題は後で考えることにして、差し当たって職が欲しかったから就職することに決めた。

あなたのところの革命は今日はどんなぐあい？

明くる日、午後三時の交替時間になると、ナースステーションには九人の看護関係者が立ったり座ったりしていた。正看護師、准看護師、社会福祉主事がそれぞれ一人、看護助手が六人、これが勤務終了組と交替要員の二手に分かれていた。

「今日の患者数は？」夜勤組の主任看護助手が訊いた。

「そうね」と昼勤主任は答えた。「ロレーヌ・ソコロフが倒れて病院に運ばれたから六三人だわ」

「ライナ、ダイアモンドに要領を教えてあげて」夜勤主任が言った。

ライナ・マーティネスは二〇代のフィリピン人女性だった。「心配ご無用だわ。人の顔を覚えたらそんなに難しくないから」彼女は言い始めた。「ここでシーツを受け取って、そこで衣類をたたむの。この勤務では大勢にシャワーを浴びさせるから、新しいタオルをいっぱい用意しなければならないわ。夕食後にグラフの記入法を教えるけど、それが一番大事なことなの。差し当たっては寝具をいくつか取り替えて、何人かのトイレを手伝うことね」

毎日交代時間に会う九人のうち、白人は私一人だった。女性は七人、うち一人は日勤の正看護師で、白人のアメリカ人だった。三人はアメリカ人の黒人で、二人はフィリピン人、ジャマイカ出身者が一人いた。もう一人の男性はナイジェリア人だった。

このグループと親しくなってゆく過程で、私は看護助手になる計画をたてはじめた頃ニュージャージー州を訪れて知りあった女性の言葉を思い出した。フローラ・ドビンズはこのグループが多彩な人種で成り立っていることに国際性を感じていた。「ここの老人ホームの感想はどうだい？」と私が訊くと、彼女は、

「どこだって同じだわ」と答え、「でも、一つだけ馴染めないことがあるわ。まるで国連みたいなんだもの」と言い足した。

ミセス・ドビンズは明らかに職員の人種構成を指しており、入居老人のことを言っていたのではなかった。職員は大抵が黒人であり、入居者はおおむね白人だったからだ。研究活動をしているとき、仲間は女性と、少数の男性だったが、彼らの出身地はハイチ、西インド諸島、ジャマイカ、ガーナ、ナイジェリア、メキシコ、プエルトリコ、インド、韓国、中国、それにフィリピン出身者が多かった。あの時ほど私がアメリカ出身の男性であることを強く意識させられたことは後にも先にもない。ホームの住人は最初私を見つめ、それから近づいて仔細に見、私が甥や、息子や、孫や、兄弟や、医者を思い出させる、などとてんでに言った。この言葉の意味は時間がたつにつれて分かってきた。少数の男性入居者とときおり訪ねてくる者を除けば、多くの入居者にとって白人の男は私ぐらいしか見ることがなかったからだ。

ライナがグラフの書き込み方を私に教えているとき、私は彼女の襟に小さな金のピンが挿してあるのに気づいた。ピンには「セント・メアリー看護学校」という文字が刻印されている。「姉が同じ名前の看護学校を出たんだ。二〇年ぐらい前だけどね」話してみると姉の学校はアメリカだけれども、ライナが出たのはマニラの学校だったことがわかった。彼女や友達は、卒業後にアメリカで働くことになるとあらかじめ知っていた、とライナは言った。

「私がいた頃、マニラには看護学校が五〇校ほどあって、卒業するとほとんど全員が外国、それもアメリカで働いたものだわ」彼女に看護学士の資格を与えた五年の訓練プログラムが終る頃には、彼女と同級生たちはマニラの職業斡旋所と契約を交わした。契約書には就職先の老人ホーム名、都市名、勤務開始の年月日が書かれてあった。「ホームを経営する会社のなかには至急来てほしいというところもあったわ」と彼女は説明した。「だって引っ張りだこだったもの」

ライナが高度に熟練した看護師であることはすぐにわかったが、この国ではまだ登録された正看ではなかった。このレベルに到達するには、アメリカに到着後二つの違った試験を受ける必要があった。彼女にはこの条件が不満で、

「信じられる?」と修辞的な訊きかたをした。「それどころか、今じゃ三つめの試験がどうとかいってるわ。この国では学生時代よりも勉強しなきゃならないんだから」資格取得のために試験勉強をしている間、彼女は看護助手よりもいささか高度な仕事をわずかに高い賃金で行なう「学卒看護師」〔trained nurse とも呼ばれ、しばしば未登録〕として雇われていた。

こうした最初の数週間に、私たちが共有しているものについて彼女は冗談を言った。彼女がアメリカに来たのはわずか二か月前で、働いた経験は私よりも六週間長いだけだった。二人とも借金があった。彼女の借金はフィリピンからの航空運賃で、額は約七五〇ドル、私の場合は学費でほぼ同額だった。私たちは仕事の特権を与えてくれた借金を返済するためにいっしょに働いていたのである。

こうした多国籍労働者はさまざまな面で付き合って面白かった。彼らは広く旅をしているから世界中の国のことを話題にのぼす。その反面、文化が衝突することもよくあった。英語が第二言語である人たちの喋ることを理解するのはかならずしも容易ではない。看護師としてよく訓練された人でも形式張った書き言葉を使い、話し言葉の慣用句は理解できないとあって、聴力や視力に支障を来した者の多い入居老人のなかには、人種、国籍、文化等々の違う看護助手の介護を受けることに苛立ちや戸惑いを覚える人も少なくなかった。

それに加えて、こうした男女はただ国籍が違うだけではない。フローラの言う、「国連」にとどまらず、大抵は「第三世界」の出だったが、ある日、昼食の時間にこの事実がはっきり表われるようなことが起こった。二人のフィリピン人看護助手が大きなテーブルの前に座って、手製のライスケーキをみんなに振る舞っていた。テーブルにはほかに彼女らと同国人の看護助手が二人、ナイジェリアと韓国出身の看護助手がそれぞれ一人座っている。するとハイチ出身の女性がテーブルに近づき、みんなに挨拶をしながらにっこり微笑んで、「あなたのところの革命は今日はどんなぐあい?」と訊いた。並み居る者はこの質問に、聞いたことがあると言わんばかりにどっと笑いこけた。彼女らの祖国は一九八〇年代を通じてことごとく政治混乱のさなかにあり、少なくとも市民のなかには、それを革命と呼ぶ者もいた。彼らはさまざまな国で革命を口にし続けた。革命はともかく、彼女らが共有したこの冗談は、みんなが働く発達した資本主義社会と、出身地の発展途上社会の関係を的確に示していた。それは、老人ホームが世界経済のなかで一つの産業として拡大しつつある事実を例証するものでもあった。田園風の憩いを思わせる名前のついた、他国籍企業の一見自治的な老人ホームのテーブルを囲むのは第三世界出身の看護助手たちで、高度に発達した資本主義社会は彼女らの労働力に依存しているのである[1]。

たったの二〇九ドルで暮していけるとでも思っているのかしら?

私が働いていたホームはどこでも、看護助手は労働力の四分の三を占めていた[2]。私たちが働くフロアや翼棟《ウイング》は交替時間が違うので、グループとして集まる機会はめったにない。しかし、ホーム中の看護助手が集まって挨拶を交わし、数分間ゴシップを交換する日が二週間に一度あった。こうした機会は理事のオフィスのまえに給料を貰いに集まったときに訪れた。

デブラ・モフィットと私は二週間前、同時に働き始めた。私たちは時期は違うが同じ学校に通った。そして最初の出勤日に教師の噂話や、仕事の辛さに衝撃を受けたことなどについて語りあった。あの日以来、仕事が入れ違いになって、何かのついでにしか互いに見かけなくなった。この日は給料日だったので、私たちは小切手を貰ったあと外で落ちあった。歩きながら封筒から小切手を取り出し、手取り額を見るなりデブラは足を止めた。二週間働いて手取りはたったの二〇九ドル——税金その他を引かれれば、何と一時間当たりわずか三ドル五〇セントにしかならないではないか[3]。

「二〇九ドルだなんて！」彼女は金切り声を上げた。「たったの二〇九ドルで暮していけるとでも思っているのかしら？」

その言葉の意味は、この賃金で何か月か働いてみてはじめて徐々に分かってきた。デブラは早速、これではよそのホームで足りないぶんを稼がなきゃとてもやっていけないわ、と言い出した。彼女の言葉に耳を傾けるうちに、最初のホームで入社試験を一緒に受けたリザ・マーティンが、五セントか一〇セント高い時間給を目当てにホームを変わろうとした理由が理解できた。こんな低賃金では、それだけの違いでも大問題なのだ。主任看護助手が私を即決で採用した理由も明らかになった。定着率の低い労働構造社会では、新しい労働者の採用が日常業務になっているわけだ。私たちのポケットに納まっているのは家賃にも満たない小切手だった。要するに家賃を賄うだけのことに二週間以上働かなくてはならないのだ。

週給は一〇四ドル五〇セント、この金額が「最低賃金」という抽象的な意味とは違う意味を持つようになるのに長くはかからなかった。その時点までは、最低賃金という概念は、生きていくための最低の費用を意味しているものとばかり考えていた。しかし、実際には週給一〇四ドルは独身者の生活費さえ賄えない金額だった。

デブラは、連邦政府が発行する貧窮者向けの食料切符を貰う資格があるのではないかと考えはじめた。モーリーン・ウィルソンはひとりっ子を連れて母のところへ戻ることになったが、母の家は公共輸送機関のルートから外れているとあって、彼女は職場まで通勤するのに車を買わなければならず、購入費を捻出するためにパートの仕事を探すことになった。イナ・ウィリアムズとアイリーン・クローフォードは週に六日、時には七日働く必要があった。

ナイジェリア出身のヤミ・ローマは妊娠していた。私は彼女に出産の何日前まで働くつもりかと訊いてみた。すると彼女は、

「当日までよ。だってそうするしかないもの。でも心配は要らない」といって微笑んだ。「その日がきたら自分で産婆役をこなせると思うから」

ヤミとほかの二人は、一週間かけてロティー・ガントリーを慰めたことがあった。彼女は二人の子供の母親だったが妊娠の恐怖に取り憑かれ、もう一人生れたのではとてもやっていけないというのだった。ロティーは勤務して六年ちかいけれども、時給は三ドル九〇セント、一九八四年末の税控除後の所得は六七〇〇ドルに満たなかった。二人の子供を抱え、正社員でありながらこの収入は政府の定

める貧困レベル以下だった[4]。

昇給は一五セントか、よくても二五セント、といったぐあいにわずかなものだ。イナ・ウィリアムズは数か月前にコーヒーショップで、「ここに働きに来るなんて時間の無駄みたいなものよ。昇給したといってもバス代にもなりやしないんだから」とぐちったことがあった。一〇年間働いても年に一五セントの昇給で現在の賃金は約五ドル二五セント、最低賃金を上回る額は二ドル以下、バス代は片道一ドルだから、昇給を全部足したところで交通費も賄えないことになる。

もっと賃金の高いホームの噂もちょくちょくあった。ハイチ出身のソランジ・フェリアは、郊外に五ドル五〇セントの時給を払うホームがあると聞いた。「でも、落とし穴があるのよ。パートしか雇わないから手当が出ないわけ」ほかのある大都市では、どこでも五ドルちかく払うという話もあった。けれども、高い給料を払うという噂がある一方で、ここと同じか、場合によっては低いところがあることを、しばしば身をもって体験しているのも事実だった。

結局、私がもっていた雇用と賃金対失業と貧困の概念そのものが崩壊しはじめた。私の頭のなかと社会学の文献のなかではっきり区別されていたものが、現実生活のなかでからみあいはじめたのである。日常の話題は相変わらず、家賃や、交通費や、子供に必要なものを買う金が足りないという話ばかりだ。常勤の仕事といっても食べていくだけの金が稼げず、貧困からぬけ出すことができない。一九八〇年代から九〇年代はじめにかけて、職に付きさえすれば貧困状態から抜け出せる、と一般に言われた。ところが私の会った女性たちは貧困を創出する常勤雇いで働いていた。彼女らの給料は、最低賃金をわずかに上回るとはいえ最低どころではなかったし、一九九一年に時給が四ドル二五セントに上がったところで大して変わらなかった。昇給はインフレ率にほとんど追いつかない。税込みで年収が八八四〇ドルにしかならないからだ。「最低賃金」という言葉が歴史的に意味をもっていたとしても、今となっては、それは抽象的な政治用語に過ぎず、働く母親たちが今日から明日へと生きて行くために立ち向かう現実とはかけ離れたものになっている。

この明白な矛盾に対する極端に単純化された解決は最初は最も論理的な選択として私の身に起こった。どうして彼女らはなにかもっと賃金の高い仕事に就かないのか？　これはしかし看護助手の現実とはかけ離れた抽象的な考え方で、それを示唆すれば侮辱ととられかねない、ということがわかった。確かに賃金の高い仕事をもとめて職場を去る者は多い。けれども、もしみんながそうすれば老人ホーム産業はなくなるという構造上の問題は別としても、私が話しあった看護助手の反応は違っていた。まず、とっさに返ってきた言葉は、「ほかに何をしろというの？」というものだった。看護助手という職業は八〇年代から九〇年代にかけて最も手に入れやすい仕事で、求人も多かった。

アーマ・ダグラスはこの問題に深刻な反応を示した。彼女は、石鹸というものは自分で顔を洗う人がよく分からないうちにどこかへ消えてしまうようなところがあるから人の目に付くところにおいてはいけない、と私に教えた。私は、こんな安い給料でみんなよく暮していけるものだねとぐちをこぼし、別の仕事をやってみる気にはならないか、と訊いてみた。すると彼女は背中をアーチ状に曲げ、目に怒りを込めて

「私の仕事はこれだわよ」と洗顔している相手に視線をちらと走らせながら腹立たしげに言った。

ほんの二、三秒、まばたきひとつしない彼女の凝視に加えて、気まずい沈黙が起こったあとで、な

るほどこれがまぎれもないアーマの職業だった、彼女が一四年間黙々とやって来たことに間違いなかった、と私はつくづく思った。それには学校を出てこの仕事に就いたばかりの者に教えることのできる数々の技倆が含まれていた。こうした技倆を入居者に施す看護助手にとって、なぜほかの仕事に就かないのかと訊くほど大きな侮辱はない、とそのとき思い当った。

デブラは、「二〇九ドルで食べていけるとでも思っているのかしら?」という彼女への質問に対する答を私よりはるかに早く理解した。彼女は、家賃を払うためにもう一週間働かなければならない、と言った。答は、ベテランの看護助手であるドロシー・トマソンが「二交替制を二つ続けざまにこなし」、睡眠は四時間しかとらない、と自慢げに言ったときしだいに分かってきた。ある日、私がアイリーンと路上で偶然に出会い、あなたのところで夜勤のパートを雇わないか、と訊かれたときもっとはっきりわかった。彼女の言うには、イナは「プライベート」として夜に働いている。これは個人の家庭の特別勤務介護士だが、アイリーンはそうしたアルバイトが見つからず、まだ探しているということだった。最初の臨床訓練期間に会ったドナ・ジャクソンは、このホームで七時から三時の勤務をこなし、別のホームで三時半から一一時までの勤務を行なっていると言った。

アーマは、別の職業に就いたらどうかという私の侮辱から落ち着きを取り戻すと、自分の置かれた立場を詳しく述べ始めた。

「ここの仕事はどうかね?」と訊くと、

「そうね……まずまずだわ」と答えて彼女は考え込み、「給料はひどいけど、大丈夫よ。若いからもう一つ仕事ができるもの。家にいるのは夫と私だけだし。これで子供でもいればここで働いてなんかいられないわ。生活保護を受けなければほかに仕事をするしかないわね」

アーマの分析をもってしても、デブラの問いかけに対する答は、二日の間に二人の人が同じ質問をして私の立場が同僚にとってどんなに奇妙なものかがはっきりするまで具体的にはならなかった。フィリピン人の男性はトレーを配りながら、ここは私が夜勤で勤めている別のホームよりも忙しい、と言った。それから彼は私のほうを向き、「あんたはほかにどこで働いているんだ？」と訊いた。

「ここだけだよ」

すると彼は首を傾げ、よそよそしい目で私を見つめて、「そうか」と言ったきり歩み去った。

それから二日後のこと、ハイチ出身のソランジ・フェリアと昼食をとっていると彼女は、「私は自分の国でこの仕事を六年やって来たんだけど、アメリカに来て分かったことが一つあったわ。それはね、ここでは一つの職業ではやっていけないということだわ」と言って首を傾げながら私を珍しいものでも見るような目で見つめ、「一つ訊くけど、あなたのことで分からないことがあるのよ、ティム。一か所で働くだけで、どうやったら暮せるの？」

「うん、まあ……僕は、そのう……機会があるたびに教えたり、個人教授をやったりしているもんだから……」私の答はしどろもどろだった。それからソランジに自分の立場を説明しにかかった。一つの仕事しかやっていないのは私だけとあって、仲間はずれになった感じは否めなかった。すると一か所とはいえ、二か所の勤務をこなす仲間たちに混じって週四〇時間の勤務が負担になってきた。ほかの者にとって、私は付き合いにくい相手に見えてくる。それはなにも私が恐れていたように白人のアメリカ人だからというにとどまらない。そのカテゴリーの中のどこかに、だから一つの職業だけで食っていけるんだ、と妙に納得がいったような顔をされるところがあったからだ。二交替制、パート勤務による生活費補塡、二職兼業――等々は健康管理チームの最新のメンバーであり、新生の老人ホーム産業最大の労働力たる看護助手にとって例外ではなく当り前のことだ、ということがわかった。私が一緒に働いている大方の人々にとって、「一か所で働くだけで、どうやったら暮せるの？」という問いに対する答はきわめて簡単である。やっていけないというのがそれだ。

コーヒーはもう飲み終えたのか？

そうした条件下では、労働者と経営者の関係は非常に緊張したものだった。二つないしそれ以上の職に就くことがほとんどの看護助手にとって食べてゆくために必要だったが、彼らは不平も言わずにそうしていたのではない。私がこの産業に足を踏み入れて最初に学んだ最も大きな教訓は、経営陣と労働者の間には厳格な一線が引かれているということだった。

昼食時や休憩時間の会話は上司に関する批判でもちきりだった。キャロル・デイヴィスは組合の役員になりたいと言っていた。娘が病気になったとき一日分の給料を引かれて困ったことがあった。看病をするために一日の休暇を申し入れたところ、経営者は、病気休暇は従業員が病気になったときに限って取ることができる、と主張して突っぱねた。私たちは組合に所属しており、ほかの地方の活動はときおり耳にしている。しかし、私たちの地域では組合のおかげで各種手当が出るようになりはしたものの、経営者との交渉に当たってくれるわけではない。経営者は組合活動を厳しく監視していた。

キャロルは役員に立候補したいと思ったが、職を失うことを恐れる気持があってできなかった[5]。この雰囲気のなかでは、そもそも看護助手仲間が私を疑惑の目で見ているために、自分の経験を本に著わしたいという希望を経営者に明かすことはしだいに出来なくなってきた。それが引き起こす緊張を考えればなおさら難しい。この産業について書きたい、とソランジ・フェリアに言ったところ、彼女は、「会社には黙っているほうがいいわよ、馘《くび》になるといけないから」と言った。

最初に就職したホームの管理者が三週間ほどたった頃私に近づき、「経歴を見るとノース・ウェスタン大学と関係があるようだね」と言い始めた。私はいよいよ馘かと覚悟を決めた。自分の目的について嘘をつく気もなかったが、同僚の言葉に耳を傾けたあととはいえ、管理者の賛成を得たい気にもならなかった。彼は、「大学にレポートでも提出するつもりかね?」とたたみかけた。当時の私はこの給料だけで生活していたし、大学との関係といってもわずかなもので、単位を取っているわけでもなければ金を貰ってもいなかったし、レポートを書いていたのでもなかったから、厳密に言えばその質問への答はノーだった。それに、会話ははじまったばかりで、話せば話すほど私を馘にしたほうがいいと考えるだろう、という気がした。

幸い会話はだしぬけに中断した。とても暑い夏の日で、エアコンのない部屋に三五人から四〇人が残飯と体臭と洗剤の臭いが立ちこめるなかに一日中座っている四階は特に蒸し暑かった。エアコン付きのオフィスからやって来た管理者は、エレベーターを出るなり七〇度から九〇度〔華氏〕を越える温度のなかにほうり出された。訪問者同様、暑熱と悪臭が彼の鼻を突いた。彼は汗をかきはじめ、目に見えて弱っていった。同時に彼と話をしたい三人の入居者が近寄ってきた。よくあることだが、彼らは同時に話しかけた。おまけに彼らとの距離が近すぎたから不快で、彼は水飲み器に顔を向け、それからエレベーターのほうに戻ったので、蒸し暑い午後の会話は尻切とんぼに終った。

その後私からこの問題を話題にすることはなかったし、彼も持ち出さなかった。一部の同僚や入居者にはここでの体験を記録したいと言ったが、彼には黙っていた。看護助手のなかでたった一人の白人だったせいで、私の会った大抵の者の例に漏れず、彼も恐らく何かを感づいたのだろうが、疑惑は何か月かたつうちに薄れたようだ。ソランジはその間の事情を簡潔に表現して、「もしあなたが新聞か何かにルポルタージュを書く人だったら一日か二日でいなくなると思ったわ」と言った。

後日別のホームで働いているとき、私は似たような経験をした。私が働き始めたとき、管理者はフィリピンに商用で出かけていた。彼が戻って廊下を見回りはじめたときには、私は日勤の四週間目に入っていた。この仕事で何が辛いといって、入居者を起こして朝食を支給するまでの早朝の作業ぐらい辛いものはない。朝食とともにコーヒーポットが届くと、私はカップに一杯注いで部屋の隅に置き、ちびちびすすってはカフェインの力を借り、目の回るような仕事をこなした。コーヒーを飲むことは、休憩時間以外には飲食してはならぬとする規則に違反する、ということがまもなくわかった。

コーヒーを飲んでいる現場が管理者に見つかった。私たちが会ったことはなかったが、違反行為が彼の注意を引いた。彼は私の背後から近づき、腕を両肩に回すと、顔を私の顔に近づけて、皮肉たっぷりに、「コーヒーはもう飲み終えたのか？　これで一日停職になることはわかっているんだろうな？　今日はたまたま気分がいいんで大目に見てやる。二度とやらんように気をつけたまえ」と言ったが、その声は部屋にいたほとんどの者に聞こえるほど大きかった。

彼は経営者と被雇用者の間に一線を引き、お前は雇われの身だぞと見下した言い方をした。見せしめの意味で言っているのだった。私より若い男が使用者面をして、一杯のモーニングコーヒーをとがめだてすることに言いようのない怒りを覚え、額から冷汗がしたたり落ちた。この瞬間に経営者と労働者の関係がはっきり表われた。その関係を理解するのが自分の研究にとって重要なので、彼が腕を私の肩に回し、顔を私の顔から六インチまで近づけたとき、私は彼が引いて見せた権威の線に敢えて挑戦しないことに決めた。何しろ彼には全ての権限があったのだから、議論を始めるのは愚かというものだっただろう。おまけに彼は私が解決しようとしていた問題――つまり経営側に自分が物書きである事実を明らかにすべきかどうかという問題――をはっきりさせようとしていた。「たちまち馘になるわよ」と言ったソランジの警告は、権力を笠に着たがる経営側の態度を見て取ったものだ。ここの管理職は、意図すると否とに関わりなく大声を上げ、とかく雇用者と被雇用者の立場の違いをはっきりさせ、少なくとも同時に両者にはなれないことを強調したがる[6]。

アーマ・ダグラス、ドロシー・トマソン、アイリーン・クローフォードの三人はそろってベテラン看護助手で、私は彼女らからこの仕事の要領を大いに学んだ[7]。彼女らはみんな四〇代半ばから後半の年頃だった。三人とも看護助手としての職歴が一一年から一四年というのが彼女らの共通点だ。また、辞めようと思ったこともあった、と口を揃えて言ったことも共通点である。彼女らは、そのうちいいこともあるわよ、などと辛い現実を物欲しげな冗談に紛らしていた。給料小切手の第二行の控除項目には一般に社会保障の名で知られる連邦保険寄与法（FICA）欄があって、アメリカの大抵の労働者の例に漏れず、看護助手も総収入から差し引かれた連邦退職保険料が記入される。

次の章では、私たちの働くホームに入居していた男女の老齢年金の使途について述べる。年金の使途に関する彼らの言い分は、アーマやドロシーやアイリーンが週の半分から六日間、一か所だけで今後一〇年ないし一五年働きながらＦＩＣＡの掛金を払い続けた結果がどうなるか、を予測させるものとなるだろう。

第3章　私の社会保障費はどこへ行ったのさ?

七五歳のヘレン・ヴューは、長期居住者で、資産といえるほどのものがなく、公的援助を通じて金銭的に老人ホームに結びつけられている点で、私が最初に働いた二つの老人ホームに住む男女の典型だった。彼女に関する私のイメージに矛盾が感じられはじめたのは、知りあって数週間たってからのことである。もしヘレンが経歴やカルテにあるように長年公的援助を受けているとすれば、金の指輪や宝石類を身につけ、褐色、茶、えび茶色などの見事な仕立てのウールのスーツをとっかえひっかえ優雅に着こなして、来る週も来る週も娯楽室に腰を下ろしているのはどういうわけだろうか。着るものや身ごなしから判断すれば、ヘレンは貧乏人ではなかった。

彼女と話したり、生命徴候をカルテに書き込んだりしながら、ヘレンが昔から貧しかったのではないことがわかった。老人ホームに入っているうちに、かなりあった財産がなくなったのである。仕事を終えたあと、ときどき私は彼女が昔住んで子供を育てていたという界隈を通ることがあったが、そこはこの地域でも最も裕福な階層の住む郊外だった。私たちが会ったのは、ヘレンがホームで九年目を迎えた年だった。最初のホームは彼女の家の近くにあって、しゃれた分譲マンションだった。それからホームを出て病院に移り、そこから現在のホームに引っ越したが、最初は私費負担の老人が住む一階だった。それから公費援助の階に移され、九年近くになる。カルテの予測欄には「退院の見込なし」と書かれてあった。

ヘレンについてそれ以上のことは分からなかった。けれども、老人ホームの移転歴はおのずと何かを物語っているような気がした。彼女の身に何が起こったのだろうか？ ヘレンは娯楽室で腰かけていたり、廊下を歩き回ったり、毛布を掛けてベッドに横たわったりしながら多くの時間を過ごしているが、退屈し切っているのは誰の目にもはっきりしていた。しかも彼女は無一文なのだ。彼女の住む階の多くの男女は似たような環境に暮している。要するに貧しいのだが、それが生涯でいま初めて貧しさを味わっている、という風情なのだ。

私は入居者が私費で入っている老人ホームと、公費、つまりメディケイド〔州と連邦政府が共同で行なう低所得者や身障者のための医療扶助〕で入居しているホームの両方で働くべきだ、と漠然とながら自覚していた。ホームには金持ち向けと貧乏人向けがある、という一般的なイメージをもっていたが、うっかり働き出したところがおおむね公的扶助で入居している老人のホームだった。そこにいる間に、メディケイド入居者のある言葉が私の計画の目的をはっきりさせることに役立った。その言葉は私費ホームと公的扶助で賄われるホームの関係を言い当てていた。自分たち同士や職員相手の日常会話の中で、彼らはよく昔住んでいたところを話題にのぼす。私がたまたま老人ホームの生活を本に書きたいと何人かの入居者に言ったところ、アンナ・アーヴィンという名前の入居者は、

「だったら私が最初に住んでいたところへ行くべきだわ」と言った。「カーペットが敷かれているし、

ラジオやグリー・クラブもあって、ここと は雲泥の差だわよ」彼女は最初のホームを偲んで、「あの頃はよかったわぁ」と懐かしそうな言い方をした。

やがて私は何人かの女性たちが最初に入居したのを懐かしんでいたようなホームに運よく雇われることになった。それはシカゴの裕福な郊外にある最高級の老人ホームとして雑誌の記事に紹介されていた。そんなわけで私は財産のない老人と、まだ財産をもっている老人の入居する二つのホームで働いたのである。時がたつうちに、アンナが口にした両者の継続性がはっきりしてきた。彼女は老人ホームで暮したのではない、さまざまな背景を経験したのであって、それは全て彼女の経済状態に関わりがあるのだった。

上の階の連中みたいにはぜったいにさせんからな

私企業として老人ホームは市場にはめ込まれ、ホーム間には入居費をどれだけ払うかによって階層がある[1]。スペクトルの最上層には住居や医療サービスと引き換えに財産を委譲する医療付ホームがある。ある日仕事へ行く途中、私はそうしたホームの魅力的な話を聞いた。バスで隣に乗り合わせた三〇代半ばの女性が話しかけてきたのだが、白い制服姿を見て、「看護師ですか」と尋ねたのである。

「ま、似たようなものです」と私は答えた。「老人ホームに勤める看護助手ですから」

「ほんとですか?」と彼女はにわかに元気づいた。「祖母が最近入りましたの」と言って彼女は雑誌記事で評価の高かった豪華な高級有料ホームの名前を挙げた。「財産と引き換えに生涯面倒を見てくれるようなところです。祖母にはお金がありましたから入れたんです」

「そうですか。おばあさんは何と言っていますか？」

「九三歳ですから、独り暮しが不安になりはじめたんです。ジーザス・ムーヴメント〔既成の教会・宗派から独立したイエス・キリストの教えを中心とするアメリカにおける若者の根本主義的キリスト教運動〕に参加したみたいだって冗談を言っています」

このホームが宗教団体と提携しているのを知っていたので、私は、「ほう？ そこが静かだとか、祈禱が行なわれるという意味ですか？」と訊いた。

「いいえ」彼女は答えて笑った。「イエスが使徒に言った言葉みたいだという意味なんです。持てるもの全てを譲って我に従え、と言ったわけでしょう？」

こうしたホームに入れるような社会階級に所属する老人はきわめて少ない。最初の投資がごく少数の人間しか持っていないような財産を必要とするからだ[2]。老人ホーム生活への典型的な道は病院からの退院である。なかにはリハビリのために短期間滞在する者もいる。有資格者ならば、短期費用のほとんどはメディケアが賄ってくれる。

メディケアとメディケイドと呼ばれるアメリカの長期医療制度の二本柱が立てられたのは一九六五年のことである。メディケアは連邦医療計画で、入院と老人ホームの短期入居はこれで賄われるが、期間と場所と疾病の種類には限界がある。メディケイドは連邦税と州税で賄われ、適用資格は、特に入居者と配偶者の資産の多寡によっていくぶん異なっている。どの州でも、市民はほぼ貧窮状態になってはじめてこの制度を利用して老人ホームに入居できる。

私は両方の公的医療制度のもとで暮した経験をもつ人々に会った[3]。富裕な郊外の老人ホームで職員と訪問者と入居者がジョン・ケリーの私室のまえにさしかかると、彼はよく手招きをしながら、「ま、寄って行きなさいよ」と誘いかける。七一歳のジョンは脳卒中のあと身体の一部が麻痺し、メディケアの適格者と判定された。メディケア援助は資産で決められるわけではない。ジョンにはいくばくかの貯蓄があり、彼にはメディケアを補塡する個人保険が適用される[4]。ここでは各階の窓ぶちが花や見舞い状で飾られている。なかには病院からもってきたのもあるが、早期の回復を祈る言葉を添えて新たに送られたものもある。ジョンの部屋にはカラーテレビや電話がある。それに彼が最も誇りにしている「代行権限」をもっている。署名はちゃんとできるし、金の勘定も他人の手を借りずにできる。彼は退院する日もちかいと信じ込んでいた。「上の階の連中みたいにはぜったいにさせんからな」というのが彼の口癖だったが、上の階の連中とは、彼のような自治権が持てなくなり、退院したくてもできない老人を指す。

廊下を行った先には短期滞在のバーバラ・メイハンがいた。彼女は八六歳だが転倒して腰を折った。入院先の医師の勧めでリハビリを老人ホームで行なっていたが、彼女の説明によれば、最初は乗気でなかったけれども、「個人」サービスを受ける条件で不承不承同意した。コーヒーショップのイナ・ウィリアムズをはじめ、多くの人々が副業でこのサービスを引き受けた。斡旋業者を通せば時給の半分をもっていかれるとあって、個人雇いの方がピンはねされないから献身的に働く。二か月後に退院する運びになったときには、バーバラは、「彼女にやってもらわなければたぶん退院できなかったわよ」と個人雇いの看護助手をほめそやした。当時私は勤めたばかりで、彼女の言葉がよく理解できなかったが、その事実は否定のしようもなかった。こうしたホームに住む大多数の老人と違い、彼女は実際に退院したのである[5]。

このフロアにいる老人のなかには、病気が重くて退院できない者もいた。彼らは短期滞在の高度介護翼棟《ウィング》に収容されているが、リハビリのためではなく、最後の日々をそこで過ごすのが目的だった。こうしたメディケアと私費負担のフロアのいくつかの部屋には、昏睡状態で、点滴と酸素吸入チューブを差し込まれて生かされている人々がおり、なかには入院後わずか数週間で死ぬ者もいる。

郊外にある高級な老人ホームでは、こうしたフロアにはメディケアと私費負担老人が収容されているが、そこに住む全ての老人がメディケアの給付目当てに受け入れられているわけではない。ジム・マッキーヴァーは手術のできない脳腫瘍に罹り、回復の見込がないためにメディケアが適用されなかった。彼をホームに入れるには家族が費用を負担しなければならない。妻のベティが毎日看病に通った。彼女も多くの人の例にもれず、メディケアの給付額が老人ホームの場合いかに少ないかを知って驚いた。このホームが請求する金額は一日一〇〇ドル近くにのぼり、滞在した六か月の終りには、一生かけてためた貯金があらかたなくなったことが分かり、ベティは怒り心頭に発した。彼女は夫を腫瘍の結果として失い、貯蓄を社会政策の結果として失ったのである。

連邦から費用償還を受けられる人々にとっても、安全が保証されているとは到底言えない。大抵の請求書はメディケアで支払われるけれども、多くの入居者は足下で経済的地盤がぐらつくのを感じて不安を覚える。メディケアには時間に制限があって、支払い期間は六か月以内に限られている[6]。私費病室の患者は、六か月が過ぎると違う病室に移されはしないかとか、場合によってはホームから退去を言い渡されはしないかと不安を訴える。

グレース・デロングはこうした経済的状況を口にしながら震えていた。彼女は腰骨を折り、面倒を見てくれる家族がいないので二、三週間のつもりで老人ホームに入院した。しかし、五か月がたち、メディケアの給付期限が急速に近づいてくる今も退院の見通しがたたない。腰と関節炎のために、「外でやっていく」までにはまだ時間がかかることはわかっている。彼女を介護して車椅子に乗せ、娯楽室に連れていくのが私の日課だが、彼女は手にしたハンドバッグを開けて預金通帳を確認しなければ気が済まない。通帳を取り出して中身を確かめることもしばしばだ。大人になってからはたいてい秘書として働き、貯蓄額は現在二万から三万ドルの間である。

グレースはこの金もやがてなくなると大声で愚痴をいう。時には恐怖で金切り声を上げたりもする。もといたフロアでそうした事態が身に降りかかった老人を実際に見ていた。彼女はその当時公に使われた修辞句でいうスペンドダウンの状態にあったが、スペンドダウンとはメディケアの対象となるまえに窮乏状態に陥るまで資産を減らす過程をいう。彼女はよく、「早くここから出なきゃならないわ。ぼやぼやしてたら一生出られなくなっちゃう」とヒステリックに叫んでいたが、私が二度ほど見たこの状態は、通りすがりの人や、あまり接したことのない専門家は老人特有の行動だと即座に判断するかもしれない。しかし、日々に彼女と接触している者には、こうした叫びは自分がはまり込んだと感じる社会政策への明快かつ理性的な抗議の声であることがわかるのである。

グレースと相部屋のモズビーは、スペンドダウンの状態を要約して、「知らないうちにもっているもの全てを失うことよ」と言った。何か月かたつうちに個人資産が減ってホームの入院患者は困窮状態に陥り、その後の人生を公的援助に頼らざるをえなくなる。なかには配偶者や子供たちが破産状態になって行くのを知りながらどうすることもできない、という苦痛に耐えなければならない者もいる。また、精神的に混乱してその過程が理解できない者もおり、家族は介護産業への支払いに四苦八苦しなければならない。

自分の生活さえままならなくなる家族も出てくる。それでも悪循環の渦のなかにほうり込まれた患者は、退院することができないから公的援助に依存し続けるしかない。大抵はさまざまな疾患の合併症で入ってくるが、これは時間がたてば安定してくる可能性もある。しかし、彼らの肉体的・心理的状態は安定しても、経済状態は逼迫の一途をたどるのである。

ミス・ブラックがこの過程を正確に指摘した[7]。数学の教師を一七年間勤めた彼女は会ったとき七〇代だった。糖尿病の後遺症で車椅子生活だったが、彼女はときどき廊下で自分の生活状態に怒りをぶちまけ、「私の社会保障費はどこへ行ったのさ?」と叫んだ。「ふんだくりやがって。返せって言うんだよ！　今すぐ理事を連れてきてよ！」長年生徒を扱ってきたせいで彼女の声は大きかったし、職員の注意の引き方もよく心得ていた。理事が彼女の部屋にやって来て静めようとしたことは少なくとも二度あった。社会保障手当は今は彼女の手に渡らず直接ホームに入ってきている、ということを彼らはできるだけ丁寧な口調で説明した。また、社会保障手当だけでは入院費の一部しか賄えず、たりないぶんはメディケイドという形で公的援助から払っている、ということも説明した。

ミス・ブラックは彼らの説明に満足しなかった。彼女の叫び声は疲れきって鎮静剤を投与されるまで続いた。この騒動は抑圧感情の行動化と見なされ、「ミス・ブラックは今日また行動化した」とカルテに記録された。

彼女は老人ホームのスペンドダウン政策を何とか切り抜けた。メディケアが出発点だったが、給付期間は短かく、健康管理の必要性がその後も続き、彼女の個人資産が尽きたあともそれは残った。彼女は貧窮し、公的援助への切り替えに頼るようになった。社会保障手当が最初の経費の支払いに充てられたが、メディケイドが費用の残りを補塡したのは彼女のほかの年金が尽きてからだった。

私ならそれを貧困援助と呼びたいね

メディケアとメディケイドは違うプログラムだが相関関係がある。こうしたプログラムの日々の結果を生き延びた男女はその相関性について語った。アンナ・アーヴィンは「古きよき時代」を振り返って、短期的にメディケア適用資格のあった間に老人ホーム生活をはじめた頃を懐かしんだ。「一階で暮していた頃にはもっと奇麗だったし、ルームメイトも一人しかなかった」と元准看護師は言う。「当時私はメディケアの患者だったわ」

メディケアからスペンドダウンを経てメディケイドに至る過程はしだいに貧困化していくそれである。一度ラルフ・サグレロの髭を剃りながら、公的援助を受けたことはあったかと訊いてみたことがある。「公的援助？」ラルフは唸るように言い、唾を吐く仕種をした。「私ならそれを貧困援助と呼びたいね」

公的援助プログラムの下では、州は一部連邦の金で老人ホームに各入居者の費用を払う。換言すれば、公的な金は交付される個人宛ではなく、企業に直接払われる。入居者は小遣い程度を受け取るが、私が働いていたホームでは、これは月額二五ドルだった[8]。

一日一ドルにも満たないから十分な額ではない。たとえばミッキー・ワトキンズは一か月の小遣いの五分の一を廊下にある公衆電話で、ほかの州に住む親戚にかけたたった一回の電話代に使ってしまった。「ここにある国連」という言い方をしたフローラ・ドビンズは、訪れてきた友人たちにいつもアイスクリームをねだっている。公的援助を受ける入居者は看護助手に物を買ってほしいとか、家から物をもってきてほしい、などと絶えず頼んでいる。たとえばそれは便箋や、ペンや、雑誌や、菓子や、飲み物などだ。もっとありふれた依頼はアルコール飲料だが、これは厳しく禁止されているとあって冗談だったり、冗談半分だったりした。

この乏しい小遣いの範囲で患者が欲しがったものを列挙するよりは、公的援助がどんな支払いに充てられたかを述べるほうが率直だろう。一九八〇年代半ばには、州の平均医療費支払い額は患者一人につき一日約五二ドル、月額で一五六〇ドル、年額では約一万九〇〇〇ドルだった[9]。ホームではそれで介護、食事、洗濯費、下着類を賄う。投薬費や医師の往診料は別会計である。要求を満たされない個人の必需品のリストを挙げてみても、このシステムの下での生活がどんなものかを適切に述べることはできない。一部の人々の日々の生活をたどった方がその過程を生々と示すことができるだろう。

毎月ある特定の日にあたりの空気が興奮で満たされる。この日にトラスト・ファンドと呼ばれる小遣いが支給されるからだ。トラスト・ファンドが支給されるまえには、何日かにわたって金の使い道について興奮ぎみのやり取りが交わされる。その日になると、廊下の公衆電話に行列ができる。一ドルか二ドルの借金が返され、便箋や切手や封筒が買われ、階下の自動販売機で買ったタバコや、コーヒーや、キャンディを分けあいながら笑いさんざめきがひとしきり続くなかに、「コークをおごるよ」といった声が何度となく繰り返される。

しかし、日がたつにつれて一日一ドル足らずの小遣いもスペンドダウンしてゆく。月の半ばが過ぎたばかりというのに、八二歳のファーン・パリロは部屋に入ってくる看護助手をつかまえては二五セント玉をねだり始める。一度私は事情も分からず、そんな彼女にいらいらして思わず、「ファーン、小遣いをもう使ってしまったのかい？」と言ったことがあった。

あとからついてきたこの元家庭の主婦で二人の子供の母親だった老婆は、私の言葉にかっとなって、「ルームメイトに、運んでくれたらビッグマック・ディナーを二人前買うって言っただろ。それで六ドル七〇セント。切手に便箋に歯ブラシが一本、電話を二度かけて、タバコを買って、毎日下の階でコーヒーを一杯飲むだろ。それから二ドルの借金を返して」恐らく長年家計をやり繰りして一セントの果てまで無駄使いはしなかったのだろうが、こうして彼女はトラスト・ファンドの使い道をことこまかく数え立てて見せた。

この研究を始めるまでは、老人ホームに入っている者はほとんどが寝たきりだと思い込んでいた。ところが実際には多くの者が起きていて服を身に着けて歩き回り、一定の時間内ならば建物の外に出ることもできる。多くは無一文だから「自由」というのは当たらないだろう。そうした自由は時に放浪と間違われるからだ。私はこうした間違いを数度犯している。ある日、歩いて通勤中にふと目をやると、ごみをあさっている女の姿が遠くに見えた。近づいてみるとジューン・ポパーといって、私が向かっているホームの住人だった。彼女がごみをあさっている理由はすぐにわかった。月末に近い頃で、彼女のトラスト・ファンドが尽きたのだ。彼女は自分で使うなり、何かと交換できるなり、売るなりできるものを探していたのである。その月二〇〇〇ドル近い金が彼女の健康管理費として州から会社に交付されているのだが、本人は路上で金になりそうなものを物色しているのである。

公的援助を受けている人々がほとんどのホームでは、ときどき警察の厄介になる者も出る。貧困者にありがちな放浪、万引、物乞い、などのかどで警察に連行されるケースである。ある時期には、回ってきた献金皿から金を盗んだ者がいたためにホームの入居者全員が地元教会への立ち入りを拒否されたこともあった。公的援助とは貧困援助だというラルフ・サグレロの分析はもっとはっきりしてきた。こうした人々は彼らの置かれた状況の矛盾を理解しようとしていたのである。

ジョアン・メイコンと私は路上で二度会った。一度目は私が初めてこの計画に着手したときで、二度目は計画がかなり進んでからだった。見知らぬ女性だった彼女が通勤途中の私に近づいてきたのだが、立ち止まった位置が近すぎて居心地が悪かった。立ち止まるなり彼女は「ハミッサゴダコダ?」と何やら意味不明の言葉をつぶやいた。私は小銭をつかませてやり過し、逃れられたことにほっとした気持を味わった。ジョアンは若い頃には今は亡き夫と子供との生活の足しに工場で働いた。健康を害して収入の道を断たれ、彼女は公的援助を受けるまでに零落した。このプログラムが対応しない支出のなかに眼鏡代と歯の治療費がある。当時ジョアンは七〇を過ぎたばかりで、午後にはときおり格子縞のブラウスにストライプの入ったスラックスを穿き、入居者共用の洗濯物のなかからその朝支給された白のソックスという格好で外出することがあった。彼女は一杯のコーヒーかタバコをせしめてやろうと思い立つ。そんなことをしたくはないのだが、勇気を奮って路上の男性に近づく。眼鏡をかけないから相手に近づきすぎ、入歯が壊れているとあって発音がわかりにくい。ホームではみんな知り合いだから何と言っているかわかるけれども、路上の見知らぬ人が相手では「ヘイ、ミスター、ユーゴッタクオーター？（ちょいと旦那、二五セント玉お持ちかえ？）」という言葉も、私の耳に最初聞こえたように「ハミッサゴダコダ？」では何のことだかわからない。

もし私費入居者が差し迫る貧窮化に不安を覚えたとしても、それは貧乏であることは安定した状態だということを意味しない。それは独特の不安をもたらす。経営者が高い金の払えるメディケア有資格者や私費入居者を入れようと思えば、公的援助を受けている入居者は違う翼棟《ウイング》か階に移される[10]。仕立てのいいウールのスーツを着こなすヘレン・ヴューは、友人の身にこんなことが起こったのを実際に見たと言った。州から派遣されたソーシャルワーカーが入居者に近づき、別のホームが見つかったと言う。理事についてヘレンはあるとき、「彼らは生活保護を受けている連中にはあまり関心がないと聞いたわ」と言った。彼女の言葉は経験に基づいていた。金がなくなると別の翼棟に移されたからだ。

ヘレンの事情は老人ホーム生活の少なくとも三つの特徴を体現していた。一つはそれが過程であり旅だということだ。老人ホームが行き着く先、つまり終《つい》の住処《すみか》になる。そこでは静かな生活と死が待っている。ヘレンと何人かの入居者はそれがかならずしも静謐な生活ではなく、えてして彼女らには抑えのきかない力に突き動かされた行動を伴うことを実証している。この生活につきものの特徴はのべつ移動することだ。退院して老人ホームに入り、階から階へ、あるいは部屋から部屋へ、集中医療棟から保護棟へ、一つのホームから別のホームへ、とりわけ私費負担のホームから公的援助を受ける人々を受け入れるホームへの移動、といった具合だ。公的援助の入居者マーサ・クレイグはあるとき、「終の住処だと思うでしょう。実はそうじゃないのよ」と言ったことがある。

それはまた社会階級の階段を大急ぎで下る旅でもある。福祉浮浪者という言葉を使った者がいたかいなかったかはともかく、ヘレン・ヴューが人生の大半を豊かな資産家階級の一員として過ごしてきたことは事実である。彼女の人生は九年間のうちに急速に変わり、今はドル札と二五セント玉をやりくりしながら暮す身だ。有産階級の特権の名残に違いないが、彼女は肉体的に健康で齢のわりに若く見え、時々頭が混乱することはあるものの、七九歳とはいえ多くの入居老人のように、この先もまだまだ長生きしそうである。

こうして社会階級を下降する旅は主として女性がたどる。老人ホームには確かに男性もいるが、長期にわたって階級を下降する旅路を行くのは主として女性である。統計によれば、老人ホームに住む者の八〇パーセント以上を女性が占めている[11]。女性のほうが長生きで、生涯を通じて男性よりも収入が少ない。したがって年金や社会保障費も少ないし、給付期間が終るのも早い。年をとるにつれて、夫から社会的に支えられる女性は少なくなっていき、彼女ら自身が病気に罹《かか》ったり引退したりした父親や夫を社会的に支え、彼らが死ぬと、部分年金で自分を支え、それから公的援助に依存する道をたどる[12]。

加えて、公的援助を受けるようになっても、社会階級の旅はそれで終るわけではない。老人ホームが終点ではないように、公的援助が道の終りではなく、更なる貧窮化の始まりなのだ。貧窮化のさまざまな段階を生きる人々はただ無為に座して後ろを振り返っているわけではない。彼らは未来についても心配げに喋っているのである。

大きな変化は一般的な公的援助の範疇に含まれること、ならびにその結果を生き延びようと努めることだ。私にわかった思い違いの一つは、老人ホームが高齢者を入居させているという考え方だ。貧しい入居者の中には老人もいれば若い者もおり、身体障害者、知恵遅れ、精神を病む者、またはこれらの合併した者などがいる。こうした施設で公的援助による生活をすることは、疾病と貧困という異質な背景から引き出された人々の集団のなかで暮すことだ。患者という一般的な範疇の下に集められ、そのなかの男女は誰が隣りで食事をし、寝ているかについてほとんど知らず、またその状態をどうすることもできない。私費入居の人々もルームメイトを選ぶことはできない。しかし、公的援助の下では、入居者はほかのルートから入ってくるし、全員が老人というわけではない。

若い入居者のなかには事故で身体の自由がきかなくなった者もいるし、生まれつきの障害者もいる。したがって、長期入居者のなかには一緒に住む集団の年齢が変わる者もいる。アンナ・アーヴィンの障害は長い時間がたつうちに安定したが、彼女は古き良き時代から貧困への一途をたどり、外へ出かけようにも行くところがなく、公的援助を受ける人々と一緒に過ごす時間が長くなった。彼女の三人部屋には知恵遅れの六〇歳になる元州立病院の入院患者と、三〇歳の元学校教師がいたが、彼女は自動車事故で体が麻痺し、口も利けなくなった。皮肉なことに、アンナがこの環境で暮す時間が長くなり、齢をとるにつれて、彼女が高齢者のホームで過ごす時間が短くなっていった。

一部の者は一九七〇年代に行なわれた障害者の脱施設化の結果を生き延びている元州立病院の入院

患者で、彼らは州立病院から地域社会へ、それから老人ホームへと移された人々である[13]。彼らは全て貧窮者政策の下に十把一絡《ひとから》げにまとめられ、その結果として同じフロアに住んでいるのである。

シャロン・ドレークは七〇代だが、この界隈の最高級レストランの一つで二五年間ウェイトレスだった。公的援助翼棟《ウィング》に住む彼女は、ビル・スローターのことでのべつ苦情を言っていた。なにしろこの男、しょっちゅう陰部をさらけ出して困るというのである。彼は口を利かない。パッと見せてはにたにた笑うだけである。当時六〇代の終りだったビルは、大人になってからの大半の期間口を利かなかった。シャロンがウェイトレスとして働いていた間、ビルは州立病院に入院していた。私が彼らに会った当時、二人とも老人ホーム生活の異なった段階を生き抜いてきた比較的健康な生存者で、シャロンは昔の名残の宝石を身につけていたし、ビルはまだ彼女に色目を使っていた。彼らは同じフロアの同じ娯楽室にとどまり、彼らの人生の二つの共通の特徴である廃疾と貧窮化を抽象化し同じ柵のなかに囲う社会政策の下にとどまるように運命づけられたのである。それはまるでそこに住む人々が貧しいということと、患者であるという二つの特徴しか持ち合わせないかのようだった。

時がたつにつれ、この旅にもう一つ加わる側面は、少なくとも都会地域では多文化的になっていくことである。行政の見地からすれば、貧しい地域にあって貧困層の入居するホームが安い労働力を提供する移民労働者に依存するようになる可能性は高い。入居者が年をとり、医療状態が一時期安定すると、彼らの生活費は公的援助で賄われ、彼らとは違う人種、出身国、文化的背景をもつ職員の介護を受けることになる可能性が高い。彼らは、フローラ・ドビンズも言うように、「このなかの国連みたいな」場所に移動させられるのである。

最後に、こうした人々を知るということは、彼らが絶えず強奪されてゆく過程を生きる姿を見ることで、それは彼らが公的援助を受けるようになることで止まるわけではない。一九八〇年代には、公的援助は安全ネットを提供するという政治的レトリックがあったが、私有財産はネットにあいた大きな穴からこぼれて絶えず減り、補充されることはない。物乞いをするジョアン・メイコンは先ず眼鏡を失い、最後には歯まで失ったのである。

最初は気違いじみた行動と見えたことも、時がたてば手からすりぬけていくものを守ろうとする必死の試みであることがわかる場合もある。フレッド・マレーは衣服を三枚重ねて着ており、それがいつも職員といざこざを起こす原因になっていたが、彼に言わせれば手持ちの衣服はこれが全てで、失いたくないから着ているということになる。空のクローゼットが彼の言葉が嘘でないことを証明していた。ヘレン・ダナヒューは枕の下に残った一足のスリッパをかって寝た。彼らが開発した生き残り戦略の一つは、空になってゆくクローゼットや整理箪笥を横目に、残ったわずかばかりの持ち物を守ることだった。

ごみをあさる貧しいホームレスの老人や若い者に目をくれながら、毎日職場へ歩いて通う私は、たとえ老人ホームだろうと路上やどやに寝泊りしている者よりは少なくとも住むところがあるだけましではないかと、しばし考えたりした。そんなことをぼんやり考えながらある日バスを待っていると、後ろから、

「ちょっと訊くけど、あなた看護師なの?」と声をかけられた。

私はまた、「似たようなもんだけど、すこし違う。老人ホームで働いているんでね」と答えた。答

えた相手は七〇代の老婆だったが、彼女は沿石のそばの階段に腰を下ろしていた。勤務先の人々と違い、彼女の体は垢だらけだし、衣服も洗いざらしではない。歯が何本か抜け、物乞いをしていることは彼女らと同じだ。彼女は名前をマーサ・シュガーマンといったが、私たちはしばらく腰を下ろし、老人ホームを話題にした。

「あそこに建物が見えるでしょう」彼女はそう言って窓ガラスが何枚か割れてボール紙が張られ、看板の文字が半分抜けて落ちて「Bro dv ew Ho el」となっている四階建のビルを指差した。そこは古いホテルで、今は週や月ぎめで間借人を募集していた。「あそこに友達と住んでいるのよ。実を言うとね、老人ホームに入らないかってうるさいのよ。絶対に入ってやるもんか」彼女はここで誇らしげに眉根を上げて見せた。「入らないためなら私ぁ何だってやるよ」

別れを告げてバスに乗りながら、またひとつ自分の思い込みが挑戦を受けるという事実に取り組まねばならなかった。最初は雨露をしのぐ場所と、風呂と、食事と、薬を提供するところが、こうしたもののために絶えず苦闘しなければならぬところよりもいいに決まっている、と思い込んでいた。老人ホームは路上生活や荒廃したどや暮しよりはましだ、と考えていたことは間違いがない。ところがマーサは、眠そうな目をした最初の入居者に会う際にも、私の目蓋に焼き付いていたあの目でこの思い込みに疑問を差し挟んだのだった。

私の娘はここに寄りつかないのよ

同じその日のうちに、この研究の社会学的枠組のなかでもう一つの概念が壊れた――こうしたホームのなかで暮す人々の生活における家族の立場がそれである。外国人の看護助手と入居者の間にいざこざがあったばかりで、看護助手は忿懣《ふんまん》やるかたない顔で老人ホームの入居者に怒りをぶつけていた。「ここの人たちときたら頭にくるわ」と彼女は言った。「でも、もっと頭にくるのは家族だわ！　もし家族に捨てられなかったら彼らはこんなところには来ないものね。私の国では老人ホームなんてものはありやしない。家族が面倒を見るのよ」

彼女は、老人ホームの入居者は家族に見捨てられた人々だとするアメリカ生れの人々や移民に共通する考え方を述べているのだった。そう言ってしまえば簡単だが、看護助手はもっと賃金の高い職業に就くべきだとする私の最初の先入観のように、それは単純化のしすぎというものだ。家族について入居者が日常言っていることを聞けば、彼らが見捨てられているのではないかという推論は当たらない。この外国人看護助手と私が働いているフロアに居住する五人の人々はほとんど無作為に選ばれているが、彼らを見てもそうした考え方が間違っていることが分かる。

ヴァイオレット・シュバートは八二歳で結婚歴はない。彼女は一度か二度、もし結婚していたらどうだったかと考えてみたことがある。彼女がなつかしげに語るのはたいてい両親のことだった。しばらくひとり暮しをしたことがあったが、親が弱ってくると家に戻り、先ず父の介護をする母を手伝い、それから母の介護をした。両親とも他界したあとは親の家に住み続けたが、七〇代の後半に腰の骨を折った。最後には老人ホーム生活に入り、公的援助を受けるようになって我々と会ったのである。見捨てられるどころか、ヴァイオレットは家族の最後の生き残りだったわけである。

七〇代後半のジェーン・フォックスの場合もそのように見えたが、彼女には夫と二人の子供がいた。娘は何千マイルも離れたカリフォルニア州に住んでいた。ベッド脇の葉書に書かれた「そちらに行けたらいいのですが」という文面から推察すると、彼女は母を引き取ることができなかったらしい。ジェーンは毎月トラスト・ファンドの金を使って彼女に電話をかけた。事務室の電話は個人の呼出しには使えないし、廊下には公衆電話が一台あるきりなので、娘のほうから電話をかけることはできない。娘への電話がジェーンを感情的に支えていたことは明らかだった。

ウィル・バウマーの七九歳になる妻は、夫の痴呆がすすみ、自分も健康が衰えたのと、手持ちの金が尽きてどうにもならなくなってホームに入れることを決意するまで夫の面倒を見てきた。彼女は天候の許すかぎり週に三日見舞いにやって来る。妻が誰だか彼にわかったかどうかははっきりしなかったが、彼女が彼を見捨てなかったことははっきりしていた。

廊下を行った先で、次の章の冒頭に登場するヘレン・ダナヒューは日がな一日、夫だか息子だか娘だかわからないがジョンという名前の人物と、メアリー・ヘレンという人物に向かってしゃべっている。ヘレンは八八だからウィル・バウマーのように痴呆状態である。だから彼女はかなりの時間、自分自身の現実を堂々巡りしている。ジョンとメアリー・ヘレンが部屋にいないのは間違いないが、彼女にとっては間違いなくいるので、どうやら彼女よりも先に死んだらしい彼らにむかって愛情たっぷりに話しかけている。もし誰かが、あなたは家族に見捨てられたのよ、と言いでもすれば、彼女は侮辱されたと思うに違いない。

最後の一つの例がこの章の最終テーマにつながる。ミュリエル・デュモントは政府の役所に勤めた。私たちが会う三年前に、彼女は軽い半身不随に陥り、八二歳になったとき、身体機能がしだいに衰えてゆく友人たちのたどる道を見るにつけても、自分も近い将来に介護の必要な身になるが娘に負担はかけたくない、と考えるようになった。その後まもなく、長い夏の夜に娯楽室で私に語ったことから推して、彼女は資産を処分した。しかしそれは時期がおそすぎたらしい。規定によれば、資産のスペンドダウン〔メディケイドが受けられる資格を得るために収入や資産を減らすこと〕は公的援助を申請するたっぷり二年前に行なわねばならない。さもなければ州は残余の資産を支払いに回すために没収する可能性があることになっている。

「金銭的なプライバシーなんてないのよ。一セント残らずさらけ出さなきゃならないんだから」彼女はそう言ったことがあった。

ミュリエルはきっちり二年という枠組の間に資産を処分せず、テーブルに写真の飾ってある娘にくれたのではないか、と考えたくなるのは無理もない。彼らの関係について私はなにも知らない。ただし彼女は一度声を潜めて、「私の娘はここに寄りつかないのよ。来たら根掘り葉掘り訊かれて、お金を奪られちまうんじゃないかと思ってね」と言ったことがある。

こうしたさまざまな人生の断片を集めてみれば、家族にはそれぞれの事情があって、見捨てるなどという言葉で十把一絡げにはできないことが分かる。無数の家族関係というものがあり、家族について語る人々はそのさまざまな可能性のなかで生きているのである[14]。

しかし、見捨てるという概念を一概に退けるまえに、恐らく我々はこの過程にもう一つの要因を見出すことができるだろう。もしミュリエルの娘が公的援助制度を規制する政策のためにホームを訪れることを恐れているとすれば、それは彼女自身の家族のなかに楔を打つことになり、その社会政策の結果としてミュリエルを捨てたのは恐らく家族ではなく、社会なのである。

アメリカ合衆国における二〇世紀後半の公共計画は、行政側の論理からすればメディケアとメディケイドという二つの分離した支払い政策だった。しかし、彼らの生活体験の論理からすれば、両者は継続的で関連があった。患者はスペンドダウンを通じて一方から他方へと移動する。本章で述べた経験は、メディケアとメディケイドのイメージをアメリカの長期医療の二本の柱から相関性のあるローラーコースターの二つの峰へと変えるものだ。それははっきりした進行過程を含んでいる。つまり、療養期間が長くなるにつれて患者は貧しくなり、環境も不安定になってゆくのだ。

こうした入居者が提供する物語は、私費入居と公的援助の如何《いかん》にかかわらず全ての老人ホーム人口の組織的なつながりを示唆する。両者の間には継続性があって、資産持ちのホームと困窮者のホームという構造的な違いから想像されるような差異はない。前者に居住する者は全面的に政府に依存しているわけではないが、それでも後者の複合企業体の一部であることに変りはない。私費入居者と公的援助による入居者は、ともにこうした政策が生み出す不安定な生活環境を口にしている。前者は、一時的な安定と相対的な豊かさのなかにあってさえ、いつ貧者の群れに転落するとも知れぬ不安に絶えず怯《おび》えながら生きているのである。

これまでの逸話で語られた体験は、アメリカの老人ホーム医療は特定のホームだけではなく、ホーム全般に典型的な医療の実態だということだ。それはフロアからフロアへ、病棟から病棟へ、さらにはホームからホームへと、一連の貧困化という公的政策をたどることを意味する。したがって、こうした全ての環境のなかで生きた人々は、じっとしているときでさえそこはかとなく落ち着かない気持に急《せ》き立てられる。彼らは朝目を覚ましたときから、恐らく若い頃の人生の大半を特徴づけてきたにちがいない断固たる生き残りの意気込みで暮している。そうでもなければ、ここまで頑張ることはできなかっただろう[15]。彼らは、若い人たちはまだ身に付けていない生き残りの技術を実行しながら生きてきた。前述の物語が示しているのは、憩いや引退どころか壮絶な闘いの記録なのである。

入居者の話から判断すれば、老人ホームの生活は静的な受け身のそれではない。椅子に腰かけていたり、ベッドに身を横たえて「何もしない」でいるのとはわけが違う。それぞれの人は椅子に腰かけ、ベッドに横になり、行列をつくって待っているなど、おおむね動かないように見えはするが、実際には社会的・政治的過程を動き、かつ動かされているのである。

第II部　金の煉瓦をつくる

最初の1～3章では、看護助手と老人ホームの入居者が経済・社会政策の拘束のなかでどうやってやりくりしているかを探究した。私はこれまで、慢性疾患者や虚弱者の介護と受入れ方についてはほとんど触れなかった。私の戦略は、こうした人々を何よりも先ず疾病または看病に関連して紹介するのではなく、彼らの日々の生活の重要な側面を明らかにするために、社会の構成員として紹介することにあった。

第4章と第5章は、老人ホームの日々の生活がどんなものか、私の勤務時間中に見聞したことを通じて伝えるものである。各章は原則として朝から夜までの出来事を追っているが、時には何時間か飛んでいる場合もある。また、私が働いた何か所かの体験が混ざっていることもある。時間ごとに追求した入居者の記録から一般的なテーマが浮かび出てくる。各章は、どのようにして老齢世代から金が生み出せるかという基本的問題に関わっているが、第4章は入居者の生活、第5章は看護助手の仕事を扱っている。

第4章　ここではどうして休ませてくれないのよ

看護師、看護助手、調理師、清掃係の仕事は午前七時までに始まり、ホームの入居者もその時間には活動を始める。交替看護助手には、「今日はあなたは二〇一番から二一六番迄、あなたは二一七番から二三二番迄、あなたは……」といったぐあいに全員の担当入居者が決められていく。番号はベッドではなく、入居者につけられたものだ。最初の仕事は起こすことで、ベッドから降りる予定になっていれば介助し、朝食と投薬の準備をする。

早朝のこの仕事は多くの看護助手にとって最もきつい作業で、絶えず冗談や苦情の元になっている。それは入居者の一部にとっても難しく、彼らはしばしば抵抗を示す。したがって、一日のはじめはいざこざが起こりがちである。

「二〇一号ベッド」はイリーヌ・オブライエンだったが、「おはよう、イリーヌ、さあ、起きましょう」というのが第一線の典型的な起床ラッパだ。

「嫌だ、もうすこし寝かせてよ」イリーヌはつぶやいて毛布をかぶる。「引退する日を待ちわびながら一生働いてきたっていうのに、寝坊もしてられないんだから」

私は手探りでもするように説明の言葉を探し、病院みたいなものだから、と彼女に言う。あなたも私も病院の朝の決りは守らなければならない、と言って聞かせるのだが、七時一五分では彼女にしても私にとってもほとんど意味をなさない。だから私たちの一日はいつも緊張で始まった。

ヘレン・ダナヒューの場合もそうだった。「今日は起きる気がしないのよ」私が二、三度突くと、彼女は膨《ふく》れっ面をして、「ここではどうして休ませてくれないのよ」と言った。

イリーヌにしてもヘレンにしても、寝たきりではないから起き上がらないでいるのは我儘《わがまま》を通させたことになり、私が職務怠慢のかどで叱られるのである。ほかの看護助手からやがて学んだ要領は、作業の手を休めずに入居者を一種の会話、それもできれば個人的な会話に引き込み、いざこざを最小限に食い止めることだった。ヘレン・ダナヒューの場合には、これはまもなく一連の愉快なエピソードに発展した。

ヘレンは九〇歳に近く、体の衰えは誰の目にも明らかだから、娯楽室へ行くにも長い時間をかけて廊下をゆっくり歩くことになる。会話の時間はたっぷりあるから、私はよく彼女に若い頃の話をせがんだ。一つには彼女を励まして娯楽室まで歩かせるのが目的だったが、そんなとき彼女は上機嫌に笑いながら思い出話をする。廊下を歩いているうちに三番目の部屋に差しかかると、彼女は決まって考えていることを中断し、「メアリー・ヘレン、メアリー・ヘレン、早く起きなさい、学校へ行く時間だよ」と呼びかける。メアリー・ヘレンは彼女が長いこと起こしていた娘の名前である。私も一緒に部屋を覗き込んで声を合わせ、「メアリー・ヘレン、起きないと学校に遅れるよ」と言ってやる。そうすることで私はしばしば現在の現実から一歩踏み出すのだが、結局私はメアリー・ヘレンの母親を似たような警告——要するに早く起きないと彼女も学校に遅れると言うこと——でからかい、二人してその意味を考えようとしているのである。

長い時間をかけて廊下を歩きながら、ヘレンは時として今世紀初頭の豊かな物語を思い出すことがある。私が好きだったのは遊覧船イーストランド号がシカゴ川で火災を起こして沈没した一九一五年の話だった。彼女は乗客の悲鳴や、間に合わせの消防ポンプや、ボランティアの英雄的活動などを鮮やかなイメージを伴う話ぶりで再現して聞かせたものだが、これがまた九〇歳のほとんど目の見えない老婆どころか、一〇代の小娘じみた興奮ぶりで、しかもその日によって細部が違う語り口なのだ。こうして彼女の話に耳を傾けるうちに、私は実際に起こったことと精神的混乱の区別がつかなくなってくる。しかもそれは午前七時半前のことなのだ。

朝食前の一時間は、入居者にはともかく職員にとってはあっという間に過ぎた。各階に勤務する四人の看護助手はそれぞれ、個人的事情と気分と物語と欲求を抱える一五人から二〇人の入居者を起こし、朝食をとる準備をさせなければならない。グレース・デロングは娯楽室へ行くのに事実上全部の持ち物をもっていくと言って聞かず、車椅子に乗せるのがひと苦労だった。銀行通帳、ハンドバッグ、小型ラジオ、ウールのセーター、アメリカ退職者協会の期限切れの会員証、甥の挨拶状、靴下の履き替え、などといったものを全部、彼女の言う小さなモバイルホームに積み込まなければ気が済まない。その一方で、グレースは仕事の段取りに貴重な役割を果たしもした。二人のルームメイトを起こしてくれるからだが、時にはその手際が看護助手よりもよかった。

入居者が全員起きて、衣服を身に着け、看護助手の介助で娯楽室へ連れていかれると、不測の事態でも起こらないかぎり、午前八時に朝食のトレーが運ばれてくるまで一息つく間がある。私が所定の位置についた四〇人から五〇人の入居者を見渡して二つの特徴に気がつくのはこのときである。一日に数回あるこうした機会の第一回目だが、これは私が老人ホームに勤めていたあいだ続いたことだ。最初の特徴は目撃され、二番目は耳に聞こえた。

最初のは集団の性的性格だった。入居者、患者、人々といった集団カテゴリーは性をもっていない。けれども娯楽室のなかでは、この世界のほとんどの老人ホーム同様、そこに座っている大多数の人間は女性だった。この根本的な社会的事実は無視できなかった[1]。

二番目の神秘は耳にすること、正確に言うと声がしないことだった。部屋は静寂に満たされている。娯楽室には四〇人の女性と一〇人から一二人の男性が集まり、誰も口を利かない。朝食前の僅かな時間とあって、まだ十分に目が覚めきらないからそれも理解できる。しかし、朝食を終えて活動が始まるまでの時間にもそれは観察されたし、昼食中とそのまえや、時には一日中ということもある。それは興味深い沈黙の音というべきもので、たとえば食事中など会話があってもよさそうな時間にないのである。私がこの神秘についていくつかの考えを繋ぎあわせることができたのは、一か所以上の老人ホームでそれを経験したあと何か月かたってからだった。

食事をしにメインダイニングルームに行かない四〇人かそこらの人々のためにトレーが着くまでは、この問題について考える時間はほとんどなかった。実際、起きている人々の到着と朝食用トレーを並べる時間が重ならない朝は珍しかった。失禁その他、病的な自制喪失の手当をしなければならないし、娯楽室に来るのを拒む者が一人か二人でもいればなだめすかすなり強制するなりして連れてこなければならない。新入者には手順を教えなければならない。以上のことがどれか一つでも起こればたちまち八時になって、看護師や看護助手は目の回るような忙しさだ。

入居者にしてみれば、トレーの到着は決して早すぎることはない。トレーの到着を待ちながらエレベーターのドアに注がれる視線から推して、そのとき彼らの関心が空腹にあることには間違いがない。食事供給を管理する当局の用語と記録によれば、その妥当性に疑問を抱く余地はほとんどない。毎日三食と二回のおやつが支給されるが、適切な栄養価は科学的に計算されている。この計算された栄養価で生きる者の立場からすれば、結果はしばしば空腹である。

今朝、空腹は「介護に捕らわれた人々」と題するオーストラリア映画に明確に表現されていた。これは障害者病院で暮す人々の生活を扱った映画で、障害者が主役を演じているが、そのなかに一人の障害者が、「三食食べさせてくれるのはいいけど、夕食から朝食まで一四、五時間もあることが分かっちゃいないんだ。朝食にありつくまでに僕らは腹がへってへなへなになっちゃうんだよ」と訴えるシーンがある。この言葉で私は彼らの朝の沈黙の謎がいくぶん解けたような気がした。大抵の入居者はエレベーターのドアが開いて一四時間の断食から解放される最初の瞬間をかたずを呑みながら待っているのだった。

朝食のあと、血圧、脈拍、体温、呼吸数、などの生命兆候（ヴァイタル・サインズ）が測られるが、これは日中何度も計測される。学生はこれを繰り返し練習するが、「ヴァイタル」とはラテン語から派生した命を意味する形容詞で、医学用語では肉体の機能はヴァイタルズで表現され、生命兆候として測られ記録される。

カルテが示すように、多くの人の生命兆候には何年ものあいだ変化はない。入居者は計測のために並びながら冗談口を叩く。何か月も何年もそうして並ぶうちに、健康チェックというよりも儀式化した計測を小馬鹿にする雰囲気が生れてきた結果だ。それはたとえばイリーヌ・オブライエンが興奮を装って「見て、私は一ポイントも上っちゃったわよ！」と大仰な声をあげたり、ジャック・コネリーが袖をまくって、「今日も生きてることを確かめたいっていうのかい？」と得意の冗談を言うのを思い出し、私が内心微笑しながらヴァイタルズを記録するためにカルテを取りに行かなかった珍しい朝だった。「ヴァイタル」という言葉は情緒的状態や、個人の経歴や、社会的環境など、さまざまなものを意味するようになったのかもしれない。ここでは、日常生活が病院の環境に組み込まれているために、ヴァイタルは肉体の物理的生存を意味するのである。

生命兆候（ヴァイタルズ）は記録される。この仕事は看護助手にとって歓迎すべき休息になる。数時間もの間立ったり、腰を曲げたり、走り回ったあげく、ようやく腰を下ろすことができるからだ。それはまた形式的記録を通じて入居者と知りあう機会でもある。ヴァイタルズはカルテというホームにおける入居者の正式な生活記録に記入される。この書類は入居したときに始まり、毎日、毎週、毎月さまざまな健康管理職員によって更新されてゆく。カルテはホームによって細目が僅かながら違うが、次の八つの項目、つまり診断、投薬、医療専門家の診察、入浴・便通記録、拘束記録、社会・医療歴、生命兆候記録、介護メモ等々は共通である。あるホームでは、看護師長が看護助手に向かって、「出来るだけカルテを読んで患者を知るように心がけなさい」と促した。カルテを通じて彼らを知るということは、主として病気や医療を通じて知ることである。

こうした記録の間に散在するのが個人の経歴に関するちょっとした情報で、それが割り当てられた仕事を進めるさいの会話のきっかけになる。この情報は日程の次に大事な親密な接触、つまりシャワーやベッドバスの時間にとりわけ役に立つ。

朝食のあと大抵の入居者が時間を過ごす娯楽室へ歩いて行くのは、会話のない状態に入っていくことである。娯楽室では四、五〇人が所定の場所に座っており、なかには頭を垂れて居眠りをしている者もいる。職員がテレビをつけ、ゲームやメロドラマを放映しているので室内は賑やかで、入居者のなかにはテレビに見入っている者もいる。シャワーを浴びる時間がくると、指名された者と看護助手の間に一対一の関係が始まる。娯楽室の特徴である会話のない状態はこうして終り、当惑ものの最初のもの静かさに一種の喧騒がとって代わる。一対一の関係ではここの女性たちは俄《にわ》かにおしゃべりになる。

時には会話の内容が愉快ではないこともある。「私はずっとバスを使ってきたし、子供にも使わせてきたんだけれど、今になってあれこれ指図がましいことを言われなきゃならないというの？」とマリアン・グレッグは口答えをした。

マージョリー・マッケイブは、いつものシャワーの時間だよと言われるといやいや立ち上がって、「こんなに何度も洗ったら擦りへってなくなっちゃうよ」と言った。「週に三回なんだから。週に三回もなんだからさ！」マージー・アンダーソンが言いだすと、興奮で肺気腫の咳の発作が始まる。「そのうち皮膚が擦りへっちまうわよ！」

話題を変えようと思い、私は一度ミセス・アンダーソンに「ミセスと呼ばれたいかね、それともミ

スのほうがいいかな」と訊いてみたことがある。すると彼女は、
「ミセスだわね」と言ってけらけら笑った。「ミスったことは一度もないんだから」こうしてシャワーを使う間、彼女の二二年に及ぶ家具のセールスウーマンとしての体験談が始まるのだった。

私、もう行かなくちゃ

時がたつにつれて、そうした会話は私が研究に持ち込んだもう一つの、老人ホームの生活は受動的なものだというイメージを変えた。私は入居者について人間活動を受け取る側であって、与える側ではないと思っていた。看護助手養成教育そのものが、介護の与え手は患者たる入居者にたいして何をするかということに力点を置き、そのイメージを助長していた。カルテからして同じイメージを強調している。ミセス・グレッグの記録は、二五年間子育てをしてきた事実にはもうしわけ程度にしか触れていないし、ミセス・アンダーソンの記録には、セールスウーマンとして働いていたことには全く触れていない。この組織の正式なメンバーであることを示すカルテには、疾病名と医師の所見が書かれてあるだけで、続く項目には、健康管理にはどんな機器やサービスが与えられ、彼女らのために何がなされたかは記入されているが、彼女ら自身がホームでしたことや、入居するまえにしたことは全く記入されていない。

それは仕事に就いた当初の私にとってそうだったように、外部の観察者には受動的な生きかたと取られかねない。大抵の娯楽室を訪れてみると、入居者が漫然と座っているとか、黙っているという印

象を受ける。しかし、入居者をよく知るようになると、そんな印象が間違いであることに気がつく。痴呆が始まりかけている入居者の会話や、囁《ささや》きや、呻《うめ》き声や、たわいのない言葉にさえ、私がもっていた受動性のイメージはしだいに能動性のそれに変わっていった。私の研究の問いかけは、「彼女らのために『我々』には何ができるか？」といった問題からまもなくそれていった。問いかけそのもののなかに『我々』を能動的だと考え、『彼女ら』を行動の対象として受動的にとらえようとする態度、換言すれば受動性を再創造する種が含まれている。私は、「彼女らがやっていることは何か？」と考え始めた。それから、「どんな基準でそれが何もしていないとか、ただ座っていると見なされるようになったのか？」と考えてみた。結局、こうした問いかけは一つの問題に収束した。それは、「老人ホームに住むにはどんな種類の人間活動が必要なのか」ということだった。

ヘイゼル・モリスは毎日をただ座って過ごしたりはしない人々の一人だった。ある特定の日になると、私は真っ先に彼女がシャワーを浴びるのを手伝う。彼女はテニスシューズを履いて自室から娯楽室へ行き、廊下を行ったり来たりするのだが、時には足早に歩き回る。「私、もう行かなくちゃ」私が追い付くと彼女はそう言った。髪の毛が黒々として量も多く、元気いっぱいだから二度目にシャワーを手伝うまでは六五ぐらいだと思っていた。ところがそのときかつらが落ちたのである。頭が禿げていた。アフリカ系アメリカ人で三人の子がいて長女は六五歳、ミセス・モリスは九〇代のはじめだった。

カルテには放浪癖ありと書かれていた。放浪癖はアルツハイマー病からきている。ほかの三人と同居しているが部屋にはいたがらず、娯楽室に座っていることにも満足できないからひたすら歩き回っている。言うことや、折りあるごとに戸口に足を向けることから推して、彼女はのべつ外へ出たがっているのだった。

この放浪癖についてカルテには何か所も記入されているが、シャワーの介助者が男性だとは書いていない。けれどもこうした無神経な性の混同は当り前のことになっている。私が顔を赤らめながらミセス・モリスのシャワーを手伝っていると、彼女もこっちの当惑を感じるとみえ、「あなた新人でしょう。ここの感想はどう？　心配することはないわよ、そのうち慣れるから」などと言って気遣いを見せる。

男の看護助手に女性のシャワーを手伝わせるのは故意ではないらしい。しかし、最初の何週間かのあいだ衝撃的だったのは、男が女性のシャワーに関わるのはおかしいという考え方がないことだった。それはまるで年齢が違うし、労働力不足もあることだから、シャワーのスケジュールからいっても性は問題にならない、と言っているようなものだった。しかし、何人かの居住者も言うように、問題があるどころの話ではない。ときどき彼らは性にまつわる発言をし、冗談を言ったり、たとえ深刻ではないにしろ言い寄ったりもする。

「手伝いましょうか？」とシャワーを浴びているミセス・ライアンに訊くと、

「してほしいことは一つしかないんだよ、かわい子ちゃん」八八になる老婆は鸚鵡《おうむ》返しに答えたが、声の響きから仄めかしていることは明らかだった。

グレーパンサー〔老人福祉や権利拡大を目指す戦闘的な運動団体。一九七〇年創立〕の創立者だったマギー・クーンは八〇歳の誕生日を迎える直前に行なった講演のなかで、「性的欲求は死後硬直が始まってしばらくたつまで止まらない」と述べた[2]。明らさまな緊張を伴いはしないし、大抵の場合、ヘイゼル・モリスがこの制度的侮辱に直面して落ち着きはらってしたように当惑をユーモアに包んだ遣り方とはいえ、シャワーの時間がこの言葉の正しさを証明したのは一度や二度のことではない。けれども、シャワーの介助が記録される際には男性が女性の介助をしようがしまいが無関係になる。記述は「シャワー介助」だけ。そもそも我々をああしたデリケートな場面に追い込む作業のバツの悪さは記録の過程が消去してしまうわけだ。

男の入居者の多くは、介助者が男だとわかると例外なく安心したような顔をするが、これは驚くに当たらない。看護助手はほとんどが女性とあって、女性の介護を受けることには嫌でも慣れないわけにはいかない。しかし、一般的にいって男は男の看護助手を重宝がるようだった。少なくとも髭剃りの介助のような場合にはそうだった。入居者のリト・エスパルザは、男の看護助手の数が少なすぎるといつも思っていた。「彼女らは顔を切りはしないかと心配で剃らせてくれないんだよ。しかし見てくれ、この始末だ」彼はそう言って顔の傷を見せた。「女には男の顔の剃り方が分からないんだ」

午前中に八人から一〇人のシャワー介助をしなければならないとあって、会話の時間はあまりない。娯楽室にはシャワーの合間に用便の介助を待つ者がいる。多くの者は移動できないのではない。朝食後乗せられた車椅子から身動きができないから介助が必要なのである。彼らは拘束ヴェストで椅子に固定されている。要するにヴェストは本来前が開き、腕が自由になるはずだが、これは椅子の後ろに結びつけられ、多くの入居者は逃れる努力に一日の大半を費やすけれども、逃れることは事実上不可能な造りになっている。拘束ヴェストから逃れようとして果たせなかった者は、看護助手がトイレ行きを手伝いに駆けつけるまでにはヴェストが両腕や首に絡みつくわ、椅子から落ちかかるわで、大変な状態になっている。時には車椅子ごと倒れていることさえある[3]。

看護助手は時間をやり繰りしてトイレに連れていかねばならないが、その時間がかならずしも入居者の肉体的欲求と一致するわけではない。駆けつけてみると後の祭りということもしばしば起こる。けれどもこれはホームの組織に欠陥があるためとは考えられていないし、床が汚れるわけでもない。大抵の入居者は朝目を覚ますと何はさておむつを装着されるからだ。トイレ行きにはおむつを替え、椅子に乗せ、拘束ヴェストを装着することが含まれる。

「看護助手さん、看護助手さん、今日はあなたがしてくれるの？」バーニス・カルホーンが手招きした。「急いで、行きたくなっちゃったんだよ！」

看護助手が部屋の向こうはしから叫び返す。「違うよ、バーニス。そっちの今日の係はライナだわ。彼女に頼んで」それはわかっているのだが、半分ぐらいは別の看護助手が応じてくれるからそれを当て込んでいるのだ。「それじゃ連れてってあげるから早くして」

「大丈夫。心配することないわ」彼女はにっこり笑い、世間話を始める。そもそもそれが目的だったのである。

我々がバーニスのことを心配する必要はないが、一〇時三〇分頃になるとカルテの拘束・位置変え欄に記入することを気にしなければならない。一日二四時間の二時間ごとにこれに記入し、署名することが衛生局の指示で決まっている。寝たきりの患者は床擦れを防ぐために少なくとも三度位置を変えることになっているが、そうした形式的な努力の一つがこのときになされる。この階の半数の入居者にとっては、「拘束状態で起床《アップ》している」ことは何の意味ももたない。「起床している」とはベッドに寝てはいないという意味だが、そう記録されているというだけのことで、実際には椅子に縛り付けられているのである。この状態を記録する際には「縛り付けられている」は「起床している」となり、「背後から縛り付けられている」状態は「ヴェスト着用」となる。意味が正反対の事柄に根ざしていると思われるこうした管理用語を覚えるのは最初のうちは難しかった。

アロムという頭字語で知られるアクティヴ・レンジ・オヴ・モーションは昼近くに行なわれる運動プログラムである。これには「起床している」入居者が全員参加しなければならない。大抵は運動ディレクターの指導で行なわれるが、ときには看護助手が代行することもあるこの運動は、音楽に合わせて手、腕、首などを動かすものだ。椅子で寝ている者もいるし、テレビを見ている者もおり、その他本を読む者、クロスワードパズルに夢中の者もいるというぐあいで、参加の程度は人によってまちまちである。体の自由が利かず、思うように運動に参加できないといって苛立つ者がいるかと思うと、運動を強制されることに怒る者もいる。「こんなばかげたことをどうしてやらせるのかしら」ミセス・カーラスキは不平を鳴らした。「治療が必要なのは腕じゃない、脚なんだから」こうした反応にもかかわらず、アロムは午前中と夕方の二回、週に六日間行なわれた。それは一一時二〇分頃、昼食の四〇分前に終った。

入居者のために活動が計画されていない時間も多かった。最初のうちは、彼らはそうした時間をベッドに横になったり、椅子に座ったりして過ごしているように見えた。しかし、彼らをよく知るようになると、彼らの日常生活はこうした受動的なイメージが示すよりは複雑に見えてきた。

グレース・デロングは小さなモバイルホームに座って関節炎で痛む手を揉んでいた。昼近い時間に暇があると、看護助手は放っておくと内側に曲がりたがる指の伸展器具（ブレーシス）を掃除し、溜った汗を拭く。グレースは絶えず手にこだわっているようだ。丈夫な痛みのない手が当り前な人とは違って、気懸りでならないといった風情だった。彼女は差し込むような痛みを我慢してなんでもないように装っていたが、それは一つには左右の手の扱い方を職員に教えるのが目的だった。痛みが生活と切っても切れない関係になった結果、彼女の手は独自の生命を帯びるようになった。私たちが特に痛い左手に近づくと、「赤ちゃんに気をつけて！」と注意をする。「この時間に起こしちゃったら面倒だからね」

四六歳のロビー・ブレナンは車椅子を押して回るのが好きだったが、ときどき麻痺した足が台から外れて動けなくなり、足を持ち上げるのに長い時間がかかる。彼は便所に一人で行くと言い張ったが、これは車椅子への乗り降りに一時間はかかる活動である。彼には自分の身体の仕組みがよく分かっており、職員に理解できないと教えてやったりする。

デイヴィッド・フォーサイズはぶらぶら歩いて灰皿を覗き、タバコの吸い殻を探し回っては職員に向かって「タバコくれないか？」とねだる。月々の小遣いが乏しくなるとニコチンへの依存度が高くなるのである。

九〇歳のエリザベス・スターンはアルツハイマー病と診断されているが、椅子に座って指でこつこつテーブルを叩きながら泣き続け、ときおりその指を上げて涙を拭く。やがて彼女が泣くのは理由があってのことだとわかった。

「どうかしたの、エリザベス？」と職員が訊くと、彼女は顔を上げ、遠くを思うような目つきになって、「これから葬式に行くのかえ？」と訊き、まるで出かけようとでもするように立ち上がる。「あの人はとてもいい人だったよ」エリザベスはいまでも夫の死を悲しんでいるのである。

「そうじゃないの。あの人はもういないのよ、エリザベス。もうすぐお昼だからね」

彼女は時間と場所が混乱していた。けれども、死者を悼む気持は失っていないのだった。「わたしゃまだ喪に服しているんだよ。時間がたてば悲しみは薄れるというけれど、だんだん辛くなる人だっているんだよ。わたしゃその口なんだ、ますます悲しくなるからねえ」

こうした入居者は肉体的、経済的、情緒的にそれぞれ違った欲求をもっていた。完全に無意識な者がいるかと思うと、ホームの入居者のなかには無為に座っている感じの者は想像以上に多かった。

エリザベス・スターンの隣にはほとんど盲目のミセス・ハーマンがベッドのかたわらに座って、誰かが、「今日は気分はどお、ミセス・ハーマン？」などと声をかけてくれるのを待っている。

「悪かないよ。夜かね昼かね？」

「昼だよ」

「じゃよかった」と言いながら彼女は立ち上がり、手の届くところにいつもきちんと畳んで置いてある洗面用と浴用タオルに手を延ばす。彼女は職員の「今日は気分はどお？」という声のかけ方に文句をつけた。私の声ははじめ高すぎたとみえ、「わたしゃ目が見えないんだよ、耳が聞こえないんじゃないんだからね、この馬鹿！」という返事が返ってきた。あとで彼女は、「聞こえないんじゃなくて、理解できないのよ。あんたたちは早口だからね。このへんの人たちは目の見えない者にしゃべる声が高過ぎるんだよ」と言った。

午前中のことだが、ミセス・ハーマンは掌《たなごころ》を下にして手を差し出すことがよくあった。最初は彼女が体を支えてもらいたがっているのかと思った。しかし、私が手を彼女のそれの下に差し伸べると小銭が落ちてきた。「休み時間にコーヒーを買ってきてくれない?」

「ああ、いいよ。だけど六五セントあるね、ミセス・ハーマン。コーヒーはたったの一五セントだけど」

「わかってるわよ。残りはチップとして取っておいて」

彼女のジェスチャーにはジレンマがあった。入居者から金を受け取るのは施設の規則で禁じられていたが、さりとて受け取らなければ相手に対して失礼ということになる。私は喜んで受け取ることにした。その規則は多くの従業員がその下で苦しんでいる組織の精神の一部であり、この施設で暮す人々は受け取るだけで与える機会がない、ということが分かってきたからだ。

老人ホームの年老いた病弱な人々を呼び物にする写真はしばしば介護を手の写真で表現している。典型的なのは、入居者の手に介護者の手を重ねた図柄だ。日々の介護活動では、両者が手を重ねあうこともある。両者は受け手であると同時に与え手でもあるわけだ。

多くの者は先ず第一に自分自身の介護をしなければならない。グレース・デロングは自分を車椅子にどうやって乗せるかや、自分の目に入った砂の取り除き方や、手のブレーシスの装着の仕方や、便器の据え方などを我々に教えた。彼女は陽気な命令調で自分の介護に積極的に参加していた。また、彼女は、用が済むと、「車椅子に乗せてもらったからもういいわ。ほかの女の子の面倒をみてよ、わたしゃもう自分で何でもできるから」などと言って好んで私たちを厄介払いした。それだけではない、いくらか耄碌《もうろく》したルームメイトの面倒を見ながら歩くのを介助し、衣服を着けるのを手伝い、先に立って廊下を歩くなどのこともした。

実際、仲間の入居者に手を貸す者は大勢いた。「ローズ」と担当看護助手は部屋の向こう端から大声で呼ぶ。「ジョージアの面倒をみてくれない？」それはジョージア・ドイルの靴をテーブルから下ろしてほしいという意味だが、これは彼女が耄碌してゆく過程で身に着けた癖である。ローズ・カーペンターがジョージアの面倒を見ていたが、彼女の能力をよく知っているのでなだめすかしながらゆっくりやる。ときには専門の看護助手よりも要領がいいこともあった。こうした介護の手伝いは入居女性たちが最初の段階で経験することだった。グレースもローズも育児や夫の身の回りの世話をした経験があったが、彼女らの一人の夫は二年ちかくも死の床についていた。ミセス・ハーマンは結婚して子供を育てたばかりか、従軍看護婦だったことを会う人ごとに自慢していた。彼女らが身に着けた生活技術や適応は、施設の定義がどうだろうと人生の最晩年になっても容易に失われなかった。

こうした適応は職員の観察や心遣いにまで及んだ。職員の私事をつぶさに知るのはこの環境のなかで生き残るのに必要なことらしく、「明日はあなたが休みの日だったわね、ティム？」とバーニス・カルホウンが訊いたりする。

「そうだよ。どうして分かったのかね？」すると彼女は、

「みんなの休みを知っているもの」と言って得意げにくすくす笑った。

「あなたのお母さん、具合はどお？」とイリーヌ・オブライエンに訊かれたことがあった。「病気だ

って聞いたけど」彼女には言わなかったが、それは事実だった。

「あなたはここに来たばかりじゃない？」と、職員の個人的な問題を根掘り葉掘り訊きたがる別のフロアの入居者に訊かれたこともあった。

行き来する職員の情報を正確に知っている入居者は多かった。臨床訓練の最後の日、廊下によく腰かけていた男性に呼び止められた。私は「やあ、ロージャー、また会おう」と月並みな科白《せりふ》を投げかけて通りすぎようとした。しかし、このフロアの住人で、私がたまたま通りかかっただけだということを知っていた彼は、「いやあ、会わないね」と冷ややかに答えた。「また会おうなんて気安く言うんじゃないよ」

入居者が職員を知るようになると、彼らはよく職員への関心や気遣いを表現する。ローズとイリーヌは看護助手の過重労働と高血圧を気遣って口にし、洗濯係の女性の一人が絶えず消毒剤にさらされていることを知っていて、これでは病気になると転職を勧めた。ある日、仕事が終る頃に私が椅子にぐったり腰を降ろしていると、ファーン・サグレロが私の肩に手をかけ、「あなたは痩せすぎているからもっと食べなくちゃ」と助言してくれた。アルツハイマー病を診断されているヘイゼル・モリスは、介護のやり方を批判する能力を失ってはいなかった。「あの人を見てごらんよ」彼女は看護助手の一人を指差しながら言った。「彼女はここの女の人たちに乱暴すぎるんだよ」それから別の看護助手を指して、「でも彼女を見て。あの人は優しいよ。あたしゃ顔の洗い方で分かるんだよ」

介護に関わることに加えて、入居者の努力には時間と場所の尺度にしがみつくことがあったが、これは単調な繰り返しの生活のなかでは易しいことではなかった。「今日は水曜日かね？」ローラ・ブランバーグは椅子に座って昼食を待ちながら訊く。ボランティアがベイクトケーキをもって水曜日によくやって来た。この階の入り口に大きなカレンダーが掛かっており、それにさまざまな活動や誕生日が記入してあったが、日付がごちゃごちゃになってしまい、正確に覚えるには注意力を集中するための特別な戦術が必要になる。ミセス・ブランバーグにとっては、水曜日はベイクトケーキの日であり、ベイクトケーキといえば水曜日と決まっているのだ。今日は何曜日？　という質問は職員もよくする問いかけである。心理学者やソーシャルワーカーが入居者に曜日を訊くのは彼らの現実見当識（リアリティオリエンテーション）を試しているのだと思う。看護助手は、彼らが同じことを我々に訊かないのは運がいい、などと冗談を言ったものだ。

ここで覚えなければならないのは待つことよ

フロアの住人が昼食をとりに娯楽室に集まり、時間が一分また一分と過ぎて沈黙が部屋に降り立つと、みんなの目がトレーの出てくるエレベーターの扉に向けられる。七二歳のマージョリー・マッケイブは家庭の主婦兼パートタイムの歌手という経歴をもつが、彼女は見かけ上の受動性は嘘だと言い、「さあ、さっさと頂いちゃいましょう」と促す。

「ちょっと待ってよ、マージョリー」と誰かが答える。

「いいわよ」と彼女はつぶやく。「ここで覚えなければならないのは待つことよ」

彼女の言葉は多くの入居者が耐えているたえず待つという事実だけでなく、待てるようになることを強調している点で示唆的である。実際、入居者はこの忍耐の生活を実行するのに必要な技術と努力を身に付けねばならない。マージョリーは昼食のトレーを渡されると給食係に礼を言い、時を移さずテーブルの隣人に顔を向けて、「一日中ありがとうと言わせられるんだから。もう飽きちゃったよ」入居者は外部でつくられた変りばえのしない献立の給食を支給されつづける。バターが付いていなかったり、コーヒーが冷えているとか、牛乳が生温かったとかすれば、彼らは事態を是正するためにさまざまな要求をしなければならない。

「看護助手さん、看護助手さん……ホットドッグにソーセージが付いていないよ」

「看護助手さん、看護助手さん……おかわりはあるの？」

そんなとき「ちょっと待ってね」と言うのが仕事に追われっぱなしで調理に関わってはいない看護助手にせいぜい出来る返事である。やがて入居老人は何を言ってもしようがない、与えられたものを食べるしかないと気がつく。食べなければ次の食事まで待たねばならないばかりか、食事を拒否したとカルテに書かれる危険を冒すことになる。そうしたレッテルは好意的には見られず、ホームは強制的に食べさせることはしない。

他方、入居者は食事に喜びを見出す者が多く、食事は一日の娯しみの一つである。ウィリアム・アーガイルはゼリーが喉を通るさいににっこり微笑む。脳出血を起こして口が利けず、寝たきりの生活のなかにあって、これは唯一の娯しみである。ジェニー・カーヴァーは祭日の夕食の話をするとき目を輝かせながら、「もしあなたたち二人がクリスマスにまだここにいたら分かるけど、七面鳥や、詰め物や、クランベリーや、なんやかやと、それはそれは大したご馳走が出るのよ！」と私たち二人の看護助手をつかまえて自慢げに言うのだった。

ところで、老人ホームという環境のなかで創造性や社会生活を切り開くにはどうすればいいか、学ぶべき教訓がいくつかある。シャロン・ドレークは小説にのめりこんでいるが、そのなかの一冊に六〇〇ページの『資産家の女』というのがあって、私が最初会ったとき彼女はそれを読んでいた。彼女は賭事に凝っており、トラスト・ファンドをそれに注ぎ込んでいた。メアリー・レイノルドはクロスワードパズルと聖書に入れ上げている。また、雑談や一日中つけっ放しのテレビに関心を持ち続ける者もいた。多くの者は自分自身の世界に閉じこもり、居眠りをしたりしている。スイスの老人ホームで会ったティナ・ケラーという入居女性は精神科医でもあったが、彼女は受動的に見える生活の背後にしばしば潜む行動性を要約して、「私はここで何もしないように心がけている」と言った。

なかには住んでいるフロアのために働く者もいた――もっとも、彼らの仕事が仕事と認められているわけではなかった。ソーニャ・フランクリンは入居者のためにトレーを配ってあるき、用ずみのトレーを集めて拭く。マリアン・ヒューズは毎日アポイントメントのある入居者のカルテを集め、クリニックにもって行く。ピーター・オルセンは暖かい日などにロビーに腰を下ろし、徘徊老人がドアから外へ出るのを見張っており、誰かが遠くまで行きかけるとすかさず看護助手に通報する。ポール・モリスは屑籠を空けるのが日課である。

「何か用はないかね？」そう訊いた途端、私はこの仕事が彼の自己意識にとってどういう意味をもっているかに気がついた。

「ある」彼は怒ったように言い返した。「邪魔をしないでくれ、仕事で忙しいんだから」

デイヴィッド・フォーサイズは多くの入居者の例にもれず働きたがった。「俺はハーフウェイハウスにいた時分キッチンで手伝っていたんだ。頼んだらここでも俺に皿洗いを手伝わせてくれると思うかい？」答はノーだった。何をしようが仕事とは見なされない、ということを何度も言い聞かさねばならなかった。彼がこの施設に入っているのはサービスを受けるためであって、誰かにサービスをするためではない。患者という立場である以上、それは仕方のないことだ。

計画された活動がしばしば昼近くに行なわれて、社会的刺戟を与えてくれる。職員がわずかばかりの予算を組んでビンゴゲームや、歌の集いや、季節ごとにパーティを開く。こうしたイベントの成功は入居者の参加にかかっている面が大きいけれども、彼らはかならずしも全面的に協力しているわけではない。幸せそうに参加する者がいるかと思えば、若い者の計画した活動が自分の生活に侵入するのを快からず思う者もいる。

「いまさら裁縫サークルに入ろうなんて思うものかね、あたしゃ食べるために人のものをいやというほど縫ってきたんだから」とキャサリン・スタックは抗議した。

活動の社会的生産は食物と清潔性の社会秩序にある程度似ている。そこに住んでいない経営者の指示で行なわれる活動の受け手は、よそで創られた社会秩序の意味を理解しようと努める[4]。

人はスケジュールのなかで休むことを覚える。介護士は入居者が午前中から居眠りをすることのないよう、注意を促されている。起こすと、「一晩中起きていたんだもの」などと言い訳をする。

「朝は六時半に起きたでしょう。もう一一時半だし、疲れたんだよ」とロレーヌ・ソコロフは言った。

睡眠時間の長い者が多かったが、これは長時間の睡眠を必要としているというより、ここの生活に耐えるための手段というほうが当たっていた。「眠ろうかな、ほかにすることもないから」とはデイヴィッド・フォーサイズの口癖である。

昼食が終ると娯楽室のテーブルがさっさと片付けられ、入居者はそれぞれ所定の椅子に戻って、掃除夫がモップで床にワックスをかけ始める。看護助手は入居者の顔を洗い、用便の介助をする。やがて面会時間が始まる。

午後の面会者は場所によって異なり、ある意味で入居者の人生を反映している。訪問者のほとんどは、私費入居者の短期滞在リハビリ区分に集中しており、彼らは入居者の個人的または職業的関係者である。この領域では、窓っぷちをグリーティングカードや花が飾っており、かかりつけの医師が退院後の診察に訪れる。

長期入居者、わけても公的援助を受けている入居者は、主としてこうした午後などにボランティアの訪問を期待することができる。こうした人々は外部の人で主として女性だが、彼らはやって来て活動ディレクターの計画した昼食や、ゲームや、パーティに参加する。ジョアン・メイコンはこうした女性たちが社会的結びつきや祭り事を催したりするにあたって果たす役割の重要性を明らかにした。

「誕生日のパーティはどうだった?」とある日私が訊くと、彼女は、

「あまりよくなかったわ」と、憮然たる表情で答えた。「だって、誰も来なかったもの」

「えっ、誰も来なかった?」私は驚いて訊き返した。「どういう意味? このフロアから少なくとも一五人は手伝いにカフェテリアに行ったはずだよ」

「わかってるわよ。だけど外からは誰も来なかったのよ」[5]

医療専門家の訪問も私費入居と公的援助区分では違ってくる。月に一度やって来る一人の内科医は、メディケイドの規制のもとで、忙しく立ち働きながら患者を並べカルテを揃えて彼のサインを待つ看護師や看護助手のグループに対する彼自身の仕事を説明した。彼は公的援助用の用紙を指差しながら、「月に一度以上来ようと思えばこうした全ての用紙にそれを正当化する理由を書かねばなりません」と言った。

このように公的援助政策は診療をさせまいとしており、その結果は日常生活に及んでいる。医師はめったに来ないわけである。来るさいには、診療は矢継早に行なわれ、私はときおり、職業学校の経営者が第一時間目に考えていた健康管理の第一線とはこんなものだったのか、とつくづく思ったものだ。フロアの看護助手は、医者が来ると知らされると入居者を一列に並べた椅子に座らせ、カルテを順繰りに開いて行く。ある特定の日に心臓の専門医がやって来ると、別の日には足の専門医が診察に来る。そしてまた別の日には歯医者が来て歯の検診をする。彼らはこうして心臓、足、歯、などの検診をした印にサインをするのである。

ヘレン・ダナヒューはこの種の接触に関してある考えをもっていた。それというのも彼女は五年の老人ホーム滞在のうち三年間、公的援助による医療を受けてきたからである。彼女は、視力が衰え、「ちょっと痛風の気がある」というだけの理由で彼女に老人ホーム入りを勧めた医者を恨んでいた[6]。ホームへ入居した結果がわかった今となっては後悔するか、と尋ねたところ、彼女は長いこと沈黙したあと、

「そうだねえ、ほかの人の意見を聞くべきだったことは間違いないわね」と答えた。

彼女は午前七時頃に起きておむつを付け、固い椅子に座らせられ、単調な生活に耐えねばならないことを頻繁にこぼしていた。「ここにいたら窒息しちゃうよ」と彼女に一度ならず言わせたのは主としてこの単調さだったに違いない。月に一度の検診日がやって来ると、彼女はカルテを垣間見てサインするだけのこの人物との関係をよく心得ているらしく、後ろに立って肩に手を置き、「お変わりありませんか、ヘレン？」という質問に、「ええ、ありません」とひとこと答えるだけだった。看護助手とはよく喋る彼女なのに、と私は思ったものだ。

ヘレンは通りすがりの医者には意見を言わなかったが、隣りに座るドリス・クインランにはたえず言っていた。やがて、日中彼らがときおり静かに交わす言葉をそれとなく聞くうちに、私が最初抱いた黙りこくっているという印象が間違っていることが分かってきた。娯楽室にいる入居者には介護スタッフにたいしていろいろ言うことがあるばかりでなく、部屋中に静かな友情が生まれているのだった。

ヘレンとドリスはいつも不平を言いあっていたが、ドリスは清掃に使う科学薬品のにおいが我慢ならないらしい。それでも彼女は通りすがりの人々には愛想よく振る舞っていた。午後などに訪れる司祭なり、学生なり、よその人の親戚なりが、彼女と擦れ違う際ににっこり微笑みながら、「お元気、ドリス？」といささか大きすぎる声で話しかけると、彼女は、

「ええ、元気よ、あなたは？」と答えるが、そのさい抑揚やテンポが普段とは違う。なにせひどくゆっくり答えるのだが、これには耄碌《もうろく》や鎮静剤投与など、さまざまな要因があるだろうが、退屈さも一役買っていることは間違いない。

彼女の生活の状況がどうであれ、こうした訪問者の微笑や通りすがりの挨拶は、そうした挨拶の常で彼女の現在の状況からははるかにかけ離れたものである。言葉をかけられると、彼女は「元気よ、ありがとう」と通り一遍の言葉を返す。しかし、通りすがりの訪問者は、生きる速度も喋る言葉も彼女に比べれば速いし、施設については憶測するばかりで、彼女の置かれた状況や、のろのろした生き方には慣れていないとあって、めったにそういう見方はしない。彼らが微笑を浮かべながら歩み去るさいに頭を振り振り、漠然とした同情を込めて、「ドリスもかわいそうだ、ああなるものかねえ」と言いあっているさまが一度ならず観察されたものだ。

「ああなる」とは外部からの訪問者や職員が私の働いていた全ての施設の入居者の精神状態を指して言っていた言葉で、「明日はあなたが五階で働く番だけど、みんなああだからやることはないわ」、「リタには大声で話さなきゃ、だって彼女はすっかりああだから」、「うちの入居者はここへ来るまえにほとんどがああなっているんだから」、「アリスの顔を洗ってあげなさいよ。すっかりああだから顔が汚れているのもわからないわ」などという使い方をする。

八三歳のアリス・マックグローはほとんど一日じゅう頭が混乱して顔も汚れている。彼女の口元を洗ってやる人も側にはいないし、食事中には口の周りからコーンフレークやマッシュポテトがぼろぼろこぼれ落ちる。鏡を見ることもあまりないから、食べかすがくっついているのも知らないか、あるいは気にもとめないのだろう。しかし、しょっちゅう歌を口ずさんでいるところを見れば、アリスは不幸な女ではない。私たちが最初会ったときには、彼女は自分にむかって歌っているように見えた。歌は大抵が、「アイルランドの野薔薇」、「ガルウェイ湾」、「アイルランド人の目が微笑む時」といったアイルランドのメロディだった。彼女は現実と夢の世界の間を行き来しながら歌っているが、どうやら聞き手は彼女の愛するジャックだかジョンだかという男性、または二人の男性であるらしかった。顔を洗いかけると、最初はだしぬけに歌うのをやめたものだが、慣れてくると彼女は洗うに任せながら歌いつづけた。

恐らく死がジョンやジャックとの関係を断ったに違いないのだが、アリスはいまだに彼らとの関係を現実のものと考えているらしい。ちょうどエリザベス・スターンが娯楽室に座り続けて夫の葬儀に行くつもりでいたり、ヘレン・ダグラスがジョンとメアリー・ヘレンを呼び続けているようなものだ。ロバート・アンダーソン作の『私は父のために決して歌わなかった』の出だしの科白《せりふ》は、「死は人生に終止符を打つが、関係を終らせることはない」というものだ。物理的に存在しないが関係はまだ終らない人物に声を出して呼びかけることで、アリスや、エリザベスや、ヘレンは厳しい結果に直面している。なぜなら彼女らは「ああだから」とか、「あんな具合だから」として広く知られ、扱われているからである。

時計が午後三時を回って、日中勤務組の交替時間が迫ってくると、私たちはナンシー・ブロックやリタ・プラマーが交替ぎわに騒ぎを起こさないよう息を潜める格好になる。どちらも自分の置かれた状況に不満で、その気持を看護助手にたいして自分たちにできる数少ない方法の一つ、つまり故意に失禁することで示すのである。彼女らの一人がきっかり三時一〇分前に二、三度失禁したあと、ここではカルテに失禁ありと記入されていないまでも似たようなケースはもっとあるに違いない、と思った。失禁の定義は便意が抑制できないことだが、リタが失禁したあと、それで一人の看護助手の勤務時間が三時以降まで伸びるので、ざまあみろとばかり大声で笑うところなどは失禁というレッテルが見当違いであることを示している。また、勤務時間の伸びる看護助手を思い違いして、ナンシーは顔を顰《しか》め、「ごめんなさい」と謝ったが、これらはこうした故意の排便行為が嫌がらせの一種であることを表わしている。

汚物を眼の当りにし、リタの笑い声またはナンシーの謝罪を耳にしつつ、看護助手のヴェラ・ノリスは諦め顔に後始末に取りかかり、「この二人は知っているから誰が何と言おうが気にしないわ。どちらかがああだからなんて誰にも言わせないで」と言った。

けれども、大抵の場合のように彼女らがこんな騒動をしでかさないときには、私たちは三時の交替時間に楽しい冗談を交わしながら帰る。キッチンで働いているエドナ・スタンゾーンは、私たちがパンチカードを押すために並んでいると、「ああなった人のなかでここにいてほしくないのは一人だけだよ！」と例の軽口を叩いた[7]。

午後四時には家に戻って、仕事で汚れた制服を洗い、水に漬けて臭いを抜きながら、私は看護助手として訪れているだけで、暮しているのではない、ということをしみじみ実感した。ほかにどこで働いているのか、と私に訊いて、ここだけだと答えたところもの珍しげに「おお？」とひとこと発しただけで後じさりしたフィリピン人のヘクターを思い出した。彼はこの町のどこかで二交替勤務制の後半をはじめたばかりだろう。それから私は「そうしなければならないから」と言って出産の前日まで働いたナイジェリア出身のヤミも思い出した。ドロシー・トマソンもまだあそこにいるだろう、恐らく誰かにむかって四時間眠れば十分だと自慢しているだろう。私が制服を洗濯しているうちに、この三人は二着目の制服に腕を通し、交替の後半か二つ目の仕事に取りかかっているに違いない。そしてあそこではアリス・マックグローがジャックにむかって歌いかけ、「なにせああだから」という言葉を実証しているだろう。エドナの冗談の意味では、いまや「ああだから」なのは私で、アリスはなおまともなのだ。こうした四人にとっては、一日はまだ終っていない。それの第二の側面が始まったばかりなのだ。

私のハンドバッグがなくなったのよ

午後三時から一一時までの勤務組には、この環境で暮し働く者にとってそれ自体の大きな問題がある。ナースステーションでは、当直看護師がカルテを手にその日あった出来事についてスタッフに質問している。「今日は何かありましたか?」彼女が希望し、通常返ってくる答は、「いいえ、大したことはありません。切傷と擦傷ぐらいのものです」というものだ。事故は事故報告と称する用紙に書かれるが、これはホームが責任を問われるような事故が起こった場合に使用される。それに記入する事態の発生はみんなが恐れているので、「大したことは起こらなかった」という返事にほっとするのである。

ナースステーションの後ろに輪を作って立つのは日勤の正看護師と、夜勤で彼女を引き継ぐ有資格実地看護師と、看護助手の他、ホームの社会サービス部門で医療記録をモニターするソーシャルワーカーである。ある会合の席上、彼女は新任の看護助手にむかって、「ここの入居者を知れば知るほど、彼らには改善すべき点があることが分かってきます」と言った。彼女には個々の入居者を症例として扱う傾向があり、「ミス・ブラックは今日また抑圧感情を行動で表現しているわ。私たちはエディの社会化技術に働きかけなくちゃならない。新入りのフランセスはまた被害を妄想している。誰か看護助手が彼女の現実への適応をチェックして落ち着かせなきゃ」などと言う[8]。

八〇代はじめのフランセス・ワッサーマンは自室にひとり腰かけてひどく興奮していた。彼女は病院から退院したばかりで、そのまえは別の老人ホームにいた。私の仕事は彼女に清潔な下着類を配り、生命徴候を調べることだった。ソーシャルワーカーが口にした被害妄想はたちまち明らかになった。彼女はジミーの名前を呼び続けていたが、後で分かってみると、それは息子の名前で、溺れるといけないから岸から離れないよう注意を促しているのだった。彼女はまるで悪夢にうなされているか、いまだに現実の出来事を理解できかねているかのように怯《おび》え切っていた。けれども、彼女の興奮の原因は違うことだった。病院からホームへ移る際にハンドバッグをなくしたというのだ。「私のハンドバッグがなくなったのよ。ハンドバッグはどこへ行ったの？　探しておくれ」

彼女はこの問題が頭からはなれず、生命徴候を測っている間も協力することにはほとんど興味を示さず、昼寝をする気など更になかった。彼女が欲しいのはハンドバッグだけだ。私は探してみると約束したが、そんな約束が当てにならないことぐらい彼女にも見て取れる。まずは仕事を片付けなければならない。そこで私は彼女の血圧をはかりにかかった。結果は少し高めだった。

ナースステーションに戻ると、看護師が病院へ電話をかけると言った。しかし、彼女もハンドバッグが見つかるとはあまり当てにしていないらしい。フランセスは息子のジミーにたえず話しかけながら迷路のような廊下を待合室から救急治療室へと、ホームじゅうを駆けずり回っていた。彼女がハンドバッグのことを言わなくなったのは何週間もたってからだった。ハンドバッグがなくなったことが彼女の入居以来、著しい心理的な衰えを助長したことに間違いはない。

娯楽室では三〇人ほどが椅子に腰を下ろし、テレビを見たり、眠ったり、遠くを見つめたり、緊張と闘ったりしていた。洗濯済みの衣類室へ男女の下着類を揃えに行く途中、主任看護助手が突然私の仕事を変更し、「二四六号のところへ行って清潔か確かめてちょうだい。家族が来ることになっているから」と言った。

この知らせはほっとするものだった。六四歳のフレッド・マレーは汚れた衣類を取り替えないので職員には困りものだった。彼は、娘が洗った衣類をバッグにつめてやってくる火曜と木曜を娯しみにしていた。娘が来るまでは、汚れた衣類を隠したり、脱ぐのを拒んだりする。ホームの衣類とごちゃ混ぜになって、なくなりはしないかと恐れているのである。この行動は異臭を放つし、汚らしいとあって悩みの種だったが、本人にしてみれば理由がないわけではなかった。私はまさしく彼の忌み嫌う衣類を整理しに行くところだった。清潔だけれども個人のものではない衣類、男性にとってはシャツと、ズボンと、ソックス。女性の場合にはブラウスと、スカートまたはスラックスと、ソックスがそれだが、ソックスを履かなければ外出してはならない、というのが衛生局の決りだった。老人ホームの入居者を路上で見かければたちまち身元がわかる、とは看護助手の言葉である。「ソックスに特徴があるからね」衣服がよく似合っていることもあるが、そうでない場合もある。絶対的な条件は清潔であることだからだ。厳密には制服ではないし、個人的な持ち物にも似てはいないが、フレッドが固執するのは個人的な持ち物だった。

彼は不満を主任看護助手に訴えてくれる者がいる点で運のいい入居者の一人だった。ときどき間に立とうとする娘の試みは激しい議論に発展することがあったが、それは彼女がフレッドの扱いについて質問する際に、なぜこうなの、ああなのと言うからで、たまには腹立ち紛れに、「私はこのホームに彼のほとんどの資産を払ってしまったのよ。下着からタバコの果てまで用意させるとはどういうわけ？」と言ってのけるからだ。

けれども、前に討議した多くの苦情に似て、こうした問題は相手が状況を変える権限のほとんどない主任看護助手の場合に起こる。彼女は日常生活と管理的な立場でやるべきことを調整する。彼女は「そう、それは私にとって何の意味もない」とは言えないが、私がヘレン・ダナヒューを午前中にごろりと横になって眠らせることができないようなものだ。彼女に言えることは指導されたことぐらいだ。要するに彼女は、「みんなが同じ額のトラスト・ファンドを支給されています。フレッドが一月以内に使ってしまったとしても、それは彼の問題ですよ。タバコをいくらでも支給されると全員が考えたらどうなりますか？」と答えるしかないのだ。

彼女は全ての人が同様に扱われなければならない理由を述べたとして非難された。確かにこの一般論は人類平等主義の考え方がいざこざを解決するかのようにホームの別のところでは抽象的な管理原則として通用するかもしれない。しかし、看護師や看護助手や、フレッドや彼の娘にとっては、通用しなかったのである。

四時半までには、娯楽室に座っているグループは数が減りはじめた。昼食から四時間三〇分たっているし、夕食まで三〇分しかない。夕食をとりにカフェテリアまで移動できる者は、ドアのまえに長い列をつくりはじめている。やがて私は三〇分前から並ぶ理由が分かってきた。待つのはデイヴィッド・フォーサイズの言葉によれば何かをすることだという事実のほか、前に並んでいればそれだけ食事も熱く、新鮮で、量も多い、ということがあるのだ。夕食には何が出るか、昼食のおかずは何だったか、カフェテリアには誰が行けて、行けなかったのは誰かなど、食事は日中の主要な話題である。「あなたは階下《した》には下りられないの？」ロレーヌ・ソコロフはルームメイトのモニカ・スチュワートに同情して訊いた。「じゃあ、何かもってきてあげるわ」階ごとに違う食事が出るわけではなかった。食事の内容は同じだが、味が違うのだ。ロレーヌが最初に並んだ四時二〇分には一部が早くも出来上がっている食事は、五階まで届く五時半には冷えているし味も微妙に違っている。要するに食べる人にはどうにもならない問題が起こるのである。

こうした食事を巡る問題が、メアリー・カーニーと私をいくぶん共謀めいた友情の絆で結びつけることになった。トレーが五時半に届くと、看護助手は順番に渡す。名前を呼ばれてメアリーは所定の席から立ち上がり、前に進み出て私からトレーを受け取り、ちょっと皮肉っぽく唇を歪めて微笑をもらす。その意味は数週間後にようやく分かった。ユーモアに富んだ頭のいい七八歳のメアリーの病名は曖昧で、「白内障後の関節炎」というものだった。彼女はこの病気の治療に全財産を使い果たし、公的援助でこのホームに入居してはじめて必要なアフターケアを受けることができた。ある日、彼女は私がトレーを渡したとき、意味ありげなくすくす笑いを言葉に表わし、「ありがとう、ママ」と言ってちょっと頭を下げた。

メアリーは三人の子供を育てた。一人は死に、残る二人は国内の遠い地方に住んでいる。彼女には子供たちから定期的に便りがあり、目のなかに入れても痛くはない、といわんばかりに子供の話をする。彼女はまた家庭の主婦兼母親として人生の大半を費やしてやってきた食事の支度について語り、老人ホームの娯楽室に腰を下ろして仲間と楽しむ気晴らしの一つは調理のこつを話すことだった。

トレーを彼女に渡すことには奇妙に本物でないところがあるように思われた。食事の準備や調理について私よりもはるかに詳しいメアリーが、準備のどの過程からも排除されて今や受け手になりさがり、私のばつの悪さを意識しているように思えた。だから彼女がささやかな冗談を言ったのかどうかはわからないけれども、私が彼女にトレーを渡すことは、ぎごちないジェスチャーから面白おかしいジェスチャーに変貌した。「ありがとう、ママ」という言葉は、男が長年母親役をやって来た女にトレーを渡すという皮肉な逆転を潜在的侮辱から、私たちが分かち合い、その後の多くの冗談の基になった奇妙な運命のいたずらに変えたのである。もし彼女がこのちっぽけな冗談を私と分かち合っていたとすれば、プラスティックの皿に盛り付けられたサンドイッチやナシをほかの母親たちと食べ、ボール紙のカートンに入った牛乳を飲みながら、調理の話に花を咲かせる彼女らが何を分かち合っていたかは推測するしかないだろう。

看護助手がホームから食料を盗んでいる、という噂がときどきたった。リンゴや、オレンジや、クッキーが勤務中にハンドバッグやポケットに忍び込んだり、口に入ったりすることがあるのは事実である。けれども、私が働いた全ての老人ホームで食料を大がかりに横流ししていたのは事務職員のほうだ。

ドロシー・トマソンはトマトスープを見ると、「今日はまた水スープかね」と言った。するとヴェラ・ノリスは薄笑いを浮かべながら言った。「あれがこの階まで来る頃には捨てられるよ」

ロティ・ガントリーは新入りの事務員にむかって好んで冗談を言った。「あんた、あのジュースには気ぃつけな。薬が入れてあるんだろ?」ほかに食べるものがあるときには、看護助手は盗むはおろか食べようともしなかった。

食べ物が時には喜びを生み、時には軽蔑を生みながら絶えず話題にのぼる一方で、職員と入居者はそれをつくることに関して共通の態度を分かち合った。食事が病棟に運ばれるときまで、看護助手と入居者は準備になんら関わることなく食事を出し、食べるだけですむ。この部屋に住む大多数の人は、看護助手がいまでもそうであるように母親であり家庭の主婦だった。ということは両者ともただ盛りつけたり食べたりするだけではなかったことを意味する。メアリー・カーニーの「ありがとう、ママ」という言葉は、子供を真似る賢い母親のそれであり、自分自身をこうしたやり取りによって創られたと感じているのである。

にもかかわらず、大抵の入居者は夕食を心待ちにしている。「あなたはどこへ行っていたのかね、エディス?」と私が訊くと、彼女は、

「下の階だよ」と答えた。「列の最後のほうかどうか見てきたのよ」

最初奇異に感じられた食事中に会話がないという事実は、この状況のなかで食べるという営みのもつ重要性に思いをいたせば、それほど奇異なことにも思えなくなった[9]。食べ物に関する話が日々の

話題の大半を占め、黙ってがつがつ食べるさまを考えてみれば、ここに住むということはどういう問題かということへのもう一つの答が浮び上がってくる。要するに食べるということは、この環境の下ではどのように食べるかを身に付けることであり、食事を受け取ることを覚えるとは、献立や支度には関与しないとはいえ、スケジュールに則って食べ、施設の食べ物を口にするということなのだ。新参者のなかには最初のうち食事に尻込みする者もいるが、しだいに順応してゆく。なかにはメニューのサイクルを丹念に調べる者もいる。「まあ、悪くないわね」エディスはカフェテリアから帰ってくると言った。「明日は火曜日？　じゃあよかった、チョコレートケーキが出るわよ」

夕食が六時に終ると、看護助手はそれを二度記録しなければならない。最初の記録は各トレーのカードが集められてキッチンに返されることで行なわれる。こうしたカードには名前と栄養のリストが書かれている。蛋白質、炭水化物、澱粉、等々の単位のリスト、「塩分無添加」といった特別献立の指示などがそれだ。食事ごとに回収されるカードは、栄養的に適切な食事が支給されたことの証明として不可欠である。

二番目の記録は各人のカルテに書き込まれる。各個人に食事が支給されたことを確認する項目には所見欄があり、食事を食べないことは個人の自由だが、その際にはカルテと記録の両方に「拒食」と書かれる。

食べなかった理由を記入する欄はない。たとえば、六九歳のデイヴィッド・サヴィンは、七日間の食物のサイクルのなかでホットドッグが出てくるたびに、「俺は餓鬼の時分からこいつが嫌いでな、軍隊でも食ったことはなかったが、今だに嫌だ。とっとと見えないところに片付けてくれ」と言って食べるのを「拒否」した。

また、集団として特定の食物を拒否した場合にも記入欄はなかった。もしマッシュポテトが固まっていたり、卵が固くて冷たく、ほとんど全員が残したりするとか、パンケーキにキッチンでシロップがかけられ、濡れたスポンジみたいにぐしょぐしょになって誰一人食べなかったとしても、ポテトや卵やパンケーキを誰も食べなかった、と記入する欄はない。個人の行動がカルテに書き込まれるだけである。

スケジュールに則った次の正式行事は運動と、夜の瞑想と、夜食である。七時半になると看護助手がテレビを消して、「さあ皆さん、アロムの時間です。集まりましょう」と声をかける。「これから音楽を流します。立てる人は立ってください。立てない人は座ったままで。さあ、腕を上げて。ワン、トゥー、スリー、フォー。よろしい。今度は音楽に合わせて首を回します。ワン、トゥー、スリー、フォー。今度は指の運動。ワン、トゥー」といったぐあいにやる。参加者は娯楽室に掛かる大きなボードに書かれた名前のとなりに星印がつく。

午後八時には瞑想の時間が始まる。食事の場合とは違って、瞑想を拒絶する自由はなく、入居者は全て薬剤管理を受ける。歩ける者は全てナースステーションの外に並び、寝たきりの者への薬剤投与はそのあとである。有資格実地看護師（LPN）のパール・デロリロは処方薬を渡す仕事をしていたが、彼女はよく、「知らない患者に薬を渡すのは嫌だ」と言っていた。「薬に対する反応を知るには本人をよく知らなければならないんだけれど、四〇代の人でテストして八〇代の患者に服《の》ませるんだから」

ローズ・カーペンターとメアリー・カーニーはこの評価に賛成だった。ローズは薬を夜遅く服んでもいいかと訊くことがしばしばあった。「だって服《の》むと眠たくなるんだよ。起きていたいからね」答はノーだった。実を言うと与えられた直後に服用するよう監視するのが看護師や看護助手の仕事だったからだ。

メアリーはまた鎮静剤の催眠効果にも抵抗した。ある晩眠気をこらえながら列に並んでいるとき、彼女は壁にもたれながら後ろに並ぶローズを振り返って、「ねえ、ローズ、ここにいると眠くてしようがないのよ」と言った[10]。

何か月かにわたって薬の投与を目撃するうちに、世にも奇妙な瞬間の一つが入居者の要請に応える際に起こった。当直看護助手のテリー・アーケイナがそれに応じられなかったのである。デイヴィッド・フォーサイズが洟《はな》を垂らしながら近づいてきた。彼は風邪をひいており、看護助手が心がけてしょっちゅう洟をかむように注意するか、かむのを手伝ってやる必要があった。「看護助手さん」行列の自分の番がきたとき彼は言った。「ヴィックスの鼻孔吸入器はないかね?」

彼は彼女がさまざまな丸薬をリストの名前と照合するというとりわけ緊張したときに彼女に声をかけた。彼女は彼にむかって、「もちろんもっていないわ。ここをドラッグストアとでも思っているの?」と言いかえした。

デイヴィッドは黙って立ち去ったが、彼女は、彼の要求がしごくもっともであり、自分の答が論理的にばかげていることに気がついてとっさに謝ろうとしたのを抑え、看護助手たちに当惑の目を向けた。厖大な数の処方薬に忙殺され、ありふれた風邪への対応ができなかった。ここはドラッグストアじゃないという言い方は、風邪のような一時的な病気を治療する場ではないと言ったようなもので、何年もの医療教育の上に三年の実地体験を積んだ者の科白《せりふ》ではなかった。薬は現場を見ていない薬剤師によって調合され、それを分配するのが看護助手としての彼女の役割である。両者はともに患者の実際的必要を無視し、彼らの健康管理を決定する書類を巡っていかに生き働くかを考えなければならない。彼女は後でデイヴィッドに、「明日になっても気分が悪いようだったら診療室に行ったほうがいいわよ」と言った。しかし彼はその後何日も鼻をぐすぐすいわせていた。それで一人の看護助手がヴィックスの鼻孔吸入器を買ってやることになった。

投薬のあとでスナックの時間になり、グラス一杯のジュースとクッキーが出るが、後者は時には贈物を分けあって食べることもある。クッキーを分けあうのは構わないが、ほかのものは監視の対象となって分けあうことが許されない場合もある。ある晩スナックタイム中にポール・ラブリエットとイレーヌ・モローが活動ディレクターと言いあいになった。五五歳になるポールは、三〇代後半の対麻痺患者イレーヌが好きになった。イレーヌのほうも同じ思いだったらしく、彼らの仲は人にも知られるようになった。ポールがポータブルテレビを抱えて廊下を歩いていると、活動ディレクターが、「それをもってどこへ行くの?」と声をかけた。彼女は午後九時の退出時署名に先立ちカルテに記入をしているところだった。

ポールは、「イレーヌにやるんだよ」と答えた。

「悪いけどそれはできないわよ」とディレクターは言った。「患者同士が物をやったり貰ったりすることは規則違反だから。あなたはここへ来て三年になるでしょ、それぐらいわかっている筈だわ」

ポールは頭にきて反論をはじめた。そこへイレーヌが廊下を車椅子でやって来て議論に加わり、彼の肩をもった。実は議論というものではなかった。規則違反といわれれば従わないわけにはいかなかったからだ。

「なんだったら入居者会議の議題に出すといいわ」活動ディレクターが提案した。「でも、それまではテレビは部屋に持ち帰ることね」ポールとイレーヌは娯楽室へ行って一緒に並んで腰掛け、たぎる怒りを押えながら互いに口も利かなかった[11]。

投薬とスナックの時間が終ると、まもなく動ける入居者は寝室に足を向け、残った者は娯楽室のテレビに見入る。テレビは日中から夜までほとんどつけっ放しで、一部の者には娯しみの源泉《もと》のようで、番組によっては視聴率がきわめて高い。しかし、なかには若い人々、たとえば職員、が想像するほど気晴らしにはなっていない者もいる。私がイギリスの老人ホームを訪れていたときに会った九一歳のサリー・マッシントンは、この問題を次の言葉で要約して見せた。「ここでは娯しみは自分で作らなければならないのよ。テレビもあるけど、わたしゃあまり好きじゃないね。人がテレビを見るようになるまえに、わたしゃ人生の大半を生きてしまったから」

グレース・デロングもテレビと老人ホームについて物語をもっていた。彼女は熱心なテレビファンで、いつも最新のニュースに夢中だった。彼女はほとんど全ての世俗の持ち物を載せた小さなモバイルホームの車椅子に乗ってラジオを持ち歩き、テレビとラジオの両方に聞き入る。ローカルテレビのチャンネルは年配者向けのペット治療番組を放映するが、子犬や子猫が出てくるとあって、この番組は老人ホームの入居者に人気がある。

コマーシャルが流されているとき、グレースは友人のバーニスの方を向き、「ここへ来るまで、私は犬を飼っていたのよ。もちろん彼らは飼ってはいけないと言ったわ。ある日隣りの人が犬を連れて見せに来たんだけれど、私は頭にきちゃったわ。だって、保健局の規則で家のなかに入れちゃいけないって言うんだもの。だから犬は車のなかにいなきゃならなかったわけ。私にできることといったら窓ごしに手を振るだけなの。もちろん彼女は私が誰だか知らなかったけどね」グレースは自分の人生の現実に口調を合わせながら何週間もこのドラマの話をし続けた。

しかし彼女は消灯までの一時間の会話を楽しんでいる風だった。七月と八月の暑い夜には、彼女はロレーヌやローズやその他の人々とさまざまな話題を楽しんだ。話の内容は料理のレシピ、子供の好き嫌い、住んでいた教区の様子、老人ホームを出て、たとえば「ロレーヌが本気で何か料理を作るとしたら何にするか」といった話などだ。

「さあ、そろそろ寝ましょう」看護助手の一人が九時四五分にまだ娯楽室に残っていた少数の入居者に向かって言った。すると彼らは一人また一人と自分の部屋のほうへ歩いたり車椅子に乗ったりして移動し始めた。

「さあ寝るとしようよ、ジョージア」ローズは部屋の隅で口をもぐもぐさせながら靴をまさぐっているジョージアに言った。一〇時には消灯になった。やがて明日という日が始まる。その前にまた夜だ。

アリスかえ?

一〇時半にルームチェックがある。私たちは四〇一号室から始め、交替時間の午後一一時までフロア全体を点検する。四〇一号室にはハリエット・ボウラーが身を横たえたまま身じろがず、まばたきもせず、口も滅多に利かなかった。彼女はほかの二人と相部屋だが、彼らも部屋にいるかどうか、三人のうち二人がベッドにしっかり拘束されているかどうかもチェックする。それから爪先立ちにドアに歩み寄り、明りを消す。聴力が最後まで衰えないということをミセス・ボンデロイドに示したに違いない騒ぎは一度ならず起こった。私たちがルームチェックを終えたと思った途端、ハリエットがスイッチの音に目を覚まし、部屋の明りが点いたと思い違いをして恐らく娘のアリスが訪れて以来初めて口を利き、

「アリスかえ? 入っておいで」と言った。

この階のチェックはたった二人で行なっていたから、彼女の相手をしている暇はなかった。「違うんだ、ハリエット。今部屋を出るところでね。おやすみ」私は彼女に半ば聞こえ、半ば聞こえないことを願いながらそう言った。

午後一一時、二人の看護助手が二つの階を交替で担当する有資格実地看護師(LPN)と一緒にやって来た。交替したあと、夜勤組の看護助手はルームチェックを終えると結果をカルテに記入し、LPNは日勤と夜勤組の介護メモを点検する。ナースステーションの裏で数分間グループディスカッシ

ヨンを行なったあとで夜勤組は去り、深夜勤務組の仕事が始まる。看護助手に対する監督LPNの第一問は、「ルームチェックはどうだったか」である。

「異常なし」が典型的な答だが、それにときたま付け加えられるエピソードが入居者には気懸りだった。あるとき引き継いだ看護助手が、「クローディアがまた母親のベッドに潜り込んだ」と書いたことがあった。通常にはないある経緯で、六九歳のクローディア・モロニと八九歳の母親がこの同じホームに入居していた。母親のミセス・モロニはイタリア移民で、イタリア語しか話せない。母親と娘は異なった医学的カテゴリーで分けられ、違う階に居住していた。クローディアには上の階の母親のベッドに潜り込む癖があったが、これはホーム当局の顰蹙《ひんしゅく》を買い、不適切な行動として厳しく禁じられた。カルテには彼らの関係は性的なものとして「クローディアと彼女の母親はレズビアン関係にある」と記録されていた。こうした環境では、母親と娘が同じベッドに入ることは常軌を逸した行為と見なされ、何をさておいても本人のベッドに連れ戻すのが夜勤看護助手の仕事だった。

家族は時にはカテゴリーによって、時には出来事によって離れ離れにされた。エディー・ソコロフと妻のロレーヌは同じ部屋に住んでいたが、ある夜ロレーヌがくるぶしをくじいて病院に連れていかれた。エディーは動転して泣き喚き、

「彼女は行ってしまった、もう帰って来ない」と訴えた。

「いや、そんなことはない、帰って来るから心配しないで」私たちはそう言って慰めた。

「いや、帰らんだろう。ここじゃどんなぐあいか、あんたたちは知らないんだ」彼は、内部の事情を知ってでもいるように主張した。

この場合彼の言うことは当たっていなかった。ロレーヌは明くる日戻り、彼らは再会を大いに喜んだ。しかし、エディーの恐れはそこに二年住んだことから出てきた。さまざまな市場の力が人々をホームから追い出したが、行く先はしばしば病院で、出たあとには新人が入ってくる。ベッドの充足率がものを言う世界では、空きベッドは経済的に非生産的なのだ。エディーは誰かが去るのと入れ違いにほかの入居者が入ってくるのを見てきたので、同じことがてっきり妻の身にも起こると思い込んだ。

真夜中近くになって、エディーの恐怖や、体の清拭や、ベッドの交換など、さまざまな問題に対処しながら全室のチェックを終えた看護助手は、「ヒュー」と悲鳴とも声ともつかぬ音声を発して腰を下ろした。しかし、こうして腰を下ろすという稀な機会にもおちおち休ませてはくれない。ルームチェック報告書の記載事項の確認をはじめた途端、「看護助手さん、看護助手さん、ちょっと来て。早く！」と声がかかるからだ。用便に行きたいから手伝ってくれというのから、悪い夢にうなされて叫んだとか、ルームメイトに対する苦情や気遣い、これといった理由もなく看護助手を呼んだというのまで、理由はさまざまである。夜が始まれば、こうしたナースコールはひっきりなしに行なわれる。老人ホームを外側から観察するかぎりでは、夜はさだめし静かだと思うに違いない。しかしそうではない。老人の夜は実に騒々しいのである。

ジョアン・メイコンは真夜中過ぎに廊下をぶらぶらやって来ることがちょくちょくある。「いま何時？」というのが彼女の最初の質問だが、訊くのは時間だけではない。

「一二時半」

「何か食べるものない？」

「ないね」

「眠れないのよ」

「どうかしたのかい?」

「ばかみたいに『ヘイ、ヘイ、ヘイ』といつも言ってる男がいるでしょ、あいつまた金切り声を上げてさ!　いまにも死ぬと思っているんだね」そういえば彼の「ヘイ!　ヘイ!　ヘイ!　おれぁ死んじゃう、死んじゃう」という叫びが廊下づたいに聞こえてきた。叫びはルームメイトのピーター・オルソンが話しかけて恐怖を取り除くか、職員がやって来て慰めるかするまで続いた。

「ヘンリー、あなたはまだ死んだりはしないわ」看護助手の一人がそっと手を触れ、それが真実であることを願いながら言った。「だからもう心配は止めることね」それで静かになったが、彼は数人の入居者を起こしてしまった。看護助手は二人しかいないとあって、これ以上彼に構ってはいられなかった。

ときどき夜に死人が出た。死の兆候が見えてくると救急車が呼ばれるが、遅すぎることがしばしばである。「何かしてほしいことはありますか?」私は脳出血で一刻を争う状態になったナンシー・ブロックに訊いたことがある。

「あるわ」彼女は間髪を入れず答えた。「死なせて」二日後の夜、彼女の望みは叶えられた。

「彼女は私たちの誰よりも早くそれがやって来るのを知っていたのよ」とベテラン看護助手のマリアン・モランは言った。「大抵の人はそうなのよ」

死の瞬間が来るまえに救急車が到着しようがしまいが、本人はさっさと病院へ運ばれ、死が正式に宣告される。もし誰かが死ぬと、老人ホームではそれはきわめてもの静かに受け止められ、発表されないこともしばしばある。それは職員と入居者の両方に暗黙裡に認識され、ひそひそと囁《ささや》かれはするものの大っぴらに口にされることはない。「あのスペイン人の男の人はゆうべ死んだにちがいないわ」とフローラ・ドビンズは言った。「ドアが閉まっているもの。日中ドアを閉めるのは人が死んだときだけよ」

別のときには「フランセス・ワッサーマンはどんな具合?」という問いかけが囁き交された。彼女はある夜に病院へ運ばれた。「さあね、何も聞いていないから」と主任看護助手が答えた。一〇日もたってから、彼女はホームを去って数日後に死んだという話が伝えられた。「イリーヌ・オブライエンとミス・ブラックに伝えてあげなさい」主任看護助手が看護助手の一人に言った。「そっと伝えてね」三人は一年以上にわたって仲が良かった。イリーヌは祈禱に参加しないかと何人かを誘った。その階にワッサーマンの死を認識させるものはそれだけだった。ワッサーマンは死んだが、告示もなければ葬儀も行なわれなかった[12]。

私費入居者として以前宗教関係のホームに入っていたことがある、と言っていた者が数人はいたが、私が働いたホームは経営面でも組織としても宗教との関わりはなかった。しかし、祈禱は慣行として大いに行なわれていた。入居者の多くは若いころ宗教活動をしていたし、わけても通夜や葬儀には列席した経験があった。今はそうした儀式の行なわれない施設に住んでいて、死はまるでこの医療システムの失敗ででもあるかのように声を潜めて取沙汰される出来事として起こるが、入居者にとって学ぶべきもう一つの教訓は、死者のために祈り悼むことは主として一人で行なうという事実だ。

宗教的儀式を行なわないこととときわめて対照的なのは、この環境が病院に似た展示に捧げる日夜に浸透する象徴的なジェスチャーである。日々の活動を形成する形式的な条件は疾病と医療と介護である。一夜また一夜と時間のたつにつれて、カルテに書き込む仕事は増えてゆく。こうしたさまざまな書類に含まれる情報を考えることは、それより早い時間には矛盾しているように見えていた出来事のある程度の説明になる。これらのページには診断や医療処置が書き込まれ、施される処置が記号化され量化されて記述される。それらはまた内部の生命を規定する概念的境界を創り出す。

ある晩、主任看護助手のフローレンス・カステナーダが介護月報の上にペンをかざしながら、私にむかって、「モニカ・ステュワートの食欲はこのごろどお？」と訊いた。

「そうだね」私は食事に関するモニカの言葉をちょっと思い出してみたが、彼女はあまり食欲がなく、ときおり残していた。「まあまあだけど、時には文句を言って食べないこともあるね」

「そういうことじゃないのよ！」フローレンスは遮《さえぎ》った。「ここの基準でいうと、独力で食べられる、介助を必要とする、職員に依存している、チューブ給食、の四段階のどれに当たるかと訊いているのよ」

「ああそうか」と言いながら、私はまたちょっと考えて彼女の基準を当てはめにかかった。「いつも誰かがそばでもっと食べろと促す必要があるね」

彼女は、「わかったわ、介助を必要とするわけね」と言ってメモをし、次へ移っていった。

フローレンスは正看護師（RN）の試験勉強をする時間を工面するため、予《あらかじ》めコード化した質疑応答をすばやく繰り返しながら先へ進んでいった。ときどき、入居者のシャロン・ドレークが午前二時前後に姿をあらわした。

「具合はどう、シャロン？」と看護助手の一人が尋ねると、彼女は、

「まあまあだけど、眠れないのよ」と答えた。

ビル・スローターが局部を露出して見せた相手はシャロンだった。カルテによれば、そのさい彼女は極度の動揺を示した。この診断は彼女が心臓を患っていたことと関係があるが、それはまた彼女の社会生活を示してもいる。シャロンがビルに関して苦情を言い始めると、看護助手を含め全ての職員が精神医学の相談を受けるように奨められた。ビルはまたしても露出症の症状を示すようになった。精神科医は看護師長と相談し、ビルの鎮静剤を一日当たり五〇ミリグラム増やすことにした。その結果ビルの行動には変化が見られておとなしくなり、睡眠時間が伸びて、シャロンに局部を露出することもなくなった。彼はただ彼女のかたわらに佇み、後ろについてまわりながらにやにやするだけになった。

シャロンがこの状況に提案した対策は、ビルを断固として退院させよというものだった。彼女はビルの行動の心理的原因よりも社会的条件を変えることに関心があったのである。しかし、医師は社会的環境よりも疾病の治療に関心を抱く。ビルは増量した鎮静剤の投与で眠りがちとなり、露出症の症状を見せなくなったが、シャロンは依然としてナースステーションに立ち寄って「動揺」を示しつづける、という状態がつづいた。やがてシャロンに対するビルの態度は個人的なものと分析され、看護助手は反応も示さなければ記録もしない、ということになった。

入居者のカルテはナースステーションの背後の棚に区分けされている。それぞれの人のカルテには

診断名、医療相談、処方、生命兆候、体重その他の身体計測値、行動等が書き込まれている。カルテに書き込む過程は、入居者を日常生活に縛られる個人関係とは違う存在として扱っている。彼らの存在の公的記録であるカルテのなかでは、彼らは日常の生存戦略の不可欠の一部である地域的脈絡性と関係から引き離される[13]。彼らは書類のなかで患者となり、病状によって識別される。

以前には看護師長が看護助手に向かって、「患者を知るためにカルテを読め」という指示を与えたものだ。カルテには、日常生活を脈絡化する物語などはなにひとつ書かれない。背景は患者、疾病、薬、計測、等々に埋もれて消える。過程は組織がサービスできる進行中の現象の創造を含んだ。

カルテの裏の記入欄には用便、食事、入浴、移動能力、抑制力、行動、精神状態、等々がチェックできるようになっている。このグループはまとめて機能的要求と呼ばれる。最初の四つは日常生活活動と呼ばれているが、このカルテに記述される活動は、実を言うとそれぞれの入居者が必要とする介助の程度を意味しているので、ここに示されるのは入居者の活動ではなく、看護助手のそれである。ここでも、表現の如何にかかわらず、主人公は行為者ではなく行為を受ける側なのだ。

精神状態欄には、「判断可能」「ある程度判断可能」「指示必要」「判断不能」等々の項目がある。壁に貼られた調査によれば、この階に住む六四人のうち六一人までが最後の三つの範疇のどれかに入っている。こうした統計は、まるで全てが一般的範疇に当てはまりでもするように、この階の「彼ら」を構成する傾向がある。私が初めてその病棟に向かって歩いていたとき、職員の一人が「頭がぼうっとしている」入居者の一例を引き合いに出して私を安心させようとした。「あの階のことは心配するには及ばないわよ。あそこの連中は全員が「ぼうっとしているんだから」カルテの記述を判断の基準とする者は誰でも同じ結論に到達するのである。

行動欄には頻繁、またはときおりの介入を必要とする、問題なしと判断されうる、等々の項目がある。最上の状態は問題なしである。この言葉はカルテや職員の会話に頻出する。「今日は何か問題があった?」「彼女は問題じゃなかったの?」「いや、彼女は問題にはならないでしょう」そこに住むことは疾病、行動、問題、等々と関連づけて取沙汰されることだ[14]。ソーシャル・サービス調整係が看護助手に言ったように、カルテを通して「彼らをよく知る」ようになった後では、「これらの人々を知れば知るほど、彼らには改善すべき点があることがわかる」。そもそも肉体的・精神的問題に関して定義づけられているために、ここに住む人々は進歩または変化を示しているとしか判断されない。その一方で、貧困化、侮辱、無力、または怒りなどの言葉は書かれたもののどこにも出てこないのである。

八二歳のマリアン・クレッグは何か月も前に脳出血に襲われ、言葉を失って寝たきりの身になった。午前三時頃、寝返りを打たせるために行ってみると、彼女は興奮の面持で目をせわしげに動かしながら何やらわけの分からないことを口走っている。ここに住む入居者のなかでも、マリアンほど寝たきりの身でいながら懸命に生きる努力を払っている者はいない。ときどき唾や食べ物のかすが顔や首筋を汚すことがあるが、枕やシーツの皺から彼女がそれを拭き取ろうと努力していることははっきりしている。誰かが寝返りを打たせにやって来るまで、彼女が夜のかなりの時間をそうした努力に費やしているのは明らかだった。

もう一人の入居者はこうした事実上介護者のいない夜の体験を述べている。八五歳のサラ・ウォースティンも寝たきりだが、体はほとんど動かないけれども精神力は衰えていない。ある晩ルームチェックのとき、私は部屋にさっと入って彼女のほうに上体を屈め、「何か用はないかね、サラ?」と訊いた。丁寧に訊いたつもりだったが、私はその問いがどれほど無意味なものだったかを彼女の答で思い知った。彼女はそのとき上体を起こし、私の目を真っ向から見据えて、

「あるよ。側にいてちょうだい」と言ったのである。

もし私にあてがわれた仕事でもあれば、これに応じることはできない。「生憎ルームチェックで手が塞がっているんでね」私は弱々しく答えた。サラと私の間はそれまでうまくいっていたが、このやり取りのあと彼女は私にむかって滅多に口を利かなくなった。彼女が私から顔をそむけ、内向きになったことははっきりしていた。彼女はまたしだいに口数が少なくなっていったが、理由はわからないでもなかった。沈黙は感情を表現する数少ない方法の一つだったからだ。拒絶と無理強いの孤独の感情のなかで、その後彼女は積極的に沈黙しつづけたのである。

午前四時が近づくにつれて、カルテへの書き込みがほとんど終り、洗濯物は揃い、あちこちの部屋から飲み物や、トイレや、塵紙の要求や、手を貸してほしいという要請などが起こった。誰か咳をしている者がいる。苦しげな息遣いも聞こえる。寝言か目覚めているのかはわからないが、どこかしら遠い過去の名前を呼ぶ者もいる。食事をしてから一〇時間もたつし、朝食まであと四時間とあって、空腹を訴える声がしきりだ。食べ物は出てこない。そうした要求をするのが一人ということは滅多にないから、誰も言うことを聞いてはもらえない。事実、二人の看護助手と一人のLPN〔有資格実地看護師〕はパール・ロリオの言葉を借りれば「あちこちの藪火事」を消すのに大童《おおわらわ》だった。職員配置は

夜間にはほとんど問題が起こらないという考え方に基づいているが、実情は大いに問題が起こっているのである。たとえば午後一〇時半に消灯になるが、消えたままということはない。夜明け前にまた点灯される場合が多いのだ。

入居者は夜中に不眠症、体の痛み、錯乱、喉の渇きや空腹、人工肛門や鼻腔チューブの不具合など、さまざまな肉体的・感情的問題と格闘している。どんな要求がのしかかってこようと、彼らには共通した問題が一つある。家族や見舞客が側にいるわけではなく、三〇人当たり一人の割合でつく看護助手が、多様な要求や要請に対処することは不可能だということがそれだ。入居者は、夜中に何が起ころうと始末は自分一人でしなければならない、ということを自覚する必要があるのだ。

夜勤看護助手のテリー・アーケイナは、かつて一部の老人ホームに流布していた新しい考え方はほかのホームにも広がるだろうと言った。アルツハイマー病に罹《かか》っていると判断された人々を全て同じ病棟に集めるというものだが、彼女はその考え方に反対だった。彼女の考え方は後日私がフランスやイギリスの老人ホームを視察したさいに耳にした議論と非常によく似ていた。イギリス人の二人の看護師と、一人のソーシャルワーカー、および二人の内科医がこの比較的新しい範疇に属する疾病について激論を交わした。その席で看護師の一人が彼女の長期治療センターで「頭の混乱した患者」にたいして行なわれる特殊な治療について述べた。彼女の意見は、ほとんどの頭の混乱した患者はある種のアルツハイマー病に罹っているとする医師に訂正された。どうやらこの議論が初めてではなさそうな看護師とソーシャルワーカーは、「頭の混乱した」という表現は高齢からくる失見当識にはさまざまな表われ方があり、多くの人々にとって恒常的というより間欠的なもので、絶対的ではない、という自覚を促すので好ましい用語だと反論した。やがて議論がしだいに激しさを増すなか、一人の看護師が、「看護業務で何が必要ないといって病気のレッテルが増えることぐらい必要のないものはないわ」と語気を強めて言った。医師は、疾病を確定することは治療法を発見する第一段階だと言って首を横に振った。

疾病にレッテルを付けることは医療の研究や診断には重要である。しかし、日夜の介護活動にとっては本質的なことではなさそうだ。このホームのアルツハイマー病患者を一か所に集めることになれば、徘徊癖のあるヘイゼル・モリス、歌をうたうアリス・マックグロー、息子の名前を呼びハンドバッグがなくなったと騒ぎ立てるフランセス・ワッサーマン、亡くなった夫を嘆き悲しむエリザベス・スターン、テーブルに靴を載せるジョージア・ドイル、といった連中が一緒になるわけである。この病気を診断された患者のなかには、およそ意志の疎通ができない者もいる。しかし、こうした多くの入居者を知るということは、非常に違う種類の人を知ることであり、彼らの多くは頭が混乱しているといっても一時的なことで、ホームの社会生活に差し支えるほど混乱しているわけではない。もし五人がひっくるめて他者と区別されるようになれば、疾病による差別は強調される。そうした成り行きは彼らの混乱に応えるばかりでなく、彼らの疾病レッテルを不動のものにしてしまう[15]。

病んでいる、身体が弱い、頭が混乱している、障害がある、齢をとっている、等々のことは患者であることと同義ではない。老人ホームで患者になることは一つの社会組織に入ることを意味する。人が組織と出会ったときに患者ができあがる。日夜記入欄がチェックされ、記録が校閲されて、これらの人々は受けるサービスの行政用語や符号で表現される。そしてこうした用語や、範疇や、符号は多くの職員や部外者によって現実の小さな一部どころか、究極の現実そのものと見なされるのである。人は病気になって初めて患者という身分を経験する。そこで夜間にこの産業の生産過程の一つの側面が垣間見られる。彼らがベッドに身を横たえるとき、彼らの生活のうえにもう一枚の毛布、彼らを患者として定義づける書類の毛布が畳まれるのである。

こうした書類は必要を反映するに留まらない。書類は特定の必要をも定義づけ、他の必要を消去する[16]。最も基本的には、書類はそれが社会的行為者だとする人々の主体性を消去するのである。ここで生きる男女はこれらの書類に書き込むことをしないし、書類を読むこともない。彼らはカルテのなかで意見を述べはしない。記述されるのみである。

クローディアと彼女の母親については引き離す必要があると決まった。二人が母親のベッドで抱き合い、ほとんどイタリア語で囁《ささや》いている間に、誰か他人が二人の行動を問題視してカルテに書き込んでいるとは知る由もなかった。ビル・スローターやミス・ブラックのように、二人が元の自分のベッドに戻されたとき、介入は完了し記録された。この施設の秩序はこうして成功裡に回復され、事態は再び静穏になった。各自自分のベッドに戻って、それぞれのカルテはあるべき場所に戻された。その過程で入居者は行為する存在から行為を及ぼされる存在へと変貌し、この健康管理企業から物品とサービスの提供を受け、正式に受動的な声に変わる。患者が生産されたのである。

午前六時三〇分までには、患者という立場に生きる新しい日が始まろうとしていた。

「おはよう、イリーヌ」

一歩繰り出すごとに不平を鳴らしながらも、イリーヌ・オブライエンは起きた。彼女はやっこらさと車椅子まで体を運んで乗り、浴室に行って顔を洗い、戻ってベッドを整え――彼女は自分のベッドの整頓は自分でやらなければ気がすまない――周囲の掃除をしてから車椅子で娯楽室へ行き、朝食が運ばれるまで待った。

夜勤組は午前七時直前に交替するが、彼らはシャロン・ドレークとメアリー・レイノルドを起こすと元気が出てくる。カーテンが巻き上げられると、二人はよく、「おはよう。今朝はベッドのなかでオーバーイージーの目玉焼とブラディ・マリーを二杯いただくことにするわ」などと軽口を叩くからだ。シャロンはホテルのレストランで二五年もウェイトレスをやり、ルームサービスでかぞえきれないほど食事を運んだ経験があるせいで、遊閑階級の口調をそっくり真似ることができた。この二人には悠揚迫らぬところがあって、あくせくものごとをやるのは好まず、たっぷり一時間かけて身支度をする。

メアリーは化粧をし、真珠を身に着けるが、恐らくこれは若い頃からの身だしなみだろう。「私ってマトンがラムみたいに着飾ったようなものだわ。私の悩みが何だかわかる？　パーキンソン病なのよ。要するに私はキャサリン・ヘップバーンと共通点があるというわけね」彼女はシャロンと連れ立って今日もまた一日を過ごすために娯楽室のほうへぶらぶら歩いて行く。

なぜここでは少しも休めないのかと言うヘレン・ダナヒューの問いかけに対する答がしだいに分かってきた。この施設は病院にふさわしい規則をもっている。治療行為はほとんど行なわれなくても、この施設は医療スタッフ、慣行、用語等々からその権威を引き出しているようだ。ヘレンは日勤交替組が午前七時に仕事を始めるという理由でやはり七時に起きなければならない。それが病院の秩序を維持するのに必要だからだ。ヘレンは保養所に入ったつもりだった。しかしそうではなかった。実は病院に入ったのであり、入ったからにはその規則のもとに生きなければならなかった。

食物、清潔さ、諸活動、運動、暖かさ、休息、意思の疎通、等々は人間が参加する基本的活動である。それらの必要性に直面して人は受動的ではなかった。彼らは食べ、体を清潔に保ち、さまざまな活動に参加し、休み、意思の疎通を行ない、おおむね社会的生活規則に従い、その生産の達成に手を貸す。

正式な文書の用語は隔離された単位、団体、行動等に関するもので、その一方で入居者の金はたえず吸い上げられてゆく。総じてこうした力が受動性を函養するのである。患者（ペイシェント）という言葉は起源的に見れば受動性（パッシヴィティ）にきわめて近い。そうした条件の下では、沈黙はなにも不思議なことではなく、こうした一連の社会条件の論理的結果として起こるのである。

受動性よりも患者に近い言葉がある。それは忍耐（ペイシェンス）である。マージョリー・マッケイブが待てるようになったと言ったときに示唆したように、それはここでは練習しなければ身に付かない。アドリエンヌ・リッチが書いた「インテグリティ」と題する詩の第一行は、「狂気じみた忍耐が私をここまで連れてきた」[17]となっている。朝食の到着を待つマージョリーや仲間の入居者にとって、これは実感のこもった表現である。

「あなたの椅子に座って待って、マージョリー」

「エリザベス、あなたはここでしょ。前掛けをつけてあげるからちょっと待って」

マージョリーの隣にはミス・ブラックが腰をかけ、誰かを捕まえて社会保障費の話をしようと待ち構えている。彼女の隣は元ウェイトレスのシャロン・ドレーク、彼女は彼女で食事の盛り付けに口出ししようと待っている。そして近くのテーブルにはおとなしい娘役を演じる元母親のメアリー・カーニー、彼女らはこれまでの章に数回登場したが、それぞれに前掛けをし、目をエレベーターに釘付けにして、沈黙の技術を積極的に発揮しながら、辛抱強く朝食を待ち構えている。

第5章　カルテにないことは起こらなかったことだ

午前七時が近づくと、看護師、看護助手、コック、家政婦らはロッカールームに駆け込んでオーバーを掛け、それから二階に駆け上ってパンチカードの列に並ぶ。オーバーを着たままカードにパンチを入れるのは規則違反なのだ。午前七時――カチリ！「ヒュー！」三分とか四分に来て、まだ行列している者を除き大抵が声を上げる。実際、遅刻しないためには七時前に並ばねばならなかった。二分以上の遅れが三度で一回の休みに換算され、一日分の給料が引かれる。キッチンで働くエドナ・スタンゾンはこの規則の厳しさを強調して、「遅刻が続くと、あっという間に家賃に食い込んじゃうんだから」と言った。監督が見ていないうちに他人のオーバーを掛けてやるといった協力をすることもあり、肘で人を押し退けるような不愉快な出来事もある。真剣で時には緊張した一日の始まりである。

私たちはそれぞれ受け持ちの階に出頭して割り当て表を受け取る。一人の正看護師（RN）または有資格実地看護師（LPN）が私たちの活動を調整し、薬やカルテの準備と分配を行ない、緊急事態に対処する。「今日は二〇一から二一六ベッドまでがあなたの担当。うち半数はシャワー」と彼女は指示した。

あるホームでは、主任看護助手がオリエンテーションの時間に、拘束確認表に二時間に一度署名し、患者を起こして薬を飲ませることが看護助手の二つの基本的責任事項だと言って業務内容を列挙した小冊子を渡し、それからナースステーションの上に掲げられた掲示を指差した。掲示には私たちの仕事の内容が無味乾燥に、「カルテにないことは起こらなかったことだ」と書かれていた。

私たちは第一日目の仕事に出勤するまえに冊子を読めと言われた。読んでみると内容は教科書と同じだった。第一ページには健康管理業務に参入した看護助手に対する歓迎の辞に次いで仕事の概要が述べてあった。冊子には、患者を起こし、食事と投薬に対する準備をさせ、寝具を取り替え、着替えをさせ、トレーを渡し、生命兆候、体重と身長などを測定し、アロム〔九五頁参照〕を行ない、スナックを与え、ルームチェックを行ない、「要求に応じて介助」するなど、仕事の内容が列挙してあった。この最後のカテゴリーの内容は曖昧だった。やがて私には、「要求に応じて介助」の内容は一日の大半の時間をとり、仕事の最も複雑な部分を占めることがわかった。

心配は要《い》らないわよ、あなたにもじきに出来るようになるから

朝は入居者を起こすことで始まった。大抵の看護助手にとって、それぞれの入居者と挨拶を交わすことはかならずしもうまくいかず、相手しだいだった。ジュアニタ・カーモナは、「あのサガンという人は気をつけたほうがいいわよ、乱暴者だから」と言った。

「ミセス・オブライエンはどうなんだい？」と訊くと、

「無視したほうがいいわ。だって、起きるのが嫌で文句をつけるんだもの」寝ていたさにつける文句は大したことはなく、いずれ諦めてしぶしぶながら起きることになる。

なかには就寝中に失禁する者がおり、これの始末は大変だった。一つの早期の教訓はそうした出来事を巡って展開した。私がモニカ・スチュワートに近づくと、彼女は声を潜めて、「そそうしちゃったらしいんです」と言った。

「大丈夫だよ、モニカ。誰にでもあることだ」というのが私のナイーヴな返事だった。しかし、シーツをめくって実態を眼の当りにすると、私はモニカの目の前で青ざめ、「ウーン、すぐに戻るから」と言ってからトイレに駆け込み、ミセス・ジョンソンのところへ走った。彼女は同僚で、職歴一〇年のベテランだった。「ミセス・ジョンソン、僕は今日は気分が悪くて……モニカがやらかしちゃったんですよ。手伝ってくれますか?」

「いいわよ」彼女の返事で私はほっとした。

「おはよう、モニカ」ミセス・ジョンソンは気分を引き立たせるような笑い声をたてながら言葉をかけた。「さあ、寝返りを打ってみましょう!」彼女は言葉をつづけながらためらいもなく毛布をベッドの裾まで巻き降ろし、右手でモニカの体を左脇を下にして転がすと、鮮やかな手つきで汚れた下のシーツをベッドの中央に巻き寄せ、それから私のほうを向いて、「そのクリネックスの箱をよこして。早く。こういうことはさっさとやらなきゃ」と言い、モニカに向かって、汚れを拭きながら、「上体を一度起こして、体を反転させて」と言ってから片腕だけで下半身を完全に持ち上げて、汚れた下のシーツのきれいな部分で拭き、新しいシーツを出してベッドの脇から滑り込ませ、同時に私のほうを向いて「そのてぬぐいとタオルをはやくとって！　これを先にあなたのほうへ引っ張って」それからモニカのほうを向き、「さあ、いくわよ」と言いながら彼女の体をひっくり返し、毛布を掛けた。私は驚いて息をのむばかりだった。ミセス・ジョンソンは流れるような連続した動きで全ての作業を二分余りの間にやってのけた。

「心配は要《い》らないわよ、あなたにもじきに出来るようになるから」言い捨てて彼女はドアの外へ駆け出した。

しかし私は何か月たっても、ミセス・ジョンソンが実証して見せたような手際のよさでそれをやることはできなかった。

しかし、次の仕事の要領、つまり食事の介助は徐々に身に着けることができるようになった。汚物の処理と同様、食事介助の実務は授業や教科書で教わるわけではないし、患者が食べたかどうかをチェックする項目としてある以外には、カルテにも規範や指針はない。

「今日はアリスに食べさせて」と早くから指示されていた。アリス・マックグローはまだ眠りから覚めやらず、ぼうっとして口を閉じたままだ。何とかして食物を口に入れ、味蕾《みらい》を刺戟しなければならない。ミセス・カーモナは、「アリスにはいろいろ試みなければならないわ。歌ってみるとか」と助言した。「わかった。えっへん、アリス！　こんにちわ。アイルランド人の目が微笑むとき、世界は朗らかで楽しい」やがて何かがわかったような気配が見えてきた。そこで卵を鼻の下にもっていって匂いをかがせると、彼女は口をわずかに開いた。

他人の味蕾になって、食べ物や飲み物の種類や加減を人によって変えることは難しい。人によってわずかずつ違うからなおさら難しいのである。「目を見続けること、特に口を利かない人の目をよく見ることだわ」とミセス・ボンデロイドは学校で教えた。何度もむせたり拒まれたりしたあと、この技術は徐々に身に付く。入居者のなかには、食べるという複雑な営みがうまくいかず、介助を必要とする者もいる。人に食べさせる作業は少量の食べ物、または喉の渇きのほうが切実なので飲み物の場合が多いが、とにかくそれを選ぶことから始まる。飲み物の次は食べ物だが、これはスクランブルドエッグ一かけらから始める。量は相手しだいだが、それを口に入れさせると、咀嚼して飲み込むのを待つ。それから少量の牛乳を与えて、さらに待つ。次はトーストだが、咀嚼を容易にするため牛乳に浸し、吐き戻しや喉につかえることを避けるために時間を置く。それからトーストをもう一切れ、これにはジャムなどをつける。相手しだいでは食べさせてにっこり微笑むさまを見るのは心地よい気晴らしにもなる。

しかし、特別な介助を必要とする者が何人もいればプレッシャーも大きい。介助しなければならない相手が二、三人を越えると、看護助手には運の悪い日ということになる。介助にはとてつもなく時間がかかるからだ。「さあ、食事をしよう、いいかね?」私が低い声で促すと、相手は、「よし、食べるとするか。腹がへったよ」と応じた。こうしたプレッシャーのかかった瞬間に埋もれているのは弱い病人に給食する繊細で、ときには厄介な作業である。時間のかかる老人の緩慢な食べ方に調子を合わせ、四〇分かけてじっくり食べさせるベテラン看護助手を観察していると、食事介助は忍耐の要る作業であることがよくわかる。

調理作業員がトレーを片付けに来る八時四〇分にはラッシュが始まるから食事介助は忙しくもある。

一人に食べさせ、もう一人に飲み物をわたし、席を立とうとする三人目を捕まえて座らせ、その一方でカートを押しながら朝の薬を分配する看護助手をよけなければならない。食事介助が半分もすまない八時二〇分には、「トイレに連れてって」「誰か手のすいた人はいない？」「お代わりちょうだい」「看護助手さん！　看護助手さん！」などとあちこちから声がかかる。

ある日、ハイチ出身のスージー・ドレパディユーが私にむかって皮肉たっぷりに、「ごめんなさーいね、ミースター・ダーイアモンド」と、形式張った口調を装って妙に言葉を引き伸ばしたしゃべり方をした。「あなたは時間がかかりすぎますわよ」スージーは私を嫌っているか、私に不信感をもっているかのどちらかである。きっと、私が気持を打ち明けない多くの職員や入居者は私の胸のうちを見透かし、何か隠し事をしている、と思っているに違いない。

私のほうも彼女が嫌いだったが、理由はおおむね彼女が巧みな食事介助の要領を教えてくれないためだった。九八歳のエレン・マクマホンは椅子に縛りつけられ、食事はすり潰してプラスティックの管で注入されていた。彼女は触ると骨が折れそうで、頭は首の据わらぬ赤ん坊よろしくぐらぐらするし、おまけに口が利けないとくるから私は苦手だった。食事をすり潰してチューブに詰め、口に押し込むと彼女は金切り声を上げ、足をばたつかせて喉を詰まらせ、泣き喚いた。介助役がスージーだと彼女は満足そうにクークーと鳩のような甘えた声を発し、ゆっくり嚥《の》み込み、口を開いてもっと欲しいという意思表示をする。私は嫉妬を覚えた。スージーはもっと激しい言い方した。「ごめんなさーいね、ミースター・ダーイアモンド。だってこれは見かけほど易しくないんだものね」彼女はあざけるような言い方をした。「この仕事の要領はあの学校じゃ教えてくれないんだから」記録にはエレンの介助者がスージーだろうが私だろうが同じ項目にチェックがつく。チェックマークは誰かが食事介助を受けたことを証明するが、それはしかし違った関係の一環として違った行為になるという事実を消去するのである。

最初はこの仕事を午前八時四〇分までに終えなければならない、ということが奇妙なことに思われた。しかし、理由は八時四五分までにはっきりした。多くの仕事がスケジュールに組み込まれていたからだ。朝食がすむと、一人の看護助手はベッドの整理を割り当てられ、もう一人はシャワー、二人が娯楽室とトイレ介助を割り当てられる。入居者のなかには自分でベッドの片付けをやる者もいるが、多くの者はやらない。四〇台のベッドのシーツを取り替える仕事は、最初は誰にでもできる簡単な肉体労働のように思われた。けれども、やがてそれは実際にその仕事に携ったことのない者の甘い考え方だったことがわかってきた。三時間ぶっ通しで曲げていても腰がびくともせず、その姿勢から急に背筋を伸ばしても目まいのしない血圧の持ち主であって初めて、簡単と言える仕事だったのである。ドロシー・トマソンは、長年にわたるこうした上下運動で高血圧になった、と信じていた。ヴェラ・ノリスは、それを慢性的な背中の痛みと関連づけている。

「今日はベッドをやった?」私が一度ヴェラに訊くと、彼女は手のひらを腰にあてがい、「うーっ、その質問にイエスと答えるだけで背中が痛むのよ」と言って呻き声を上げた。

ヴェラはこの仕事の健康に及ぼす危険についてドロシーの考えに賛成したが、ほかの仕事よりはましだと思っているらしく、「ベッドの支度は大変だけれど、シャワーよりはましだわ」と言った。

ホームで暮す者は誰でも三日に一度はシャワーを浴びることになっている。シャワーは午前中から午後の時間帯を通じて行なわれている。ヴェラがシャワーを使わせることを嫌う理由は「金切り声に耐えられない」からだった。

金切り声は湯の温度が低すぎるときに起こるが、温度は時間とともに下がる傾向があった。「中へ入って浴びてごらんなさい」マージョリ・マッケイブは抗議した。「あなたは手で湯加減をみるけど、実際に浴びるのとは雲泥の差なんだから」体力の弱った入居者のなかには、シャワーそのものに恐れをなす者もいた。骨が脆く、温度に対して極度に敏感な入居者にとっては、シャワーの下に立ったり座ったりするだけでも努力を要することで、湯がかからないように気をつけながら相手を支えてむりやり浴びさせるのは看護助手にとって並大抵の苦労ではない。

「大丈夫かな、ヘイゼル？」私はミセス・モリスに声をかけた。

「大丈夫だよ」と叫び声が返ってきたので私は解放され、タオルを取って隣のシャワー室に入っているハリエット・ボウラーの様子を見ることができた。すると三〇秒とたたぬうちにヘイゼルが倒れた。目まいがしたのだが、幸い壁に倒れかかって、それからゆっくり床に崩れ落ちた。そんなことがあってからは、体のバランスを保つことが欠かせない留意事項になった[1]。

カルテのチェック欄にはシャワーがすんだら印をつけることになっているが、入居者の悲鳴は言うに及ばず、不安や恐怖のチェック欄はない。ヘイゼル・モリス。シャワー、チェック済。これだけである。カルテに項目のないものは起こらなかったことだ。しかし、カルテに記入されているよりもはるかに多くのことが起こっている。記入のない仕事ではどんなことが起こっているのか。その多くは目に見えないところへ追いやられているようだ。カルテの作成者には一定の情報が必要だった。彼らが目的を達するには一定の情報を除外する必要もあったのではないか、という疑問が起こってきた。

勤めて二か月ほどたったある日の昼近く、私はビル・ハッケットの体を清拭して下着類を洗い、着替えさせる仕事を指示された。ビルは生涯をバーテンダーで過ごした人物である。彼は六〇代の終りに肝臓を患い、余命いくばくもないと診断された。最初私は彼の体に触れることが億劫だったが、相手も同じ気持だったと見え、恐る恐る清拭に取りかかって悪臭にも慣れてくると、彼は微笑を装った。こんなとき私はいつも登録看護師（RN）メアリー・コリンズの言葉を思い出すように心がけている。それは、当惑の気持を克服する一つのいい方法は相手の当惑を考えてみることだ、というものだった。長い時間をかけて互いによく知るようになると気持も楽になった。ビルは老人ホーム暮しについて冗談をとばしたりしたが、このユーモアは彼のバーテン時代の人気を彷彿させるに十分だった。ある日ビルの部屋の担当を外れて他の人物の清拭に回されたとき、私はいつの間にか悪臭に気がつかなくなっていたことをあらためて知り、それが転機となってこの仕事に習熟するようになったのだった。

午前一一時四五分は昼食を出す時間である。「ここのベイビーに準備をさせて」娯楽室からヴェラ・ノリスが手招きをする。彼女は食事のたびによだれかけ状の前掛けをさせるここの規則をからかってベイビーと言っているのだが、それは大勢の入居者の場合にも同じだった。ベイビーという言葉はよく使われたが、使われ方は一通りではない。場合によっては虚構的な家庭の役割を創り出すのが目的だったりする。ドロシー・トマソンはジョーン・メイコンが泣くと手招きをして、「どうしたの、ベイビー。こっちにおいで」と言うし、フローレンス・カステナーダは脳障害で州立病院に入院していた三七歳の元同室患者フランキー・ソレントにたいして同じように振る舞い、「フランキー、ママのところへいらっしゃい」と言う。こうした抱擁をともなった慰めの言葉は彼の心を癒すらしい。

「ベイビー」はまた、がんぜない幼児を指す一般的な呼称として広く使われてもいた。たとえば、「あなたは二階のベイビー・フロアが担当よ」と、一階担当の看護助手が言ったり、「あそこの人たちのことは気にしないことよ。齢をとったらみんなベイビーになるんだから」といった使い方をするのである。

実際、それはきわめて議論のある言葉で、職員と、そう呼ばれて赤ん坊扱いされたと感じた人々の間にある種のごたごたを起こしたりした。寝たきりのフランセス・ワッサーマンは、「私がこんなガウン姿で寝ていなきゃならないからといってベイビーと呼ばれるいわれはないわよ」と抗議をした。同じ語調の同じ抗議の声が食事時に上がったこともある。理由の一部はよだれかけにあったが、盲目のミセス・ハーマンが、「あたしゃこう見えても従軍看護婦だったんだからね、食事を手伝ってもらっているからって、ベイビーなんかじゃないんだ」と言ったのである。昼食のトレーが配られたときに彼女がこうした言い方をしたのは一度や二度のことではないが、その言葉はサービスと、盲人の介助に含まれる侮蔑の間の微妙なバランス、わけても暗に示される相手を幼児扱いする態度がそれに感じられた場合のバランスを強調するものだった。

「スプーンはこれだよ、ミセス・ハーマン」と言って私はスプーンを持たせた。

私の声が高かったために、彼女は荒々しく引ったくり、「ほっといてよ、そのうちに慣れるんだから」と言った。

盲人の食事を介助するのは楽しみの一つだった。看護助手監督のマリアン・モランは、「遣り方が悪いと食べなくなるわよ」と言った。けれども、どうかするとちゃんとした遣り方の限界を越えそうになる。やはり視覚に障害のあるピーター・プリンスを知るということは、彼が多くのサービスの提供、とりわけ食物に関するそれに怒りを表わす、という事実を自覚することだった。隣のテーブルのロビーが彼に、「おい、プリンス、デサートには何が出たんだ、クッキーか、それとも桃かい？」と訊いたとき、彼は私に向かって、目の前から消えやがれ！　と言っているところだった。

「わからん」ミスター・プリンスは指でトレーを撫でるようにしながら答えた。「まだ出てこないからな」

ここじゃ彼らはいとも簡単に感情を害《そこ》ねるのよ

昼食後に暇な時間があれば、看護助手は入居者の顔を洗ってやるけれども、それに官能的な歓びを覚える者もいた。冷たい布が額を拭い、砂粒の溜った皺の割れ目にするりと滑り落ちると目がゆっくり閉じられる。「あたしゃ一時間もの間、誰か目をこすって痒みを取ってくれないものかと待っていたんだよ」グレース・デロングはそう言って溜息をついたことがあった。布が顔から首筋を拭って汚れをふき取り、ナプキンでふき取っただけでは取れない食べかすをとりのぞくと同時に肌を冷やしてゆくと、自分の手ではもうそういう所作が出来なくなった者はいかにも満足げに身を委ねる。

それから髪を梳《くしけず》る。このジェスチャーには毛髪のほとんどなくなった男女にも毛がふさふさしているという思い入れをいくらか込める。こと毛髪に関するかぎり、年齢が人を顕著に区別だてする。老人ホームにはさまざまな年代の人間が「年配者」とか、「高齢者」のレッテルの下に収容されているが、毛髪はこれの指標である。七〇代の女性は毛髪もふさふさしており、娯楽室では若いほうだ。髪梳《す》き時間になると、グループのなかに二〇から三〇歳の年齢差を口にする者は多かった。「私なんかほっといて若い娘の髪の面倒をみておやりよ」九四になるヘイゼル・モリスはそう言ったものだ。

服を着せてやるにはまた別の技術が必要で、身につけるにはある程度の練習が欠かせない。自分で着られない相手の場合は特にそうだ。たとえばエレン・マクマホンは自力ではほとんど動けない。したがって体を持ち上げなければならないけれども、それにはかなりの体力が必要になる。ところが一〇〇歳ちかい年齢とあって骨は卵の殻のように脆い。ブラウスなりセーターなりの袖に指や腕を通す際にちょっとでも力の入れ具合を間違えば骨が折れかねない。抱えて車椅子に乗せたり降ろしたりするには、鉛筆もどきに細い腕を両脇にぴったりつけさせる一方でぐらぐらする頭と、ぐんにゃりした両脚を確保しなければならない。こうした作業は体力と繊細な気遣いを必要とする一方で、ほとんど聞き取れない言葉のうちどれが深い息遣いでどれが声にならない苦痛の呻き声か、聞き分ける能力も要する。

彼女と同室のエドナ・バレットは、着替えさせる行為にはある程度の感情的繊細さも必要なことを示した。私たちが初めて会ったとき、エドナの老人ホーム生活は公的支援段階にあったが、彼女のロッカーに仕舞ってある上等なウールやコットンの衣類は、若い頃にはある程度裕福な暮しをしていた女性だったことを偲ばせた。彼女の気持を朗らかにさせるのは容易なことではなかった。午後の洗顔をしに来たと言えば、「顔なんか洗わなくてもいい」とか、「洗ったってしようがない」という返事が返ってくる。そこで私はある日、彼女にいい服を着せ、ネックレスとブレスレットで飾り立ててやり、「なかなか素敵だね、エドナ」と感心して見せた。すると彼女は微笑み、私について娯楽室にやって来た。それからナースステーション、同僚の部屋から廊下へと歩き回った。エドナはホームで過ごす時間の大半を誰かについて歩きたがったが、同じついて歩くにしても違う意味合いが加わった。これがきっかけで彼女はおめかしに没頭するようになったのである。問題は彼女が一時間近くの間、私から約二フィートはなれてついてくることだ。私は仕事もできなければ、彼女を説得して座らせることも、自分の部屋へ戻すこともできなかった。けっきょく彼女を座らせ、椅子に拘束することになった。それで彼女が感情を害《そこ》ねたことは言うまでもない。

この仕事では制御の時期を見極めるというか、何かを提供するにも度を過ごさないように心がけ、手心を加えるのが難しい。有資格実地看護師（ＬＰＮ）のパール・デロリオは数年の経験をもつベテランだが、彼女はディレンマを理解していて、「いつ何で患者の感情を害ねることになるか、予測するのは難しいのよ。ここじゃ彼らはいとも簡単に感情を害ねるのよ」とよく言ったものだ。

アンナ・アーヴィンは看護助手が仕事をしている最中に決まって感情を害ねた。午後一時から二時の間のある時点で、ベッシー・ミランダがアンナに近づいてバスルームに行くことを説得しにかかる。ベッシーが手にするアンナのカルテには、彼女の便通が不規則だと記録されており、ベッシーはこの問題を是正すべしという命令を実行に移そうというわけである。根底にあるのは、もしアンナが毎日一定の時間に便座に座れば断続的な便秘と失禁は避けられるはずだ、とする考え方だ。この療法を称して「大腸および膀胱訓練」といった。アンナもベッシーもその訓練が嫌いなことは互いに大声で喚くところから明らかだった。

ベッシーが猫撫《ねこな》で声で、「もう行った、アンナ？　さあ、行きましょう。今日は喧嘩なんかしたくないわ」と話しかけると、

アンナはやにわに、「あっちへ行ってよ！　あたしはこう見えてもその昔はＬＰＮだったんだ。あんたの指図でトイレに行く必要なんかない。それにさっきもやってみたんだ。奇跡でも起こせって言うのかい？　さっさと行ってちょうだい！」

このまま言われたとおりに引き下がったのでは仕事をしなかったことになる。「いいからさ、アンナ、トイレに行く時間が来たんだから、さあ」彼女はアンナの手を引きながら促した。こうしてアンナをバスルームへ半ば強制的に連行することに伴う騒ぎは連日続いた。

個人間の衝突は午後二時には静まる。面会者の訪れる時間がピークに達するからだ。この時間の看護助手に対する指示は簡明だった。要するに外部から来る者、とりわけたまたま立ち寄る医師や、衛生局の監督官の手前を考えて外見を取り繕え、というものだった。「娯楽室では一か所にじっとしていることのないように、動き続けなさい。連中はいつふらりと検査にやって来るか知れないから、誰かが入ってきたらカルテを手にするなり、シーツを畳むなりすること。血圧を計ってもいい。とにかく忙しそうに振る舞ってください」と主任看護助手は言った。忙しそうにするのは大して難しくはなかった。寝支度を整えるベッドはいくらでもあるし、シャワーを使わせたり、新入者を案内したり、入居者が感情的になって仕事の邪魔をされたり、登録看護師がカテーテルや包帯を交換するのを手伝ったり、テーブルを拭くとか、患者の顔を洗うとか、衣服を畳むなど、仕事はいくらでもあった。

午後に訪れる家族は、見舞われる本人ばかりでなく、介護職員からも感謝された。彼らは重要な介護や看護サービスを提供してくれた。彼らはまた経営の助けとなる物質的な支援や、親戚にとどまらない貢献をホームのために行なった。ジョン・ケリーの妻のキャロルが毎週彼に清潔な下着類を届ける際にはルームメイトにももってくる。フレッド・マレーの娘がタバコを差し入れるときにはカートンでもってきて、ほかの入居者にもお裾分けをする。家族はほかにもいろいろ運んでくるし、ついでに部屋を片付け、ほかの入居者とも接触をする。入居者の妻や娘や姪や夫たちが特定の知り合いに挨拶の言葉をかけながら相手のニックネームや、誕生日や、病気の問題点などを思い出し、廊下を行き来するさまを見ていると、彼らがこうしたホームの社会的枠組になくてはならない存在であることがわかるのである[2]。

この枠組はボランティアと共同で織り成されている。親戚と同様、彼らは主として無料で年老いた女性の面倒を見る若い女性である。この小さな組織は活動ディレクターの調整によって戸外散歩や、ゲームや、パーティ開催などの計画を立てる。この発展途上産業における有償労働と無償労働の間の介護の仕事の境界は決してはっきり決まっておらず、その仕事の少なからぬ部分が組織外の女性たちによって行なわれているのである[3]。

看護助手はできるだけよく働ける状態を心がけた。上から言われた仕事の内容をその時々の不測の事態に合致させるには頭を使う必要がある。遅い早いに関わらずスケジュールは完了しなければならない。ベッドは寝支度を整え、シャワーを浴びさせ、生命兆候をはかり、体重を測定し、おむつを替えなければならない。けれども、もしこうした活動が起きることの全てで、仕事がそれだけで成り立っていれば、一日の輪郭は日常世界の実情とはきわめて違ったものになるだろう[4]。公的な仕事は難しく、時には不愉快でもあり、ある程度の技術を必要とする。しかし、肉体的感情的に問題のある仕事のまえ、仕事中、仕事のあとなどに、口には出されない要求がたくさんあるのだ。もし合理的な計画の命令が仕事を抽象的に意味をなす時間‐運動の計算法に区分するとすれば、命令の遂行は絶えず日々の介護のもつ非計画性、流動性、ならびに偶発性に直面するだろう[5]。

一つの仕事から別の仕事へ移行する過程には、いつだって直ちに手を下さねばならない浄化の仕事が待ち受けている。清拭に加え、看護助手は掃除婦と一緒に床磨きもしなければならない。私は何事も片手間にやるようになった。これは経営者に教わったのではない、実際に仕事をしている先輩を見習ったものだ。ドロシー・トマソンは私たちに向かって、濡れ雑巾をいつも手元に置いておくようにと助言した。濡れ雑巾はこの複雑な商売のもう一つの単純な道具だから、というのである。「私たちは看護師の助手だから、何でもきれいにするのよ」と彼女は言った。

午後の時間が過ぎるにつれて、動き回ることは椅子を並べて腰を降ろしている人たちの前を通りすぎることで、時には椅子から滑り落ちたり転げ落ちたりする現場に出くわし、助け起こさねばならなかったりする。そんな場合には、交替時間までにベッドをさらに二つ整えなければならないとか、シャワーを使わせなければならない人がもう二人いる、ということは無関係になる。一日のこの時間には、職員の仕事のペースはホームに住む人々のペースとえてして合わなくなる。「さあ、急いで。いつまでも待ってなんかいられないんだから」と、一八人から二〇人の面倒をみている看護助手は言う。それはホームに住む人々のゆっくりしたペースとは対照的で、彼らは、「何て言った？　聞こえなかったよ」とか、「もっとゆっくり歩いてちょうだい。ついていけないよ」と言う。あるいは、「今日はご機嫌いかが？」という言葉に、ドリスのように、「まあ……まあ……というところだわ……で、あなたは？」と悠長に答えているうちに、私たちは廊下を半分も先へ行ってしまうのだった。

介護することは相手の固有の精神的・肉体的問題を知ろうとすることでもある。この技術は静的なものではない。それは個人的関係が発展するにつれて変化する。「私は知らない人は変わるから嫌いだね」ヴェラは別のフロアに移されて一日過ごしたあとで言った。

看護助手が自分の仕事について言うときには、人を知ることは新たな経験を重ね技術を身に着けることだ、という言い方をすることが多い。誰か人を知る際には、彼らの必要や欲求はどういうものかと予測する。誰が水やローションや着替えを必要とするかに前もって気づくことができるようになるには、仕事の経験と人々を知ることが必要である。「アーサーは着替えが必要だわ」ドロシー・トマソンは部屋の向こう隅からでも指摘することができた。

「どうしてわかるんだ？」私は彼の隣に立っていながらこの必要性に気づかず訊いた。

「さあ、どうしてだろう」彼女はさりげなく言ってのけた。「この仕事で身に付いた第六感かしら」

彼らの気持がわかるなんて言わないことね

午後三時から一一時組との交替時間までには、その日の医療業務はあらかた終るが、対人業務の多くはまだ残っている。恐らく介護の最も難しいところは必要な会話を続けることだ。交替が始まると、看護助手はある目的のため、たとえば洗ったシーツまたは下着類を取りにナースステーションを去って行く。この目的が達成されるには時間がかかる。ステーションを離れたとたん、少数の入居者が矢継早に話しかけるからだ。私たちの仕事が始まるやいなや認識の会釈を期待する者もいるし、挨拶がわりに握手その他の肉体的接触をしたがる者もいる。それをしないで通り過ぎると彼らは感情を害《そこ》ねる。ナースステーションの裏から一歩あゆみ出れば、さまざまな申し出を処理しなければならないが、場合によってはそれが同時に発生する。「ねえ、夕食には何が出るの？」「ベルトを直してくれる？」「二五セント玉をもってる？」「今日何をしたかわかる？」いちばん多いのは、「お元気？」という挨拶だが、これはしばしば、通り一遍の挨拶以上のものを期待して言われる。

　こうした言葉には、「さあ、何が出るかな」「直してやるからそこに立って」「入居者には金は貸さないことになっているのよ」「ああ、元気だよ、ロレーヌ。あなたは？」などと答える。

　私が夜勤組で仕事をしていたとき、友人のチェリルが、「今日はクモの巣はどうなった？」と訊いたことがあった。彼女の想像は午後の遅い時間の最初の数秒間をとらえてそう表現したのだった。交替とカルテへの記入で忙しく立ち働きながら、コメントや質問にひっきりなしに耳を傾けていなければならない。質問への答が簡単でないこともしばしば起こる。癌で緩慢な死を迎えようとしているエドナ・バレットは、「私は死ぬのかしら？」と訊くし、エリザベス・スターンは、「私、一つのことに集中できないのよ。頭がおかしいのかしら？」と訊く。赤貧洗うがごとき環境に喘ぐシャロン・ドレークは、「ここにいつまでもいるわけにはいかないわね。どお？　私は一生ここで過ごせると思う？」と訊いた。先の見通しのいかんにかかわらず、こうした質問のどれにたいしても冷静にイエスと答えてはうまくいかない。さりとてノーも見え透いたようでまずい。質問する相手をある程度知っていることを含め、どこかその中間あたりに適切な答があるのだろう。

「とりわけ彼らの気持がわかるなんて言わないことね」と、ベテランのミセス・カーモナは車椅子に括りつけられたロビーに言及しながら助言した。「だってわかりっこないんだから」

訓練手引き書と記録には、仕事は一つ一つ分離した課題で、一度に一つずつこなすように書かれている。しかし、実際の仕事は少なくとも気持のうえではいくつかの作業を一括して行なうようになっている。洗濯済みの衣類を区分けしに廊下にやって来ることは、同時に数ヤードはなれた娯楽室で起こる可能性のある出来事に耳を傾けることを意味する。看護助手はカバレッジを心がけねばならないが、これは常に三〇人から四〇人がいる娯楽室に誰かが常駐して監督の任に当たるという原則である。各階に三人の看護助手がいるが、たえまなく起こる出来事に忙殺されるとあって、それは守ることのとうてい出来ない原則である。何かが起って娯楽室を離れるか離れないうちに、急いで戻らねばならなくなる。私たちがいなくなった隙に拘束ヴェストを脱ぎにかかる者が出るからだ。

「看護助手さん、看護助手さん！」そうした不測の事態に目を見張っていたバーニス・カルホウンから叫び声が上がった。「メアリー・ライアンがまた脱いじゃったよ！」それで私は手にした下着をほうり出して急ぎ娯楽室に戻り、拘束ヴェストを着せた。

「メアリー、今度はおとなしくしてくれないかな」

「おとなしくする？」メアリー・ライアンは金切り声で言い返した。「ここの連中はみんな気が狂ってるよ。わたしゃもう白衣を着た者は信用しないからね。腕を見てよ！」と言って彼女は黒や青のあざを指し示したが、これは拘束ヴェストから逃れようと絶えずもがいた結果だった。

「気持をおおらかにもってくれないかね。もうじき夕食だよ」私はまるで「おおらか」とか、「じきに」という言葉の意味が彼女にわかってでもいるような言い方をした[6]。それから私は衣類と新しい下着を取りに戻り、先伸ばしにした二人のシャワーにとりかかった。途中でロビー・ブレナンがよく手を差し伸べて握手を求め、話しかけてくる。私は彼の手を握って、

「後でいいかい、ロブ?」と言うと彼は、

「ああ、いいよ」ときさくに言った。

体を洗ってほしいと言われることもある。「ねえ、体を洗ってくれない? べたべたして気持が悪いのよ」促したのは寝たきりのサラ・ウォースティンだった。

「さあ、どうしようかな」この仕事についたばかりの頃には私はそう言ったものだ。「あんたは明日ベッドバスを使う予定になっているんだけど、まあいいか」それがよくなかった。看護助手のソランジ・フェリアに彼女の体を洗う現場を見られ、私は叱られた。

「スケジュールには従うことになっているのよ」と彼女は言った。「最初ここへ来た時分、望む人には誰にでもベッドバスを使わせてやったわ。そしたらベッドの寝支度をする時間が足らなくなって、叱られちゃった。だから今ではバスの日だけにしているのよ」

「ベッドバスは明日ということになっているようなんだよ、サラ」そう言って毛布を掛け戻してやり、互いに何か言いたげな表情を交わしたが、二人とも言わず仕舞いになった。私たちは二人とも従わねばならなかったが、外から強制されたこの形式的合理性は理性ではとうてい理解できなかった[7]。

四時半までには訪問者、家族、ボランティアたちは一人去り二人去りしていなくなった。帰宅を促す役割はしばしば看護助手に降りかかった。最初はそれとなく、それから夕食の時間が近づくと三〇人から四〇人がいる娯楽室を食堂がわりに使わなければならないのでやや強く、促す。見舞客が帰ると、残された者はいくぶん寂しげな表情になる。これは訪れる者があまりいない入居者に顕著なことだ。見舞客が帰ったあとの空虚さを満たすためにいてやるのも看護助手の仕事のうちである。私たちは口々に、「そのうちまた来るよ」「テレビでも見ましょう」「今夜は何が出るかな?」などと言って慰める。

そして寂しさの埋め合わせとしての、みんなが体を寄せあいながらあまり近づかないようにする押したり引いたりがはじまる。入居者には後者について教えるべきことが多々ある。なかには接触のルールを指摘し、それを破ることに抗議する者もいる。夕食の時間が近づくと、看護助手は五時から五時半までの少ない時間を捕らえて前掛けをつけるが、それには後ろから近づかねばならず、そのさいかならずしも接近を予告するわけではない。マージョリー・マッケイブは一度驚いて悲鳴を上げたことがあった。彼女は、「後ろから近づかないようにって誰も教えなかったの?」と言って怒った。エリザベス・スターンも私が前以て目配せをしないで後ろから触れたさいにやはり怒った。それはトレーが配られるのを待つ間の友好的なジェスチャーだと思われたが、却って侮辱になることがわかった。「あんなふうに私に触らないで」と彼女は主張した。「自然じゃないからね」

入居者が座ったり体を横たえたりしている間、職員は動いたり立ったりしているのが普通である。したがって、どんなに気を付けても触れるのは職員で、触れられる側は椅子に座っているほうになる。

とりわけマージョリーとエリザベスは、まるで彼女らの患者性の一部は職員の望まれない接触への対処法を身に着け、当然のこととされる彼らの無遠慮さの侵入をいかに避けるかにある、といわんばかりに、この不均衡に神経質だった。

夕食のトレーは五時一五分から五時三〇分の間に到着する。食事を分配する際にはビニール製の帽子と手袋を着用せよ、というのが保健局のもう一つの厳しいお達しだった。「手袋と帽子を付けていない現場を見られないようにしなくちゃ」とナイジェリア出身の同僚であるケニー・オバクは言った。「さもなきゃすぐに手にできるよう近くに置くことだわ。管理者や主任看護助手に見つかったら出勤停止になることは間違いないわ」ところで、食事介助の仕事には食べるのを奨励することが含まれる。こうした努力にはスティームテーブルから取り出した生ぬるいホットドッグや、固まりだらけのマッシュトポテトなど、食欲をそそらない食物をおいしく食べさせるこつが含まれる。

食事が済んだあと、看護助手には入居者がきちんと食べたかどうか、一人一人のカルテに記入する仕事が控えている。私たちはナースステーションのカウンターにもたれ、カルテの記入欄をチェックしてゆく。ということは、チェックしながら話をするという意味である。

「後で電話をかけたいから頼まれてくれる？」

「いいよ、ミッキー」

「それじゃ二五セント玉を貸して」

「駄目だね、ジョーン」

「タバコくれない？」

「いいよ、フレッド」

「これ、直してくれないかな」

「いいとも」

「今夜は具合はどお？」

「わるくはないね。あなたは？」

「キャサリン、あなたは今夜入浴をすることになっているからね」

「わかってるよ」七九歳のキャサリンは無愛想な返事をした。「これまでずっとやって来たからね、一々言われなくてもわかっているわよ」恐らくこの怒りの反応は、こうした指示に同じ反応を示したキャサリンや他の人々の自尊心を回復しただろう。けれども、キャサリンには私たちや少なくとも施設が入浴予定を教える必要があったのは事実である。それが私たちの仕事の一部だったからだ。

「あら、ごめんなさい。あなたの電話をすんでに忘れるところだったわ」盲目に近いミッキー・ワトキンズは、椅子に座ってトラスト・ファンドから節約した小銭を握りしめ、アラバマ州に住む姪に二か月に一度の電話をかけようと、職員が依頼に応じてくれるのを待っているのだった。看護助手が外の世界と連絡をとってくれる唯一の頼りだった。まず私たちは小銭を揃えるのを手伝い、手帳に書かれた番号をダイヤルして、彼に替わって交換手に取り次いでもらう。ミッキーは歯が欠けているせいで言葉がよく通じないからだ。それから姪が出てミッキーの健康状態を尋ねると、受話器が彼に渡される。私たちはほかの用事を足しながら側に控えているが、これは話し中に料金が超過しないようにとの配慮である。料金が足らなくなると電話機が鳴る。すると財布から小銭を出してスロットに入れる。「ありがとう」という機械の合成音が聞こえ、通話が続く。電話は一五分ほどで終るが、こうした介助作業は、カルテには記入されない。

ミッキーは財布の中に手を入れて小銭を探されることに怒りを覚える多くの入居者の一人だったが、それはあながち彼が盲目だったためばかりではなく、貧しくもあったからだ。「わしは一生働き続けたんだが、こんなに貧乏だとは一体どういうわけだい」二人して二五セント玉と一〇セント硬貨を選り分けながら彼はぶつくさ言った。

そんなとき私は、「トラスト・ファンドの使い方によるよ」と、役人めいた答を繰り返していたが、やがてトラスト・ファンドを好んで「貧困援助」と呼んでいたラルフ・サグレロが三度目だかに、そんな理屈にへどが出るといわんばかりに地面に唾を吐く真似をした。

「最近は病人の面倒を見るにも大金がかかるからね」という説明には反論もしにくかったが、それにも手垢がついてしまった。入居者にとっては、金の問題を取り上げようにも看護助手が相手ではどうしようもない。高齢者の慢性的な病気がどうして貧困生活と結びつくのか、看護師や看護助手に問い質しても答は出ない。彼らはせいぜいその事実に妥協し、何か合理的な説明をしようとするだけだ。

「アスピリンはある？　頭が割れるように痛むのよ」ある日の午後七時一五分ごろ、ローズ・カーペンターが訊いた。

「ない」というのが返事だった。「八時の投薬の時間まで待って。その時間になれば看護助手が何とかできるかもしれないから」その返事の鍵は「かも知れない」という言葉である。ありふれた売薬の投薬が奇妙なことにこの環境ではなかなかできない、ということは繰り返して言う価値があるだろう。

看護助手がアスピリンのような薬を勝手にくれてやることは禁じられていた。その一方で、登録看護師はカルテに記載された処方箋にしたがって投薬を良心的に行なうものとされており、そのさい管理者側から干渉を受けることはほとんどなかった。

看護師も看護助手も、健康増進剤を常備することが必要だと感じていた。「しまった」ヴェラ・ノリスは指を鳴らしながら言った。「エプソム塩をもってくるのを忘れちゃった。これじゃヴァイオレットは足を浸すことができないわ」足の乾燥は老人ホームに住む者の持病の一つとあって、この症状の手当を自分で行なう者は多かった。ミセス・ボンデロイドは学校でこれの必要性を強調した。「乾燥は老人ホームでは大きな問題です。入居者の皮膚や唇その他、あらゆる場所の乾燥にそなえて何かのローションを手の届くところに用意しておきなさい」軟膏、香油、ローション、オリーヴオイル、等々の治療薬は薬箱にはなく、看護助手が身銭を切って用意することが多かった。

ある夜、ドロシー・トマソンはジョーン・メイコンが皮膚の乾燥した頭を掻くので彼女を呼んだ。「こっちへおいで、ジョーン、髪にオイルを塗ってあげるから」ドロシーは自分のヘアオイルを引っ張り出しながら言った。それから別の入居者にむかって、「おいで、ミリアム、その蜂の刺し傷を治療してあげるから」と言い、噛みタバコの缶を開けて一つまみのタバコを取り出すと湿らせ、ミリアムの腕に塗った。

こうした薬類ばかりでなく、看護助手は古雑誌や、パズルや、玩具類をもってきた。なかには一人で歌をうたう男性が自分の声が聞けるようにと古いテープレコーダーを運んできた者もいた。また、人形が役に立つと思って、何人かに人形をもってきた者もいる。枕の下に大事そうにかかって寝ている入居者もいたところから、そうしたジェスチャーにまんざら効果がなかったわけではない。

看護助手はこうした健康管理の足しになるものをもってきただけではない。入居者には励ましになったり、モニターするもの、あるいはガードするものが必要だった。慢性的な痒みに悩む寝たきりのシャーロット・ウォルシュにローションを塗ってやることは、患部を掻かないよう側にいてやることに替わる行為だった。ジュアン・ロペレスの手がとかく手術後の眼帯に触れようとするので、それを防止するためにボクシンググローブを買おうかと真剣に話し合ったこともある。廊下で運動ができるようにヴァイオレット・シューバートに歩行器を使わせることは、時間を工面して彼女を見張り、倒れないよう側にいてやることに替わる行為だった。こうした現在行われているモニタリングという監視業務を実行するには、一人ないし二人の入居者の監視をつづけながら、引っ掻いたり、包帯をほじったり、廊下を忍び出ようとする者にも目を光らせるなど、何人分もの仕事を同時に行なう必要があった。私たちは危なっかしい足取りで歩く入居者を見張りながら、その一方で別のこと——たとえば爪や髪を切り、衣服を整え、髭を剃るなどする。「ジャック、手品師みたいに三つのことをやろうとしているんだからしばらく時間がかかるよ」私はコノリーの顔にシャボンを塗りながらそう言ったものだ。

彼は自分のペースとは対照的な慌ただしさを理解して、「ああいいよ。わしにはやることもないから一日かかってもかまわん」と答えた。夜勤時間中に治療の仕事に忙殺されたので、髭剃りをゆっくりやっても気晴らしにはならなかった。夕食後にはシャワーとやりおおせなかった下着交換があり、それから入居者全員の生命兆候の検査をしなければならなかった。

生命兆候の重要な意味がある晩の七時頃に浮き彫りになった。血圧と体温と脈の測定は何かで中断さえされなければ五分で終る仕事である。メアリー・カーニーの番になったが、この夜に限って彼女はベッドの端に腰掛けて頭を垂れ、普段の皮肉っぽいとはいえ陽気な彼女とは打って変わってさめざめと泣いていた。

「どうしたんだい、メアリー?」と私は訊いたが返事がない。返事をするまで時間のかかることがあるので待つことにして、「脈と血圧を計らせてもらうよ」と言うと、彼女は顔を背けて腕を差し伸べた。血圧はちょっと高めだったが、正常値の範囲だった。脈は正常。チェックをする。カルテに記入されたことは起こったことだが、看護業務はそれで終りだろうか? 私はベッドの裾の毛布をいじりながらメアリーがしゃべるまで待った。駆けずり回っている主任看護師の目には、のらくらしているように映ったに違いない。メアリーの部屋で仕事を終えたと見て取った彼女は私を廊下に呼び出し、見回り業務を続けるようにと身振りを示した。時計と私を見比べながら、「仕事に戻りましょう、あなたにはまだ一六人の生命兆候が残っているわよ」と言い残すと、着替えをさせに急いだ。メアリーは依然として押し黙ったままだが、私は生命兆候を測りに隣りの部屋に移っていった。

血圧計(スフィグモマノメーター)を省略してスフィグモというニックネームで呼ばれる血圧測定の加圧帯は、ホームでは重要な機器で、絶えず使われ、需要が多い。ある晩、生命兆候の測定中に、看護助手の一人に、「スフィグモをもってきて! 早く!」と促された。

ロレーヌ・ソコロフがワックスがけをしたばかりの廊下で滑って転び、踝《くるぶし》をくじいてすんでに気を失うところだった。主任看護師が下の階の監督に知らせると、彼女は救急車を呼んだ。そこで主任看護師は二人の看護助手とロレーヌを助けに走った。「それを寄越して」と言って彼女は血圧計を摑んだ。ロレーヌは床に座って落ち着きを取り戻し、看護師は彼女の腕に加圧帯を巻いていた。まず血圧を測って記録する。それが終ると、三人の職員と好奇心に駆られた三人の入居者が救急車の到着を待った。もう一人の看護助手であるケニーが、「何か私にしてほしいことはない？」と訊いた。

「あるわ」とロレーヌが答えた。「水を一杯ちょうだい」

誰かが気を失いかけたときに、先ずやることの一つは水を飲ませることである。それは緊急事態の対策の次に行なう。主任看護師といえども、ロレーヌの踝に包帯を巻くなどの処置は医師の許可なしにはできない。「包帯は医師の命令がなければ巻いてはいけないのよ」とケニーは説明した。健康管理の観点から先ずやるべきはロレーヌの生命兆候を計測して記録し、救急車の到着を待つことだ。彼女は救急車で運ばれてX線撮影をされ、かなりの費用を取られて入院し、二度と生きて会えるかと夫をやきもきさせることになった。

入居者が薬を受取り、それからさまざまな質問を受けるために並んでいる間、ドロシー・トマソンは仕事を続けた。彼女は会話をし、包帯を巻き、いつも手もとにある糸でベルトを作り、髪に油をつけてやり、競争で彼女の注意を引こうとする大勢の入居者を取り仕切る、などのことを一度にやってのけることができた。よく通る彼女の笑い声は、うまくいけば六人が同時に言い出す要求をコントロールすることができた。彼女は、「わかったわ、静かにして、一度に一つのことしか出来ないんだからね。それで、あなたは何がほしいの？」といった具合にやる。

大勢の要求の調整は悪くすると冷酷に見えることもあった。私を含め、看護助手のなかにはとかくこんな状態に陥る者がいる。午後一〇時は消灯時間だが、テレビを消しましょう、と言っても、「ちょっと待って」と言う者がいる。

「規則は規則だから」それでも従わなければ強制するしかない。たとえ入居者が反対しても、私たちには規則を押しつける権限がある。私は自分の強制力に驚いたことがあった。

「消して。聞こえたかな、ローズ?」

「イエス」ローズは口ごもった。

「聞こえたかい?」私は語気を強めてもう一度言った。

「イエス!」彼女も釣られて大声を張り上げた。私は自分の権限を押し通すために大声を出したのである。

「おやつのときにクッキーを余分にくれないかしら?」というのが共通の要求だった。

「そうだね。今週は何か悪さをしなかったかい?」

「私はしないわよ」

「そうかい? じゃあ一つだけ余分にやるよ」こうした権限のある者とない者の関係のなかで、メアリー・カーニーが皮肉混じりに「ありがとう、ママ」と言うようになった経緯は想像がつこうというものだ。

私は担当の入居者に言うことを聞かせる技術を早々と身につけた。なかなか身につかなかったのは考え、聞き、見、食べさせ、触れ、着替えさせ、体を洗い、話す、などの技術だ。こうした技術は「必要に応じて援助する」観念複合(コンプレックス)の中に深く埋もれている。この広大な次元のなかには、大抵の女性が母親、妻、娘、および他の種類の介助者としてこの職業に持ち込む知識がある。私にはこうした技術は何一つなかった。これは私が日々に痛感したことだった。感情や気遣いが欠けているのではない。私もこうしたものは他の職員並みに持ち合わせていた。なかなか身に付かなかったのは実際の実行技術だった[8]。名づけられたものの背後に技術の基盤があって、それが仕事に書き込まれ前提となっている無名の領域にある経験から出てくるのである。

大抵の入居者が就寝した直後、夜勤組がやって来るまえに、ベッドの寝支度、入浴スケジュール、用便介助、拘束ヴェストの着用と括りつけ、体重および生命兆候の測定、等々の完了を急ぎカルテに記入する。それが終って初めて看護助手は所定の業務を終了したと管理者は見なすのである。しかし、こうした書類上の必要を満たすことは、人と人との接触面で日中や夜間に起こることとは何の関係もない。夜の到来は脆い骨をさすってパジャマを着せ、ベッドに身を横たえさせて何とか眠らせることを意味する。それから看護助手はドアをそっと抜け出して明りを消す。これでやっと仕事が終り、私たちは決められた肉体労働ばかりでなく、目に見えない介護の精神的負担からもようやく解放され、疲れ果てて家路につく。

看護職員の階級には区別がある。階級によって教育や収入も違うし、人種や民族や年齢もさまざまである。けれども、午後一一時の勤務交替の前後には、一般的な会話から判断すれば階級意識は少なくとも薄れている。看護職は女性の職場である。彼女らは仕事の前後に忍び寄る夜の悪鬼に立ち向かわなければならない。したがって夜のこの時間の話題は、駐車場やバス停で襲われないための戦術といった共通の不安に集中する。彼女らはとりわけ注意しなければならない場所を教えあい、連れ立って帰るように心がけている。危険意識が階級を超越させる。二四時間稼動の工場に似た勤務割のなかで、組織の構造を問題にしても仕方がない。自分の身は自分で守るしかないのだ。だから看護師や看護助手は勤務中もその前後の時間も、夜の時間の危険を話題にして過ごす。

廊下健忘症に罹《かか》る必要があるわね

夜勤が始まると真っ先に行なうのはルームチェックである。運のいい日には部屋をちょっと覗くだけですむ。時にはシーツを取り替え、水を飲ませ、寝返りを打たせるなどの仕事を伴うこともあり、また、息づかいがひどくぜいぜいする者がいて、危険を当番看護師に知らせなければならないこともある。場合によっては、体を洗い、粘液を取り除くために鼻や口を拭き、額の汗を拭き、叫び声や、恐怖や、咳や、震えなどを鎮めてやる必要も起こる。

きわめて個人的な作業を伴う場合もしばしばある。ある晩、ドアの開く音を聞いてエドナ・バレットは、「おお……」と呻くような声を上げ、「しばらくいてちょうだい。眠れないのよ。暗がりに一人でいると怖くて」と言った。

「部屋のチェックが終ったらすぐまた来るよ」と言って三〇分後に戻ると、エドナはまだ起きていた。彼女は、看護助手に見守られながら眠るのが好きだった。目をつぶってまもなく、深い溜息をついて静かな寝息をたてるまで側にいてもらいたがった。

ある晩、ドロシー・トマソンと二人で一二時半頃にルームチェックから戻ると、ナースステーションのところで当番看護師に呼び止められ、「シャーロットにローションをつけに行ってよ、ダイアモンド」と言われた。それから彼女はドロシーに向かって、一四年の職歴に敬意を表してか頼むような口調で、「アーサーの着替えをしてもらいたいんだけど時間はある?」と訊いた。

ドロシーは皮肉な薄笑いを浮かべて、「私は看護助手よ。時間があるもないもやることがあればつくるわ」それから彼女は私に向かってシャーロットに関する指示をした。「ローションは肌に直接つけては駄目よ。老人の肌は感じやすいからね。先ず自分の手につけて、それから擦りつけるの。暖めることが肝心だわ」

シャーロット・ウォルシュの肌にはしょっちゅう痒みがあって、夜といわず昼といわず肌に湿りけを保たせる必要があった。この仕事のやりがいは、食事の介助や用便の世話など、さまざまなところで人が慰められるのを知ることにある。シャーロットの場合には効果はたちまち表われる。彼女はローションを見たとたんに気持が落ち着くらしい。擦り込みがすすむにつれて、握られていた手のひらがしだいに開き、ローションによって痒みや不安が取り除かれてゆくのがわかる。

しかし、背中をさすることは今では行なわれない。施設の床擦れ防止策は二時間に一度の割で寝たきりの患者の身体を横にすることだった。拘束と位置直しページの一番下には医師の署名があって、これは全てが認められ証明されたことを示す。ところでシャーロットの場合には床擦れができかけており、ローション塗布の目下の必要性は日々のスケジュールに変更をもたらした。

「おお……座らなきゃならないわ」ほとんど毎晩午前二時前後になると、ドロシーは手を痛む腰にあてがって呻いた。「痛みは時間というものを知らないからね」

「そうだね」と私は答えた。「私も同じだよ」すると彼女はさっと私に目を向けて疑惑をあらわにした。その日は私にとって一度の勤務割だったが、彼女の担当者は二人目だった。

「どうやってこういう人たちを意識の外に追いやるのかね？」と私は訊いた。シャーロットの呻き声がまだ耳についていた。

「そうね」彼女はちょっと考えてから言った。「あなたはみんなの扱い方を少し変えなきゃならないわ。だって、部屋から出ると別の人のところへ行くんだから廊下健忘症に罹《かか》る必要があるわね」

私たちは腰掛けてカルテを整理した。メアリー・カーニーの生命兆候をちらと見やったとき、彼女がベッドでさめざめと泣き、私がいいからほっといてと言われた出来事を思い出した。彼女の生命兆候がここにあって、看護助手の仕事は形式的にはメアリーと話すこととは何の関係もない、ということを明らかにしている。実際問題として、話などせず、計測値を早く集めほうが効率的でより生産的だ。学校で受けた講義では、「今では看護師が机上の事務を行なっていますが、あなたたちの仕事は一次医療（プライマリーケア）を提供することにあります」と教わった。しかし、プライマリーケアから遠ざかることもまた私たちの仕事であるのが実情だった。側にいてメアリー・カーニーの悩みに耳を傾けてやることは、生命兆候を計測してさっさと歩み去ることに置き換えられたのである。私がメアリーの生命兆候を計測し続けるうちに、聞き手がいつのまにか計測者になってしまった。仕事は数値を産むが、それは人間関係の一部として心の襞に畳み込まれるのではなくて、まるで孤立したもののように抽出され、それから管理者の指示で職員と入居者の相互作用がとる形式をそれに当てはめる。

文書化はそこに住む人々の肉体的な生活を反映し、肉体的なものとしての看護業務の概念を生み出す。看護職員は事務量の多さをたえず呪っている。ケニーはずらりと並んだこうした記録のバインダーに向かって手を振り、「形式偏重だよな、全く」とうんざり顔で言ってのけた。それらは強制された形式主義で、形式でできており、規定の仕事を行ない、それが行なわれたことを証明する二つの面において仕事の輪郭を形づくる。

ときにはそれが私たちのしゃべり方を決める。ある新任の看護助手がこのホームで二年の職歴をもつ仕事中の主任看護助手に歩み寄った。ハンドバッグをなくした入居者のフランセス・ワッサーマンは入居して二か月になるが、自室でおいおい泣いていた。「彼女のために私にできることはありますか?」と新人看護助手は訊いた。

「そうね」投薬チェックリストで頭が一杯の主任看護助手は言った。「気にしないでいいわ、物理的なことじゃないから。只の感情よ」夜にはとかくそうした言葉が口をついて出がちになる。それというのも私たちが物理的な問題を考えていたからだ。たとえば、「生命兆候を正しく測ったか? 下着類は十分にあるだろうか? あそこはきれいになっているだろうか? 私たちは忙しそうに見えるか?」といった具合だ。以上は当局によってモニターされている問題とあって、仕事を続けていくうえで重要なのだ。

思考もまた疾病の範疇からえられる言葉で形成される。フランセス・ワッサーマンの診断の一つにアルツハイマー病があった。あるとき彼女はぶつぶつ言ったかと思うと泣いたり呻いたりした。「アルツハイマー病の患者はみんなああなのよ」と同じ主任看護助手が言った。フランセスの行動はまるで個人的、情緒的、ないしは状況的内容がなくて、純粋に脳のなかの瘤の結果として表われでもするように、病気のせいだと説明された。もしこの範疇が容易に利用できないとすれば、泣くという行動は何によって説明されるのだろうか？　失われた彼女のハンドバッグに焦点が当てられるのだろうか？　あるいは水の深みに近づきすぎた息子だろうか？　これらが違った脈絡性のなかに場所を持とうが持つまいが、この知的風潮の中では、物理的生活と精神的疾病の概念が浸透しているせいで不適切だと見なされたのである。

ある夜の午前三時に、フランセスはひどく咳こんで吐いた。看護師が彼女の状態を診た結果、死期がちかいことを恐れて直ちに救急車を呼んだ。看護助手が二人とも彼女の看病に駆けつけた。ヴェラ・ノリスは、「あああ、お願いだから私が勤務しているときに死なないで！」と繰り返した。ヴェラはフランセスの震えを止めるために手を額に当てがい、目を見つめながら、「落ち着いて、あなたは大丈夫だわ」と言い続けた。フランセスは彼女をふりかえって一度触れた。その間私は下着を取り替え、彼女が院内を移動するために着せる清潔なガウンを探して、フランセスを慰めるヴェラの戦術への協力を心がけた。

「救急車が来たわ。手伝って」と主任看護助手が指示した。救急救命士がフランセスの戸口にやって来て、一人がポータブル寝台を据えつけ、もう一人は私を廊下に呼び出したが、彼女は廊下でカルテを手にペンを構え、中へ入るまえに「本人は言葉の刺戟に反応しますか？」と訊いた。私は質問の意味を取りかね、もう一度言ってほしいと言わざるをえなかった。彼女は答えて、「話せて私たちの言うことを理解できるかと訊いたんです」と答えた。

「話せませんが、少なくとも理解はできると思うな、ヴェラ。知らない人の言葉が理解できるかどうかはわかりません」彼女は解答欄にチェックをしてから部屋に踏み込んだ。部屋の中では、ミセス・ボンデロイドと同様に聴力が最後に失われるということを看護知識として知っていたヴェラが、「しっかりして、大丈夫だから」としきりに話しかけていた。救急救命士はフランセスをポータブル寝台に載せ、廊下を押して戸口から出ていった。それが私たちの見た彼女の最後の姿だった。後になって彼女は死んだと聞いた。言葉の刺戟に対して彼女が反応したのはあまり長い時間ではなかったのではないか、と私たちは思った。

午前四時には多くの部屋で明りが点いていた。看護助手は喉の渇きをおぼえ、身体はあちこち痛むし、払っても払っても襲いかかる睡魔と戦っていた。「ヘンリーがどうしているか見てきてよ」ある朝ドロシーが午前五時頃に言った。彼は例によって、目を覚ますなり「わしは死ぬ、わしは死ぬ」と言いだした。

「いや、いや、いや、ヘンリー。そんなことはないわ。落ち着いてちょうだい」看護助手の一人が冷えたタオルと手を当てがい、静かになるまで側にいてなだめた。そのあとカルテの整理にかかったが、カルテには何も記入しない。これもまた肉体的・精神的に疲れる記録に残らない仕事だ。

もっとはっきり言えば、それもまた仕事のうちに入らない時間だ。それでもやらないわけにはいかない。名前もついていなければ賃金のうちに入らない仕事なのだ。私は一度ニュージャージー州でストライキ中の老人ホーム従業員のデモに参加したことがある。参加者は「我々の仕事は職業以上だ。そして我々の生活は仕事以上だ」という組合のスローガンを繰り返した。職業と仕事のこの区別は我々が行なうヘンリーの看護と公的記録の違いをとらえている。そもそもそれが起こったか起こらなかったかという問題を明らかにしているのだ。必要な作業としては起こったことに間違いはない。必要とされる介助または保険適用範囲という漠然とした概念を適用すれば起こらなかったのである。

「ねえ、何か食べるものはない?」ジョーン・メイコンはぐっすり寝て起きた午前五時過ぎによくねだった。

「ないわね」とドロシーは答える。「でも一ドルあるから販売機で二人分のコーヒーを買ってきて」コーヒーを飲んで、ジョーンの空腹とドロシーの疲れは二、三時間癒された。ドロシーが交替勤務で実際に働いているところを見られないかぎり、彼女の疲れや「体中が熱い」感じへの言及は仕事に関係がないように思えるかもしれない。夜間に彼女がやったことのほとんどは文書化されない仕事だからだ。

オリエンテーション講義のなかで、看護助手は老人ホームの背骨だと言った教師がいた。また、別のホームの経営者は即席スピーチの中で、看護助手はホームの筋肉だ、という言い方をした。ときおり好意的なボランティアや親戚が看護助手をホームの心臓だと言ったりする。こうした肉体の重要な臓器との対比は看護助手の仕事がいかに過酷なものであるかを示している。「私は疲れ果てたわ」ドロシーは夜勤が終りに近づくと口癖のように言ったものだが、しかし彼女は休めなかった。

「そうだ、アーサーの体を洗いに行かなくちゃ。彼の呻き声が聞こえるわ」私には聞こえなかったが、母親の耳に赤ん坊の泣き声が聞こえるように、ドロシーには聞こえていた。彼女は側に行ってなだめすかし、静まらせて体を洗い、慰めてアーサーを寝かせつけると戻って、看護ノートにアーサーの体の洗浄終了と書き込んだ。

こうした夜が終りに近づくにつれて、学校教育や教科書に介護という語彙がなかったことにはある種の意味があったのだと思えてきた。記録にもその語彙が入る余地はない。アーサーに優しくし、アンナに厳しく、グレースにデリケートな態度をとり、エリザベスやフランセスとともに悲しみ、死と死んでいく者と、孤独と叫びをどう扱い、他人の緩慢な歩みに歩度を合わせて歩くにはどうすればいいか、といった事柄に関わる言葉がない――実を言うとそれが看護助手という職業ではなく、仕事の大半をかたちづくっているのだ。書類には彼らの仕事と関わりのあるものは何一つ、情熱の影一つ、ない。あるのは規定されセット化された作業、行なう者が受け手に与える作業だけである。

午前六時をちょっと過ぎると、新たな一日に合わせた入居者の準備が始まる。私は二つの出会いにむかって廊下を歩いて行く。一つは確かに闘いというものだが、もう一つには不快さはほとんどない。しかし、両方とも体を洗い衣服を着せるとあって、同じ程度の肉体的活動を伴う。臨床訓練に関するアーマ・ダグラスの助言が思い出された。ジョージの体を洗うさい、私があたふた近づいて行くと、彼女はてきぱき反応を示して、「彼の息子みたいな顔をして入っていくのよ」と言ってくれた。彼女は、虚構の親子関係を装うことでバツの悪さを消去することを示唆したのだ。私は朝も早い時間にメアリー・ライアンとアリス・マックグローのところへ行った。なにかというと辛辣な口を利き、腹を立てているメアリーは一筋縄ではいかない。いもしない人にのべつ子守歌をうたって聞かせているアリスは半ば幻想の世界の住人なので扱いやすかった。アーマの体験知は参考になった。「しばらくしてこの人たちがよくわかってくると赤ん坊みたいなものよ」彼女は微笑を浮かべながらそう言った。

「誰のうんこが臭《にお》って、誰のが臭わないかがわかるんだから」アーマの助言は写実的で面白いばかりでなく、人間関係を彷彿とさせるものだった。人間関係はよかれあしかれ仕事からかけ離れたものでなく、仕事の遣り方に密着していた。

しかし、アーマが仕事をやりおおせるために私にやれと助言したことは、カルテの書き方がやるなと言っていることだった。アーマの指示が仕事を社会的関係の醸成に繋げることだったのに反して、カルテは、人間の出会いの過程で起こったことは何であれ出来事の記録から除外せよ、と言うのだ。カルテに仕事の内容を記録することは、数やチェック印を書き込んで社会的脈略性を消去し、職務の物語に変貌させることにほかならない。人が疾病や施設との出会いによって患者という社会的地位を獲得するように、実際の仕事とそれの文書化された産物との出会いによって、一連の肉体的・物理的職務としての仕事が表われてくる。つまらない肉体労働は、実際の遂行においてより大きな人間関係の一部になりうるけれども、記録されては単につまらない機械的なものになってしまうのだ。

シャロン・ドレークとメアリー・レイノルドの部屋に光を入れるためにカーテンを巻き上げたあと、やるべきことがあったが、その多くは口を利かねばならなかった。「私は起きぬけに目まいがするから急がせないでよ」とメアリーが不平を言った。

「私も目まいがするよ。悪いけど今日はブラディ・マリーはないよ。私たちはタバコを切らしているのよ」

「サガン、さあ起きた起きた」私は彼を鎮静剤使用の眠りから起こそうとした。彼は蹴り、叫び、悪態をつくなど、ミセス・カーモンが警告したように寝起きがきわめて騒々しかった。私たちは一人ずつ起こしながら異常がないかどうか確かめてゆく。「今朝は機嫌はどうかね、ジュアン？」

「ここにいてもつまらんな。子供たちがこんな目に遭わないように祈りたいよ」

「悪くもないよ。お日さまは照っているし、朝食の準備を済ませば、気分もよくなるさ」

三番目の男、アート・ジェイコブズは朝早くから「ユー・アー・マイ・サンシャイン」を歌ってすこぶる上機嫌だった。起こすことでさえ機械的な仕事ではなかった。それをするにも何らかの個人的なやり取りが必要だったのである。

施設の秩序内で生きて行かねばならない入居者に似て、看護助手も人々の現実のヴィジョンの中で働くことを身に着けなければならなかった。多くの入居者は耄碌《もうろく》していて、しばらく時間がたって初めて理解できる独特の語彙でしゃべる。ジャック・フィリップソンは毎日起きるとネクタイを締めてコートを着、四〇年間やって来たように仕事に出かけようとする。私たちは彼の説得がいちばん上手な看護助手のミミ・ジラードを呼ぶ。「今日は休みだよ、ジャック。朝食が先だわ。それからシャワーの順になるけど、わかったわね？」

彼はちょっと小首を傾《かし》げて考える風にし、それから、「車はガレージかな？」と訊く。

「そうよ、ジャック」と彼女は請け合ったように言う。「車は大丈夫」いくぶん納得顔で彼は娯楽室のほうへ歩いて行く。彼を娯楽室へ連れていくのは業務手引き書にいう「入居者を介助して娯楽室へ行かせる」ことにとどまらないし、彼をなだめすかしてコートを脱がせ、ネクタイを外させてシャワーを浴びさせるのは、ただの「シャワーを浴びさせる」ではない。実際に行なうには互いに相手を知っていて、親密な感情に基づく介護作業への協力的な姿勢がなければならない。

やがて私は、監督やたまたま当局者になった者は仕事を知らないことがよくある、という結論を出した。たとえ彼らが技術を知っていても、彼らはそのなかで技術が完成される関係を知らない。「私のフランキー」が誰かほかの人の「フランキー」と違うことははっきりしている。アイリーン・クローフォードの「私はきっとあの老ぼれヤギにまた会いたくなるわ」という言葉は、彼女が二年間介護した相手を指していった言葉である。ヘレン・ダナヒューの娘の記憶や、シャロン・ドレークのレストラン時代の思い出も、時がたてばこそ出てきたのである。

けれども、カルテの物語では、与え手と受け手の間に、そして与えられたものと計測されたものの間に、はっきりと線が引かれている。社会的・情緒的仕事は蒸留されて生産性という秤にかけられ、敏感な仕事は規定された一連の作業に作り直される。その過程は果てしなく緩慢な足はこびで人が廊下を歩くのを待つような仕事を消去し、あるいは誰かのまさしく触るべき箇所、ということは触ってはならない箇所でもあるが、それを知っているかいないかということを消去する。それはちょうど、シーツが穢いといわれるほどに不潔にしておくのに似て、なされないままに放置されるまで言われなかったり、気づかれさえしない仕事を消去してしまうようなものである。介護や関係、ないしは情緒とむすびつくどんな言葉も、円滑で周到に計算された介護の記録を曖昧にするものではない。この仕事は単純な肉体労働として組織が作りだし、患者を作り出すために企業が合理化したのである。

夜勤が終り、私たちはナースステーションの上に掲げられた、「カルテにないことは起こらなかったことだ」という掲示を見上げながら次の交替組の到着を待っている。しかし、たとえカルテには書かれなくても多くのことが起こった。母親のウイットを含む込み入った技術に助けられて昼から夜へ、夜から昼へと介護の時間は過ぎてゆく。アーマ・ダグラスが複雑な仕事を「これが私のやっていることだわ」と説明したときに比べ、彼女の立場は少しはっきりしてきた。

第III部　金の煉瓦を溶かす

このホームに暮す男女、ならびに彼らを介護する者は、組織の状況と、介護がどのように定義づけられ、成し遂げられるかについての一定の規則のなかで、肉体的、精神的、情緒的、社会的、経済的生活を営んでいる。第I部〜第II部では、こうした規則と、その背後に横たわる考え方がこれらの施設に収容される人々を患者に仕立て、介護という複雑な仕事を計量しうる作業に変えてゆく過程にスポットライトを当てた。第6章はその分析方針に従い、介護がどのようにして商品化され、資本主義産業として経営されているかを反映する用語に力点を置いた。本章は前章に比べより分析的で、叙述性には欠ける。これに反して第7章は空想的で、入居者と職員の批判に基づく願望を書き連ねたものである。両章とも灰色の金を作るのに役立った言葉や概念の解明と、分解ないし溶解を試みたものである。

第6章　秤《はかり》に悪いところはないわよ、傾いているのは建物なんだから

毎朝朝食後に私たちは体重を計って記録した。入居者は週に二度体重を計る。ファーン・パリロの番が巡ってきた。「ファーン、秤に上って」と私は言った。「また例のときがきたよ」

「いいわよ」と彼女はあまり表情を変えずに言った。入居して三年になるので慣れっこなのだ。成人後の人生のほとんどを工場労働者として過ごし、一九二〇年代にアメリカに移民してきた彼女は八二歳になる。比較的頑丈な体だが小柄で痩せた老婆だった。彼女の体重を二、三度計ったあと、私はこのホームで数年働いてきたというドロシー・トマソンに好奇心をもって訊いた。

「ドロシー、正確だとはとうてい思えないんだけれどね、この秤ではファーンの体重はいつも一一五ポンドと出るんだよ。彼女を見てごらん、それほどあるかなあ。狂っているんじゃないかねえ」

するとドロシーは振り向きもせず、その質問には飽きたといわんばかりに、「秤に悪いところはないわよ、傾いているのは建物なんだから」と、手を振りながら平然と答えた。

しばらくして彼女は広い部屋の中央部を指差し、床が中心部にむかって傾いていることを示した。この建物は一九二〇年代にホテルとして建築されたが、ファーンがこの国に来たのはその頃だった。

それから六〇年にわたって、大勢の人が床を歩いた結果、中心部にむかってたるみ始めた。長期介護の必要な人の数が増えるにつれて、老人ホームを経営する企業が多くの老朽ホテルを買って改造した。多くの小部屋と広い共有施設のあるホテルは何百人単位の人数を収容する老人ホームの条件に誂え向きだった。秤に悪いところはないが建物が傾いている、というドロシーの説明は、ジレンマの一時的な解決になって、ファーンはほかの人々と同様、秤の示した重量で記録された。正確か否かに関わりなく、秤の計測値が優先したのである。

この出来事は二〇世紀末のアメリカ合衆国で老人ホームがどんな仕組みになっているかを示す隠喩の機能を果たしているかもしれない。老人ホームは介護施設であるが、特殊な力関係に基づく官僚組織でもある[1]。ビジネスとして成立する過程で、介護サービスは売買されうるものとなる。この過程には所有と、収益を上げるために計量し価格を付けることのできる財貨やサービスの形成が含まれる。それは老人ホームに住む者と彼らを介護する者が商品化され、単位化されて原価計算を可能にするため、一定の力関係の強制と生産手段を必然的に伴う[2]。以前にくらべてはるかに緩い二四時間体制の枠組を使って、本章は前章で遭遇したいくつかの状況を再検討し、新たなデータを加え、介護がそれを通じてビジネス化する過程をたどることとする。

老人ホーム事業は一日二四時間、年に三六五日間無休のビジネスである

これは老人ホームに勤務する職員に理事が示した心得である。午前七時に出勤してナースステーシ

ヨンに行くと、看護助手は、「あなたの担当ベッドは二〇一から二〇六号、あなたは二一七から二三二号」といった表現でその日の仕事を割り当てられる。その指示——割り当てられるのはベッドの番号であって、番号は使用する人を意味する——はしばしば繰り返されるが、これは医療現場の日常用語である。この比喩的表現がいくら能率的だろうが、隠喩としても論理の飛躍が要求される。なぜならそれは人を物に変えるからだ。この章の中心的問いかけは、老人ホームの住人がどのような経過で、またなぜ物に変えられるかである。

ある朝食事のあとで、ホームの理事が看護助手を理事室に呼んだ。彼は職員を集めて仕事の遣り方が遅いと叱り、業務遂行の迅速化を期する新しい計画を提案した。口を開くなり出た言葉が集会の性格を表わしていた。彼は、「老人ホーム事業は一日二四時間、年に三六五日間無休のビジネスである」と言った。彼が強調したのは、この仕事が二四時間、休みなしの労働を要求するということだ。我々はもっと懸命に働き続ける必要がある、というのが彼のメッセージだった。彼はこれが一つのビジネスだという指摘はしなかった。言うまでもないことだったからだ。

彼はさらに言葉を継いで、我々の生産力をいっそう高め、職員増加の必要を避ける計画の概要を述べた。現在一つのフロアを四人の看護助手が担当しているが、彼は人数を三・五人に削減する方法を考えたという。「これまでは互いに協力して働いたが、この先は一人一人が独立して自主的に働く。各フロアでは一人がトイレを担当、一人はシャワーとベッド、一人は娯楽室に常駐して緊急事態に備える。そして四人目はフロアとフロアの間を行き来する。主任看護助手は誰が何をやるかを決める。「何か質問はあるかな？」質問はなかった。彼は金ペンと四本コードの電話機が載る大型のオークの机の向こうで立ち上がり、認可証や州発行の証明書類のずらりと並ぶ羽目板張りの壁の前を通ってドアまで足を運ぶと、私たちのためにドアを開けながら、「よろしい、それでは仕事に戻りたまえ」と言った。

私たちは一列になって部屋を出、エアコンつきのコンピュータ室を通り、私費負担とメディケア入居者の住む絨緞の敷かれた一階を通りすぎて、長期入居者の居住区域に通じるエレベーターに乗った。エレベーターのドアが閉まると反発が起こった。「簡単なことだわ」とハイチ出身の看護助手であるソランジ・フェリアが言った。「私たちが仕事をして儲けるのは彼ら、ということよ」

二、三人がくすくす笑った。しかし、批判めいた言葉はそれっきり出なかった。看護助手のなかに新人が一人いたからだ。それに気づいたソランジが彼女に言葉をかけ、「あなたは初めてだわよね、ブレンダ？　私たちのフロアに来ることになっているの？」

「ええ」と新人は答えた。「でも食事のときだけです。差し当たってパートで働くことになる、と言われました」

ソランジと私は目を丸くして互いに見合った。私たちが非友好的な振る舞い方をしたかったのではないが、こうなると質の違った労働が給食活動を複雑なものにする。経営側は管理権を行使してパート労働を導入し、コストの削減をはかる[3]。私たちとしては、新人を入居者に紹介し、日常業務に慣れさせなければならないが、給食時にしかいない者を仲間に迎えればそれに何週間もかかることになる。厳密に言えばブレンダは新しい働き手ではないようなものだ。要するに彼女は断片化した労働に似て、給食の手伝いをするといっても、入居者に貢献するより看護助手のために働くことになる。

仕事を始めたときブレンダが尋ねたことの一つがトレーに載ったカードについてだったことは予想に難くなかった。「これはどうするんですか？」と彼女は訊いた。

「トレーから取り除くのよ」というのが答だった。「そしてナースステーションにもっていくわけ。食事のあとで回収するの」この作業が大いに強調された。それを間違いなくやることが重要だった。カードは給食が間違いなく配られ、それに正しい栄養量が含まれていたことを示す証拠書類なのだ。

昼近くになると、経営者が検閲のためにフロアにやって来る。看護助手その他の職員は直ちにカルテなり、櫛なり、テーブルを拭く雑巾なり、経営者の目から見て仕事をしているように見えるものを手にして忙しげに働き始める。経営者がこうした朝に持ち出す一つの問題は、職員が名札を身に付けていることの重要性である。「名札はどうしたんだ？」と彼らは訊く。「名札はいつでもはっきり身に付けておかねばならない。君が付けてなかったのはこれで二度目だ。一日分の給料が差し引かれることになるぞ」まるで白衣がここで働いていることを証明するには不十分だと言わんばかりに、写真と認識番号付きの名札がこの組織の従業員であることの証《あかし》なのだ。

この内部検閲には看護師長が同行するが、ある検閲のとき彼女は、「食事のあと彼らが娯楽室から出てふらふら歩き回ることのないよう、注意してください。ほかのフロアで助手の数が足りないときに、四人いるべきところ三人しかいないことがあります。入居者の居場所は常に把握しておく必要がありますから、食事のあとも出さないように願います。そのほうが効率的です」と指示した。

「効率性」はあらゆるビジネスでそうであるように彼らが好んで使う言葉だが、老人ホームでもほかの企業と同様、最小限の労働力で最大量の生産物を作り出すことを目標としている。上階ではけたたましい呼出しボタンの音が錯綜するなかで、私たちは能力をはるかに越えた要求に対応しなければならない。

一階では事情が違って、就職希望者は「求人は現在行なっていません」と断わられる。経営努力は、給食係のブレンダの採用が実証するように、もっぱらパートタイムの従業員を雇い、四人目の看護助手に複数階の面倒を見させることで労動力を削減することに向けられる。こうした努力は全て国の基準を満たしており、ある基準に照らせば良いビジネスなのである。

ときおり営繕課長も検閲見回りに参加することがあり、彼も、「入居者と彼らの椅子を壁面から少なくとも三インチ離すように――州の規則だ」といった指示をする。すると経営者は賛成の意味で彼にうなずく。あるとき彼は壁沿いの椅子に二〇人から三〇人の入居者が腰掛けている娯楽室を見渡し、看護助手に向かって感慨深げに、「私がここを経営したいもんだ。彼らがどう見えるべきかをよく知っているんでね」と言った。

私は効率性について話し終えてエレベーターを待っている看護師長に会った。アイルランドの子守歌をうたって職員を楽しませていたアリス・マックグローのところへ行くところだった。このホームに来てあまり日が経っていなかったので彼女は、「ここの仕事はどう?」と訊いた。

私は、「悪くないですよ」と言って、そろそろ子守歌の時間だな、と思いながらアリスに顎をしゃくり、ちょっと笑った。「人がたくさんいるほうが何となく好きなもんで」

エレベーターのドアが開いて彼女が後向きに入ると、どうやら賛同したとみえうなずいた。「そうね。チームワークがいいし、プロ意識に徹しているからね」と言ったところでドアが閉まった。

入居者がどう見えるべきかについて営繕課長が言ったことと、「人」という言葉で私が職員を意味したと思い込んだ看護師長の勘違いは、この施設を支配するある種の態度の一例だった。そこに住む者はサービスを受ける側だから行為者であるより行為の受け手であって、彼らの行動力は能力の欠如ばかりでなく、管理者の定義づけによっても減じられている。

午後の半ばには、入居者のジャック・コノリーはしばしば車椅子に乗ってベティ・スローカムが食べ物を手に入れるのに手を貸そうとする。彼女は昼食を食べたり食べなかったりする。食欲に波があって、予測がきわめてつけにくい。娯楽室に二、三時間も座っていたあとで間食をしたがり、ヴェストで椅子に拘束されていながら、鍵のかかった間食戸棚の方へ椅子ごとにじり寄ることがよくある。ジャックはこれを見かねて職員に、「ベティに何か食べるものをやってくれないかね。あのとおり、彼女は腹がへってしようがないんだよ」と訴えるのである。

ミスター・コノリーの観察が当たっているか、当たっていないかはよくわからない。いずれにしても、それは取るに足らないことだ。それはこの施設では食べるという行為に主導権を持たない人々によって言われた、そうした人々のための、そうした人々に対する言葉なのだ。食べ物の名前を口に出すことさえ食べる人の自由にならない。「こんなものをミートローフなんて言ってもらいたくないね。ミートローフは見ればわかるんだよ。これはミートローフなんてものじゃない」マーガレット・ケーシーも似たようなことを言った。「これはなんでもいいから違った名前で呼んでもらいたいわね。何かと訊かれりゃ言ってやるけど、ポテトだらけのグーラッシュだよ、これは」

彼女には誰も訊かなかった。食べ物の名前を記したラベルや、量を計る計量器や、栄養に関する情報を書き込む文書は、ベッティや、マーガレットや、リトーや、ジャックの食事が全て必要な栄養を満たしていることを証明する。加えて美味な印象を与えればそれでいい。その過程で栄養価を証明する記録は、概念的に食事に関する考察を越えたものになる。彼らは食べ物にラベルをつけて当局者によって管理されていることを保証し、それによって食べる者や、給仕する者や、調理した者から評価の力を奪うのである。

午後のある時点で、入浴スケジュールに名前が発表されると、入浴の順番が巡ってきたことになる。入浴といってもバスではなくシャワーのことだが、時々いざこざが起こり、入居者は恐怖心をあらわにする。湯の温度が違ったりするのだ。かならずしも冷たいとは限らないが、もし冷たくても、シャワーが中止になることはない。シャワーが冷たいことも、食事が嫌われたことも認めない。例え冷たくても、記録としては残らないのだ。冷たく感じた者や、食事を不味いと感じた者には、その状況を変えたり、公に訴えたりする機会さえないのである。

細菌は現代医療の敵とあって、この施設では清潔をモットーとしているように見える。掃除機で廊下をぴかぴかに磨く掃除夫に文句を言う者はいない。それで廊下が滑り、臭《にお》ったとしても、清潔になりさえすればいい。たとえばシャワースケジュールの場合には清潔さが湯の温度に優先する。たとえそれが外部の者によってスケジュール化され書類化された清潔性だろうと、清潔性は形式的に優先される。要するに、この種の清潔性の社会的生産に参加することが清潔ということには必ずしもならないわけだ。三人か四人の看護助手が四〇人から五〇人の体を清潔に保つなどはどだい不可能なことで、結果として娯楽室や廊下には断続的に小便臭が漂うことになって、これが一日に数回、鼻を突く清浄用化学薬品の臭いに置き換えられる。

職員と入居者の人数の割合から、入居者の多くにおむつを着用させるのが最も効率的だと考えられた。すると後で体を清拭しなければならない。しかし、介護者の絶対数がもともと足りないとあって、入居者の求めに応じておむつを変えに行ったときには、彼らが最初呼んでから数時間も経っている、ということになりかねない。入居者は排尿や排便のあと、椅子に座ったりベッドに横たわったりしたまま、清拭の順番を待たねばならない。

マージョリー・マッケイブは、日中に通気性のないプラスチック製の椅子に腰掛け、身をよじって体の位置を変えながら自分の置かれた状況を、「床擦れなんかじゃない、椅子擦れがあるんだよ」という言葉で診断した。座りっぱなしのこの生活は座る人の思い通りにはいかないし、彼らの座っている椅子も自由がきかない。実を言うと、座っている椅子は記録には出てこない。床擦れは医学用語だが、椅子擦れは造語で、これはさりげなく無視される。

こうした状況の共通点は、入居者が欲求を満足させることから排除される抑制システムに嵌め込まれたまま、固有の欲求を表現していることだ。遠隔制御のこうした条件の下で、現場の力はほとんど存在しなくなった。フローラ・ドビンズは衛生局の規則で禁じられているという理由で自室用のちっぽけな冷蔵庫が買えなかった。デイヴィッド・フォーサイズは風邪を引いても鼻孔吸入器を手に入れることができなかったし、ローズ・カーペンターは頭痛がしてもアスピリンが買えなかった。理由はどちらも普段いない医師が指示しなかったというものだ。シャロン・ドレークやメアリー・レイノルドにしてもブラディ・マリーを手に入れることはできなかった。サラ・ウォースティンは誰にも一緒にいてもらえず、寝たきりのマーガレット・ケイシーには痛み止めが投与されなかったし、シャーロット・ウォルシュにしても、痒み止めが貰えなかった。手の込んだ強い外部からの規制に支配され、老人ホームで暮す者や、一日の大半をそこで働く者にとって、全てが思い通りにいかないのだ。入居者は自分たちの食事、清拭、薬剤投与、等々の権限を取り上げられ、欲求のうち満たされるのがどれで、満たされないのはどれかを外部の者に決められるようになる[4]。

こうした欲求が外部の者に決められることはあるていど道理に叶っている。典型的なのはジュアン・ロペレスの場合で、彼のように用便の我慢ができない者を早朝にトイレに連れて行こうとするのは無理で、勢いおむつをしたほうがいいということになる。汚れたおむつは看護助手が洗わねばならず、入居者にとっては不快であり、看護助手にとっては大きな負担だった。こうした介護のあり方ではおむつの汚れは避けられないことで、これの原因は本来、トイレ介助者の数が少なすぎることにある。個人の自然な生理現象を施設のスケジュールに合わせるのはどだい無理な話だが、このスケジュールが経営者に労働力の削減を迫るのである。ジュアンにおむつを装着すれば労力が節約され、費用効果が高く、時間動作効率もいい。加えて利益率が高く、書類に記録できる、といいことずくめである。この管理方程式から唯一漏れているのは、目覚めるなりトイレに行きたいというジュアンの欲求である[5]。

こうした分析は、おむつがあらゆる老人ホームで使われすぎているとか、ミートローフは実を言うとジャガイモづくしのグーラッシュだとか、シャワーから湯でなく水が出てくることがしばしばある、などと一般化して主張するのが目的ではない。こうした問題はホームによってさまざまで、状況が良いところもあれば悪いところもある。州や連邦はそうしたサービスの悪い老人ホームを駆逐する目的でさまざまな規制を広めているところだ[6]。しかし、これらの出来事がこうした背景を越えて一般化できる過程を実証していることもまた事実である。

その過程は知識を支配する力で、専門家と経営者によって創られる書類の力でもあり、彼らにだけ受け入れられる。彼らの考え方と苦境が、ホームの日々の生活の営まれ方を決める。清潔さと栄養の計り方が、本質的な量的指標とは無関係な快適さ、味、触感、等々を偶然の特性にする。日々の状況からそれらの形式的記録への跳躍には抽象的な計測への変貌が含まれる。跳躍の結果として、おむつや牛の挽肉や浴槽の湯などは、書類化というフィルターを通して優れた健康管理ビジネスの肯定的かつ生産的な指標として表われてくる。それらを肯定的な指標にする駆動力は、実地体験の外側にある専門家や経営者の作成する書類や、生産物の中に含まれる概念、計測器、並びにそれらから結果する仕事の慣行が創出したものだ。

この種の健康管理には、昼であれ夜であれ医師が常駐する必要はもはやない。月に一度、医師がカルテに署名する際に医療相談の機会を設けるだけでいい。医師という名の権威者が一か月に一度、真っ昼間にやって来るときに検閲すべきデータはすでに書類の形で整っている。カルテには、ファーンの体重、ジュアンの失禁、メアリーの栄養状態、ロレーヌの血圧、マーガレットへの痛み止め投与、シャーロットの痒みに対する膏薬《こうやく》投与、等々が書かれている。

訪問した医師に対するヘレン・ダナヒューの反応はわかりやすかった。彼女は毎日自分の介護に関して周りの者にいろいろ言っていたが、医師には一言も言わなかったのである。

「何かしてほしいことはありますか、ヘレン?」医師が彼女の後ろに立って片手を肩に置いて訊くと、彼女は、

「ありません」と冷ややかに答えた。

医師が彼女の後ろに立って片手にカルテを持ち、もう一方の手を肩に置くまでに、何であれ彼にできること、どんなことであれ彼につぎの当てられる彼女の人生の条件は取るに足らぬものになった、とヘレンは言っているようだった。彼はこうした条件を動かす権威のシステムに繰り込まれている。彼の訪問は善意に基づいているかもしれないけれど、頼まれもしないのにヘレンの肩に触れたときには遅すぎた。彼はすでに彼女を病人の立場に追いやって、生きている証拠に生命兆候を再確認したのである。

医師《ドクター》はラテン語から派生した単語で、「教師」を意味する。しかし、ヘレンにとっては、この医師は只の医者、しかも過激な医者になった。彼は、彼女の人生を文書化する力によってそれに過激な要求をし、物理的現象、つまり肉体として認証し、彼女の人生はカルテの言葉と数値に置き換えることができると主張し、それから束の間の、本質的に不在の権威によってカルテを通じて評価したのだ。彼がヘレンの背後に立つまでに、彼女が周りの人々に愚痴の対象としていた条件を変えるべく、彼にできることはほとんどなかった。なぜかといって彼は、それらの進行中の構造物の一部だったからだ。評価を含んだヘレンの「ありません」という返事は短く、にべもなかった。

あなたたちをこれ以上雇わなくてすむでしょ

メアリー・ライアンはほかの人たちと同様に拘束ヴェストで椅子に縛り付けられ、一日中娯楽室で過ごしていた。「毎日どうしているのかね?」ある日私は通りすがりに訊いた。

彼女はその質問に、「どうして私はこんなものを付けてここに座っていなきゃならないのさ?」と訊き返した。

私は教えられたとおり機械的に答えた。「落ちないように用心しているんだよ。それは知っているだろう」

「とっととお行き」彼女はうんざりしたような反応を示した。「白衣を着た人なんか誰も信用しないから」

彼女の拒絶にどぎもを抜かれ、自分の答にもあまり自信がなかった私は主任有資格実地看護師(LPN)のビューラー・フェダーズに、「彼女はどうしてあれをしょっちゅう身に着けていなければならないんですか」と訊いてみた。

すると彼女はくすくす笑って即座に、「あなたたちをこれ以上雇わなくてすむでしょ」と答えた。

私たちはその説明のおかしさに思わずにやにやしたが、しかしメアリーにとっては私の説明より痛烈だった。それは技術と労働の関係を提起するもので、その関係についてビューラーは前者の利用は後者の必要性を減じる場合があると説明したのである。同じ質問に対する違った種類の答が私たちのオリエンテーション期間中に与えられた。「拘束ヴェストは事故を防止する」というものだが、この解釈は訓練コースの中でストア講師が言ったことを反映している。彼は、事故報告は最も重要な書類であることを忘れてはならない」と言った。

ビューラーの答は「落ちないように用心している」とか、「拘束ヴェストは事故を防止する」という答に比べて、両者を利用可能な労働力という一般的な通性に結びつけた点で正確である。付き添って一緒に歩いたり、彼女の目まいを予測したりする看護助手が側におらず、メアリーが拘束ヴェストを装着せず、目を注ぐ者がいない状態で椅子に座っていれば、倒れたさいに事故が起こりかねない。彼女の拘束ヴェストは労働コストを節約する一方で事故防止もしているのである。

記録はそれが明らかに適切な措置であったことを示している。私は看護助手としてそうした措置を取ることに協力した。メアリーの記録には、看護助手の手で二時間ごとに規則的かつ忠実にメアリーは「拘束ヴェストを着用のうえ起床《アップ》」と書かれている。記録は一か月単位で付ける。医師は月に一度の訪問時にそうした記録に一括して署名をする。はたして医師が来る日も来る日も、一日中ヴェストに拘束される経験に馴染みがあるか、また、メアリーが自分の扱いに抵抗する現場を見たことがあるかも疑問である。しかし、医師の力が昼といわず夜といわず働いていることは間違いない。拘束記録の最下欄には権威ある医師の署名があって、それがメアリーの質問を抑えこみ、彼女の不平と、ビューラーの記した不平の分析を適切な健康管理に変貌させるのである。

早期に介護業務を行なった女性と、比較的少数の男性は、家族や、看護師や、召使いや、尼だった。以介護がしだいに資本主義産業に繰り込まれていくにつれ、その労働力の定義に変化が生じてきた。以前には、現在の家族に見られるように、働き手が多ければそれだけ一人当たりの仕事量が減るとあって、労働者は本質的に歓迎された。しかし、労働者に企業論理が適用されるようになれば、彼らは企業主や経営者には労働コストとして定義づけられ、できるだけ削減すべきものとなる[7]。反応様式として介護業務といかに一致しなかろうが、産業は管理生産を指向する結果、少ない労働者によってより多くの仕事を達成することをめざす。日が経つにつれて、病棟では日常時間ばかりか歴史的時間をも追いながら仕事の速度を上げることに専念する。「なによ、また漏らしちゃって」という看護助手の非難に、鸚鵡《おうむ》返しに投げつけられる入居者の答は、「なにさ、私のためにちょっとぐらい時間が取れないってのかい？」である。介護業務を効率至上主義の労働形式に押し込めようとすれば、時間と行動の圧力の下で緊張が高まるばかりだ。

二時四五分になれば勤務の交替が近づき、職員の話題は帰ることでもちきりになる。ある日看護師長が看護助手を集めて交替手続の変更を告げた。「今後は交替報告時間は五分とします。それから、あなたたちのなかには勤務時間が八時間ではなくて七時間三〇分になる人もいます」ここでパートタイム従業員のほうへ顔を向けるのも労働コスト削減の戦略である。この戦略はパートタイム職員の収入と手当、特に健康管理手当に大きな影響を与える。

日中勤務の交替時間が迫ると、看護助手には寝たきりの患者に寝返りを打たせ、ほとんどの患者の乾燥した皮膚にローションをつけて短時間のマッサージを施す、などの最後の仕事が待っている。この仕事は二時三〇分より前には始められない。早い時間に行なえば技術的に三時にやる予定になっている二時間の寝返りスケジュールに差し支えるからである。したがってクリームは交替前の三〇分を使って大急ぎでつけなければならない。「背中を摩擦することは心配しなくてもいい」と、一人の看護助手はこのスケジュールのオリエンテーションのときに教わったという。「要するにローションをつければいいんだから」背中の摩擦は入居者に対する看護助手の数の割合から贅沢だということになり、結局やめることになった。

管理的計算の論理からして、寝返りを打たせ、皮膚に湿りけを与えるスケジュールは交替前三〇分の間に同時に行なうことに決まった。ローションの塗布は、下の階では労力と時間を合理的に配分して出来もしようが、上の階ではそそくさと申し訳ていどにやるしかない。入居者のローレーヌ・ソコロフは産業としてのこうした介護のあり方の力学を鋭い観察眼を働かせて正確に指摘したことがあった。日がな一日娯楽室に腰掛け、交替間際の慌ただしさを眺めていた彼女は、「私がここに来て三年になるけど、日増しに忙しくなっていくみたいだわ」と言ったのである。

ビューラー・フェダーズや、メアリー・ライアンや、ローレーヌ・ソコロフのこうした言葉は、ビジネスとしての介護の枠組のなかで働く看護助手の現状を明らかにする一助となるだろう。彼女らの言葉は、訓練コースのいくつかの基本的テーマと、我々がその下で働いている賃金構造の全体像を見せてくれる。

看護助手の正式な教育においては、理論面では生物学、各種測定、医療処置、などに力点が置かれている。血圧、体温、呼吸、脈拍、等々の生命兆候を計り記録することの重要性を絶えず叩き込まれ、テストされる。けれども、正式な教育のなかでは、生物学的な意味を越えた介護に関する言葉はない。社会的・情緒的出会いとしての介護に関する概念が教えられたり、討議されたりすることはなかった。

ミセス・ボンデロイドの母親のウイットという考え方はこの矛盾を具象化している。彼女は脇科白《ぜりふ》としてそれに触れただけで、教科書やテストとは関係なかった。形式的な知識は私物化されて授業料と引き換えに買われる。その一方で医学の、企業の、国家の管理者によって考えられ判断される。この意味で、看護助手の養成カリキュラムを老人ホーム介護の全面的な商業化と分離することはできず、表裏一体をなすものだといって差し支えない。その仕事の一部にすぎない看護学と計測は、ひっくるめて学生に教えられ売られたのである。

この抜粋は灰色の金を作る過程の出発点だった。潜在的介護者は、老人ホーム生活と、仕事で人とじかに接した実体験のない外部の権威者による多項選択式の質問によってモニターされ、テストされる可能性がある。この知識の社会組織は、自分では仕事をしなかった専門家によって学校や職場で教えられるようなものだ。学校の経営者が私たちを迎えた際に使った軍隊の隠喩は、しだいに適切性を帯びていった。健康管理の第一線に赴く歩兵の訓練は、内部で行なわれていることの柔順で機械的な医療モデルで武装して行なわれたのである。

これらの歩兵は圧倒的に有色人種の女性で構成されている。この産業が成長するにつれて、性的、階級的、民族的基盤のはっきりした労働力はしだいに除外されていった。生物物理的な仕事が介護の概念の変化によってどれほど変わろうが、こうした社会的差別が日常的情景から消えてなくなることはない。そうした差別は介護の任に当たる者や入居者が絶えず口にしている。養成学校の学生だったヴィヴィアン・バーンズは、はたして学校が自分たちを看護師の助手として教育しているのか、それとも黒人女性になれといっているのかわからなかった、という。ヴィヴィアンは、この種の訓練が含む技術を身につけたり忘れたりする矛盾した過程を、皮肉混じりにとらえたのである[8]。

政策立案者は一九八〇年代を通じて老人ホームの介護技術を向上させる一つの方法として看護助手の正式訓練を要請したが、ほとんどの政策案や報告書は賃金問題を避けているのが顕著な傾向である[9]。しかし、依然として時給五ドル以下という賃金構造は、養成教育が約束する専門職業化には逆行する階級を創出した。超過勤務や交替勤務の繰り返し、ないしは二つの仕事を求めるのは、あながち働く意欲の強い者に特有の傾向ではない。それはこの新しい専門職の組織的特徴であり、そうでもしなければ食べていけないという事情によるのだ。専門職業化を約束した学習や、技術の授与は、こうした女性、大半が有色人種の女性だが、を食べるのがやっとという低賃金に甘んじさせ、新たな貧困階級を生み出した。私が職を求めて最初に訪れた老人ホームの理事は、こうした性と人種と階級が合成する力学を理解しており、それを次のような質問に要約して見せた。彼は訝しげに、「何でまた白人の男がこんな賃金で働きたいのかね？」と訊いたのである。

したがって看護助手という身分は、この仕事特有の概念化に基づく仕事の特化とともに生まれた。この仕事が必然的に伴うものと、それの実践に適切だと考えられた職員と入居者の割合は、健康管理に本質的なものではないし、老人ホームの職員や入居者のいう必要に左右されるものでもない。むしろ、こうした割合や概念は産業の生産方式に合わせて形成されてきた。労働者は四分の一ドルとか半ドルの時給の違いで移動するから絶えず再編成される。労働構造は回転ドアを形成し、労働者は取り替え可能な部品かなにかのように欠員が補充される。その一方で、介護の一対一の人間関係は無視されるのである。

アメリカ合衆国のほとんど全ての老人ホームに明らかな一つの要素は、発展途上のこの施設の労働力の基盤が国内出身者ではないことで、今日では、フィリピン人の看護労働者が健康サービスの中核をなすようになった。アメリカは太平洋の軍事基地だけでなく、健康管理要員もフィリピンに依存しているのである。

ほぼ毎日午後になると、ベッシー・ミランダとアンナ・アーヴィンは人工排泄〔排泄介助〕で血みどろの戦いを演じる。ベッシーは老人ホームの輸入労働力への依存を体現している。この地政学的つながりがベッシーとアンナにいざこざをもたらすのだ。彼女らが会う二五年前、アンナが有資格実地看護師（LPN）として働いていた頃、ベッシーはマニラで生れたばかりだった。彼女は看護師の養成学校に入り、卒業するとアメリカに渡ってアメリカ人看護師よりも安い賃金で看護サービスを担うことになった。ベッシーもアンナも同じ女性で看護師、加えて敬虔なカトリック教徒で、首に宗教メダルを掛け、肩を接するようにして働きながら、自分たちの力のとうてい及ばない組織の中の戦いに奮闘している。

ほとんどの看護職員が外国出身者だという事実はしばしば認識され、話題にも上るが、これはフローラ・ドビンズの言葉を借りれば、「老人ホームは国連みたい」ということになる。職員や入居者の国籍がさまざまであることがいざこざの原因になることもあって、たとえばミセス・カロモナがフランク・セーガンを乱暴者よばわりしたのは、彼女が時と場所しだいで禁煙を強制せざるをえなかった際にフランクがミセス・カロモナの出身地の文化を侮辱したことに由来している。第二次世界大戦ではフィリピンで戦い、一生タバコを吸い続けてきた彼は、「俺がこいつらを解放してやったというのに、何てぇ口の利き方をしやがるんだ、恩知らずめが！」と怒鳴った。

フィリピン出身の看護師はよく訓練され、十分な資格をもっていた。しかし、彼女らは外国人で言葉も違うとあって、意志の疎通に差し支えることがある。ときおり彼女らはアメリカ人のスラングや習慣が理解できなかったりする。七九歳になるアート・ジェイコブズは部屋で、「ユー・アー・マイ・サンシャイン」や「クレメンタイン」を大声で歌っているが、なにせ彼には歯がほとんどないから、歌になじみのない者には歌詞がさっぱりわからない。アメリカに来て二年足らずのカーラ・アルヴァレス主任看護師はてっきり頭がおかしいと思い込み、そんな意味のことを言ってアートをかんかんに怒らせた。誤解だったことに気がついて彼女は謝ったが、看護師が学歴だけで主任に登用され、そんな文化的誤解をするなんて、労働コストが安いために外国人看護師を雇っている多国籍企業の論理にこの話が翻訳されるまでには、それは看護業務とは無関係と認められることさえなかった。

看護助手が自分たちの立場についてざっくばらんに話し合っているときには、アメリカで働くことは規則にがんじがらめの状態で生きることを意味する、ということになりそうだ。ライナ・マーティネスと私が親しくなってから、どこに住んでいるかと訊いたことがあった。彼女は教えてから早口で、「でも彼ら〔管理者〕には言わないで。それから私宛に何も送ってほしくないわ。そのアパートには住民登録された人は三人しかいないのよ」とつけくわえた。そこには彼女ともう一人の友達が住んでいたが、二人とも飛行機代をまだ払っていたし、故郷に仕送りするために金を貯めていた。彼女らはマニラを発つまえに署名した契約の下で働いていた。もし解雇され、契約が切れたらどんなことが起こるかははっきりしなかったが、彼女らは「怖い」という言葉を何度も使った。フローレンスは事故報告を書かねばならなくなる事態を恐れ、コートを着たままカードをパンチすることを恐れていたが、ライナは遅刻を恐れ、ベッシーは休憩時間から帰るのが遅れることを恐れる、といった具合に、この言葉が頻繁に使われるのは何気なく口にするというより、彼女らの仕事の環境が不安定であることの結果だと思われた。彼女らの話や恐れは、その下で働く企業の仕組みが経営者階級に単なる安価な労働力以上のものを提供している、ということを示唆した。加えてその仕組みは社会的管理というメカニズムも提供しているのだ。彼女らの立場は純粋な専門職というより、賃金労働と奴隷労働を足して二で割ったものに近かった。

カルテが引き出されて、会社や、州や、午後にやって来る医療当局者によって正確を期すために絶えずチェックされるが、そこには人種、階級、性、賃金、または職員の多国籍性などはなにひとつ表われてこない。しかし、それらは組織に本質的なもので、さまざまな問題を引きずっている。「一か所で働くだけで、どうやったら暮せるの？」という質問は、この賃金で生活しなければならない者の観点からすれば合理的に計算された質問であることがわかった。それはあたかも、「あなたのところの革命は今日はどんなぐあい？」という質問が、地下カフェテリアから世界の労働システムの運用を見ることのできた外国仕込の看護助手の言葉だったことに似ている[10]。

保険局の人は立ち寄ったんじゃないかしら

老人ホームに関して絶えず質問されることは、その普及に政府がどんな役割を果たしたかということとだ。この問題が初めて起こったのは、ある日の午後、入居者の大半が公的支援を受けているホームで私が夜勤をしているときだった。その日は保険局の検査が予定されていたので、私は早目に出勤した。今回の訪問では役人は特に栄養問題に関心を抱いている、という噂があった。

このホームでは職員も入居者もしばしば食事に否定的だった。たとえば昼食にはトマトスープにトーストされたチーズサンドイッチとナシが繰り返し出てくる。「ああ」とドロシー・トマソンは一目見るなり言った。「また水スープだよ」。サンドイッチは下の階のオーヴンで前もってトーストされた白パンをスチームテーブルで保温したものの間にアメリカンチーズを一切れ挟んだ代物で、ときどきちょっと湿っぽかったり、冷えていたりするので、食べ残す者が多い。トレーのカードは適切な栄養と配膳状況を記録して何事もなかったように集められる。

検査の日には、何人かの看護助手に訊いたあとで、日中に働いた者はほとんどが検査が行なわれたかどうかを知らなかった、とわかって私は驚いた。後でわかってみると、検査官は誰一人私たちの階には来なかったものの検査は行なわれたのだった。この問題を追及したところ、主任看護師は最後に、「保険局の人は立ち寄ったんじゃないかしら。すれ違ったって誰か言ってたもの」と言った。

起こったことは、検査官が一階の事務室にやって来て記録を検査したということだ。噂は本当だった。要するに彼らは出される食事の栄養価に特に関心があったのである。食事のカードは全て注意深く集められてアルファベット順に整理され、コード化してコンピューターに入力されるから、係官の仕事は簡単になる。彼らはキッチンをちらりと一瞥し、二、三人の入居者と束の間言葉を交わし終えると、後は記録を見て適切な栄養価が満たされていることを確認するだけだ。記録に基づいてホームは検閲に合格するのである。

食物は食物の単位になって、一個ずつ数えることができ、科学的に矛盾がなく、データとしてプログラムに組み込まれ、結果はコンピューター用紙に印刷できる。その過程でトマトスープやチーズサンドイッチは上階であざけられ食べ残されて元の食べ物ではなくなる。一階ではそれらは栄養の単位となってコード化され、食事サービスは適切であることが証明できるとする経営者と州官僚の共通語による合意を支える。

検査（インスペクション）という単語はラテン語から直接つくり出されたもので、「見る」ことを意味する。老人ホームというこの新興産業は、その新しい技術とコード化を通じて「見る」を食物の検査に置き換え、食物またはそれを食べた人々を「見る」必要性を不要なものにしたのである。ここで質から量への飛躍が起こったが、それは出来事と食べ物の記録を意味するだけでなく、それらの変貌をも意味しており、加えて食べられたものの批判を食べた人や食事の供給者以外に行なわせるという事態が起こった。これが論理と権力の飛躍でなくて何であろうか。

こうした事例では、看護助手の教育や輸入労働者への免許状の授与に見られるように、政府は健康管理事業と無関係どころか、がっちり取り込まれている。医師やその他の専門職と同様、州の官僚が現場の老人ホームに顔を見せることは滅多にない。しかし彼らもまた書類上は来たことになって、ホームに住む人々に及ぼす経営者の力を補佐しているのである[11]。

官僚的階級社会の通弊であるが、検査はもとより、報告書の作成を州の官僚は彼らの現実だと認識している。報告書はそのために苦労し、それで賃金が支払われている、というのが彼らの考え方だ。

ホームでは監督官庁から派遣された検査官が記録を見る。つまり彼らは見る必要のあるものを見るわけである。検査官は医師や経営者のように、大抵の場合現場にいる必要はない。なぜなら、彼らの間で交換する通貨を提供したカテゴリーは既に元金から実体験という形で差し引かれ、彼らの手に渡っているからだ。日常生活の出来事を数える以上のことをする一連の手続きが稼動している。それは日常生活の出来事を数えられるものにしたのである[12]。

けれども、この姿勢が矛盾を生んだ。こうした基準は、抽象化されて量的条件になると、彼らがやっていると主張することを裏返しにしたのである。検査官は食物を検査したと主張したが、彼らが見たものは食物の計測値だったのだ。食物は食べる人や、給仕者や、調理人にとって絶え間のない話の種であり、評価の対象であるが、こうした抽象化は生産と当局の産業方式を認証する一方で、ホームの住人や職員の正当な言葉を無視している。この手続きは一定の介護形式ばかりでなく、外部による支配の形式も確立した。部外者が外部のものでしかない方法と基準によって内部を判断するようになる一方で、部内者はいかなる評価にも参加できなくなる。内部の者は彼らに関する特権的意志疎通の埒外に置かれ、鍵をかけた書類に締め出されるのだ。

不在の権力者による支配は日常生活に浸透した。ある日の午後遅く、私費負担の老人ホームにマーガレット・ケーシーの甥が彼女を訪ねてきた。ミス・ケーシーはホームに入るときにブラックベルベット・ウイスキーを一本もってきた。時々カクテルを飲むことを許可する、というのが一日一二〇ドルの高級ホームが胸を張って宣伝するリベラルな経営方針だった。夕食のまえにカクテルを飲むのが六〇年近い独身暮しでときおりたしなんできた習慣だった。ウイスキーはナースステーションのロッカーに預けてあって、一オンスのウイスキーを三オンスの水で割る、という医師の指示通りに主任看護師がカクテルを作っていた。彼女は仕事が忙しくて、夕食前にはマーガレットの要望になかなか応じられない。

甥が訪れて来たとき、マーガレットは飲み物を出そうと思って、「カクテルはどお？」と珍しく熱を込めて訊いた。

看護師は酒を飲むことはできないと二人に言った。医師の指示がある患者には出せるが、客には出せない。そのためには酒の免許状が必要です。

二人はしばらく啞然として言葉もなく顔を見合わせた。それから看護師が部屋を出ると、マーガレットと甥は話題を変えた。マーガレットの好意はよそよそしい権力者に拒否された。世間の常識では、この際三人は共犯者になって和気靄々とことが運ぶだろう。そんな出来事のあとでは、マーガレットは二度とカクテルを欲しがらず、ボトルはナースステーションのキャビネットに鍵をかけてしまいこまれたままだった、と聞いた。患者は折りに触れてカクテルが飲める、というリベラルな宣伝文句は相変わらず使われている。

入居者の協議会が定期的に午後遅くか、夜の早い時間に開かれた。そんなときには、「民主的な協議会に参加されることを歓迎します」と、マイクで放送が行なわれる。患者の自治が行なわれているわけでもないから、老人ホームで民主的な協議会とはいかにも大袈裟な表現ではある。議題はおおむね活動ディレクターが調整するが、行事の告示や誕生日の発表、それに施設の規則などである。それに入居者間の口論、部屋変えの要請、食事のお代わりを要求する適切な手続き、コールボタンを押すさいの心得など、ホーム内部のさまざまな問題の討議もある。

規則そのものが問題となることはない。それはきわめて特殊な民主的協議会で、議題は患者という立場を逸脱しない問題に限られているのである。マーガレット・ケーシーは飲酒の特権について彼女の考えがあったかもしれないし、ジャック・コノリーも病棟で空腹を抱えていなければならぬ件について強い意見をもっているかもしれない。しかしこうした問題は入居者協議会では議題に上らない。議題にのぼすことができるのは、食べもの、部屋替えや割り当て、薬物療法、外の世界との通信手段などだが、これとて愚痴をこぼす形をとり、それから規則に照らして解決法を探ることになるが、規則そのものの正当性が問題になることはない。この種の民主主義だからきわめて限定されているわけで、社会の構成員の参加権に相当するものはない。それはあくまでも患者という身分と医療当局の権限内で認められる民主主義なのだ。

ある夜の七時半頃、メアリー・カーニーが二人の看護助手に娯楽室の向こう隅まで来てほしいと身振りで合図した。彼女は二人に指を振って目立たないようにこっそり、静かな片隅に招き寄せると、一〇個のガムドロップを紙タオルにくるんで差し出した。私たちはくすくす笑いながらすぐさまそれを口に入れた。しかし、ナースステーションとエレベーターには注意を怠らない。少なくとも三つの規則が破られたからだ。それは入居者は許可されていない食べ物を口にしてはならず、職員に贈物をしてもならない。また、職員はそれを受け取ってはならない、というものだ。

メアリーの用心深さは、チップを渡そうとしたとき手のひらをこっそり返したミセス・ハーマンのしぐさを彷彿させた。贈物を禁じる規則は常に誰が何をもっていて誰に渡そうとしているか、という問題と結びついている。要するに規則は所有システムの網に絡まれているのだ[13]。

したがって、特殊な健康管理、換言すれば所有することのできる健康管理が流行するのである。主任看護師が午後八時前後に薬を調剤しているとき、看護助手は入居者を一列に並べて彼らと雑談をする。


「お元気、ローズ?」

「ああ元気だよ。一五セントない?」

「ないわ。お元気、フレッド?」

「まあまあだね。今夜遅くテレビ見てもいいかい?」

「たぶんね。何かあったの、メアリー?」

「大したことないわ。今夜のおやつはなに?」

「いつもと同じ。クッキーとジュースだわ」

「後で電話をかけたいんだけど、手伝ってくれる?」

「暇なときならいいわよ、ミッキー。あなたはお元気、グレース?」

「元気よ。お母さんの具合はどう?」

「よくなったわ、ありがとう。でも、母のことを言っている時間はないわ」


薬を受け取ると、大抵の入居者は午前七時三〇分に一日が始まった娯楽室に戻って行く。四〇人ないしそれ以上の人が一日中座っていた結果として、空気は呼吸や咳、体臭、体臭を消すのに使われた化学剤、などで淀んで悪臭を放っていた。悪臭に初めて遭遇した訪問客はしばしば青ざめ、気分が悪くなった。

「どお、元気?」「おやつに何が出る?」「テレビを見てもいい?」といった些細な会話が記録から漏れる理由は容易に理解できる。理解できないのは、投薬が入念に監視され、記録される健康管理制度がどのように機能しているかである。しかし、悪臭を放つ空気や、食べ物を欲しがる気持や、過労で病気に罹《かか》る寸前の職員への配慮はない。食べ物、きれいな空気、くつろいだ生活と労働環境などは長いあいだ健康の礎石だった[14]。けれども、それらは監視や計測システムの一部ではなかった。それらに替わったものは個人の肉体という数えられる指標であり、調剤された錠剤である。老人ホームでは、健康管理は患者を作り、患者のそれぞれに克明に記録した品物とサービスを提供している点で単なる「健康管理」ではなく、健康管理の商業化された形態である。

私に言わせればみんな同じ臭《にお》いがしていたわ

夜にこの階で腰を下ろしたり、歩き回ったりする者のなかにローズの監視のもと靴をテーブルに載せてぶつくさ独り言を言っているジョージアがいた。クローディアはこっそり上の階にのぼって母親のベッドに潜り込もうと機をうかがっている。シャロンは本を読んでおり、ミッキーは電話をかけるために小銭を数えている。テレビを見ている者もいれば、おしゃべりにうつつを抜かしている者もいる。大抵の入居者は娯楽室を社交的環境にするために手を貸しており、ただ受け身にそれによって生産されるだけではない[15]。ロレーヌは腰掛けてローズや、ヴァイオレットや、バーニスと話しており、時には看護助手の一人が娯楽室の椅子に腰を下ろし、髪を梳《くしけず》ったり、髭を剃ってやったり、爪を切ったりしながら話に加わる。話題によくのぼったのはよそのホームで、この話には入居者と看護助手が参加した。

入居者でも介護要員でもない部外者は、ホームには違いがあって良いホームも劣悪なホームもあり、公共政策と個人的決断にとって大きな問題は良いホームを探し、悪いところは避けることだと考えがちである。言うまでもなく違いがあるのは事実で、ホームを決めるのは難しい。市場の網に取り込まれた施設の常で、ホームには階級のようなものがある。アメリカのほとんどの老人ホームは企業が所有し、その四分の三は営利目的で経営され、支配権はしだいに投資家が所有するチェーンの手に握られてゆく[16]。しかし、入居者が直接払う金《かね》に依存しているところもあり、公的支援プログラムから収入を得ている老人ホームもあるが、多くは私費と公的援助で賄っている。しかし、入居者と職員の話に耳を傾けると、裕福な人々の入っているホームと、貧しい人々を収容するホームの間にはあるつながりがあることがわかる。

ホームを比較する話になると、会話のなかにしばしば議論が起こる。ホームには良いところと悪いところがある、と主張する者がいれば、実際には違いなどない、老人ホームに共通の特徴が違いよりも問題だ、と論じる者もいる。ロレーヌ・ソコロフは最初の立場の熱心な支持者だったが、それは彼女が最初に入居したホームが以前通った教会の近くにあったことと、彼女の所属していた宗教団体が経営していたせいで懐かしいためである。「あそこは良かったわ」と彼女は言った。「バスがあって、教会に乗せていってくれたしね。だから私は今でもいわば同じ教区に所属しているようなものだわよ」アンナ・アーヴィンはロレーヌの肩を持った。「以前いたところにはグリー・クラブがあったし、もっといろんな活動をしていたわ。それに食事も良かったしね」彼女らは二人とも私費負担の非営利施設にいたのである。個人財産が尽きると、間もなく二人とも退去を申し渡された。

議論を裏返せば、違いは類似性に凌駕されるということになる。「私に言わせれば一か所を経験すれば充分、みんなを経験したようなものだわ」というのがローズ・カーペンターの意見だった。「私には三か所の経験があるけど」

看護助手のカロライン・バーンズはローズの考え方に賛成だった。彼女は、「いろんなところで働いてきたけど、私に言わせればみんな同じ臭《にお》いがしていたわ」と言った。

議論がしばしば起こって、話題は公的援助の老人ホームばかりでなく、営利目的や非営利ホームを含め、私費負担ホームや、中間施設にも及んだ。この話を聞くまえには、私は非営利施設は営利目的で経営されるところとはいくぶん違っていると思っていた。しかし、類似性が相違点を上回った。非営利ホームを訪れたときに、教会の支援を受けている施設かどうか看護師長に訊いたところ、彼女は笑って、「そうですね、教会の支援を受けているというか、教会を支援しているというか」と答えた。

彼女の分析は辛辣で、私費と公費の一部が組織に入ってくるが、余った金は税金を払わずにすむ教会に流れるから厳密な意味では利益ではない、というものだった。明らかになったことは、営利を目的としないホームも、生産性と効率を実証するのと同じ目的で収支決算を行ない、貸借対照表を作って運営されているということだ。それは似たような職員の割合と賃金率でサービスを提供しており、同じ医療モデルの中で、同じ書類作成過程を使って、同じように組織化され、行政に支配された日常生活を送っている。換言すれば、両者ともビジネスとしての介護という大きな社会的情況の中で営業しているということだ。

消費者は彼らの家族同様、入居費に関する交渉にはどんな意味でも参加できない。それは彼らが費用について受け身であることを意味するものではない。私費を使い果たし、公費支援を受けるようになった入居者は、貧困への過程をたどらせられた老人ホーム産業を厳しく批判する。貧困者は、まだ私費負担段階にある入居者よりも老人ホーム暮しの期間が長く、見方も広いことが会話の端々から窺える。彼らは激動の人生、つまり不安定な社会生活を送り、公的支援を受けるにいたる、ジェットコースターに乗ったような転落のコースについて語る。貧しい者のほうが豊かな人々に教えることをもっているわけだ。

ホームでは各種料金や入居費や支払問題が日々の話題である。出費は当然のこととは受け止められない。母親、主婦、看護師、教師、などの経験がある入居者や、ほとんどがよそで介護を経験したことのある見舞客の間では、なんといっても取られた金が話題を賑わすことになる。期間の長短はともあれ、こうしたホームに住んでいると、失った資産を取り戻したい、経済的な独立をもう一度享受したい、という気持になるものらしい。取られる金がどのように計算されるのか、どんな移動のシステムでホームからホームへ移らせられるのか、正式に問い質す術はないとはいえ、入居者や家族はホームの経営者に毎日のように訊いている。

介護ビジネスを展開するには金の循環が必要であるばかりでなく、アイディアも必要になる。そして一定のアイディアが支配的になった[17]。一つは、公的支援を受けていて移転させられる入居者は州の恩恵を受けているということだ。支配的な考え方は、もし循環する金が彼らにも回れば、彼らにも費用がかかっているというものだ。この考え方が「彼らは生活保護を受けている連中にはあまり関心がない」という噂を聞いたヘレン・ヴューに、高級なスーツと優雅な身ごなしにもかかわらず、ホームの理事を避けるような態度をとらせた原因だった。

ミス・ブラックはいつも娯楽室にできるだけ長いことといて、政治的な内容をもつ話に興じていた。彼女は出くわす職員という職員をつかまえては、「私の社会保障費はどこへ行ったのさ?」と訊いては「反抗的態度に出る」と記録された。理事や州官僚のビジネス論理と、カルテの医学的論理とは別に、こうした資金の移動には彼女の言葉から明らかな歴史的変化もある。

ミス・ブラックが教職に就いた五〇年前には、社会保障制度は導入されたばかりだった。働いている間、彼女はこの信託基金制度に意欲的に加わり、給料の一定のパーセンテージを連邦保険プログラムに拠出した。何十年か後に彼女は老人ホームの娯楽室で、政府は約束を果たしていないと非難しているわけだ。彼女の社会保障費は月額四〇〇ドルを少し下回る程度になっている。彼女は、これの支払い額が公的支援より前にホームの生活費に充てられるべきだと言われた。彼女は夜も遅い時間にこの情況を分析して、「私がここへ来てからずっと、彼らは私からお金を巻き上げて儲けているのよ」と言った。

恐らく彼女は質問にたいする答として、あなたには社会保障費はない、老人ホームへの長期滞在は貧困化を意味することになった、こうした公的な資金はあなたを収容している会社に支払われている、などと言われたものと思われる。したがってミス・ブラックの生涯にわたるこの退職後の保障制度加入は終っていないが、彼女が積み立てた金の移転は一つの産業の成長を助ける資金となったのである。積み立てた金の移転に必要な環の役割を果たしながらも、彼女はいかなる代理行為からも外されたのである。

こうした入居者は以前には存在しなかった集団のメンバーである。平均余命が八〇歳代から九〇歳代まで伸びた集団がそれだ。こうした男女は彼ら自身の人生コースの特定の側面ばかりでなく、特定の歴史をも生き抜いている[18]。以前にはほとんどの人が働き、金を貯め、賃金労働者または主婦として財産を築き、連邦や州の税金を払い、社会保障制度の確立に手を貸した。こうした財源が今日、老人ホーム産業の基盤を提供しているのだが、基盤の一部は公的支援にせよ、私費にせよ、現在ホームに入居している人々によって賄われている。彼らは社会保障制度の下で生涯働いてきた最初の世代である。働いてきた生涯を通じて、彼らは老後に保護してもらうことを当てにして給料の一部をこの制度のために拠出してきた。

しかしながら、一九八〇年代と九〇年代の初期を通じて、健康管理がしだいに私営化されるようになった。政府は健康管理を社会福祉計画に組み込むことをやめ、老人ホームを経営する私企業の拡大を支援した。新興の私企業経営ホームとの関係では、介護は絶えず奨励金として徹底的に見直されたが、これは市民の権利というよりも入居費を払うことのできる者の特権だった[19]。政府の立場は市民に対する健康管理を提供するだけの資力がない、というものだった。政府は、入居費の規制はほとんどせず、健康管理の費用は市民が負担すべきだと主張した。

連邦政府並びに州政府の担当部局は、メディケアとメディケイド・プログラムを通じて企業や医師に支払う時間と範疇に限度を課した。こうした公的プログラムは現行の老人ホーム介護を会社産業として創設する計画の一環として進められた。この計画は国家の健康管理制度として機能するものではなく、事実上、私有化を推進するのに役立つ政策として推し進められてきた。

老人と貧困者のための計画だといわれながら、受取り手はどちらからも直接恩恵を受けない。公的資金は企業と医師の手に渡るのである。メディケア・プログラムは老人ホームの介護に要する時間に厳密な制限を設けている。費用が時間単位で計算されるためで、その結果、入居者または入居者の連れ合い、ないしはその両者は資産を使い果たすことになるが、その過程はスペンドダウンと呼ばれている。スペンドとは政府の使う用語だが、これはもともと市場の言葉で、まるで自由かつ合理的に財産減らしに精を出しでもしたような響きをもっている。事実、入居者も家族も、入居を取り消す場合を除いて、こと入居費の問題に関しては交渉権を全く持たない。したがって「スペンド」は全くもって不正確なラベルといわざるをえない[20]。

メディケイド・プログラムは州によって異なるが、実際のところ貧困が資格の基準だと主張する点ではあらゆる州が一致している。州は二つの点でその主張をする。まず、資格申請に当たっては一定の額、たとえば埋葬費、を上回る金をもっていないことが条件になる。次いで、わずかばかりの月々の小遣いでは、入居者は、眼鏡、入れ歯、衣類、スリッパ、タバコ、コカコーラ、電話賃など、日々の出費にさえしだいに不自由するようになる。時間がたつにつれて、ミス・ブラックや、ラルフ・サグレロや、ジューン・ポパーはこうした日常品とも縁のない生活に落ちぶれていったが、年間一万五〇〇〇ドルから二万ドルの金が彼らの健康管理費の名目で州から老人ホーム企業に払われたのである。

公的資金はこうした事業の収入の非常に大きな部分を占めるとあって、今や老人ホーム産業は州によって助成されている、と言っても過言ではない。

検査官を派遣することで、州は老人ホームを私企業として保証する機能を果たしている。州はまた清潔度を検査し、適切な番号を付した記録を強要し、職員と入居者の貧困化の過程を一貫して確認・奨励しているのである。検査においては、州は暗黙裡に貧困賃金とスペンドダウンを認証する。こうして州の政策は企業と癒着し、商品としての介護を創出しているのだ。州は利益を保証するために行動するが、それぞれのホームの利益ではない、この部門全体の利益のためだ[21]。このように、州の役割は企業や企業の経営者とかけはなれたものではなく、混然一体となっているのである。

老人ホームでは、貧困、または貧困の脅威は記録から除外されているが、それがこの種の生活をもっぱら医学または慈善的出来事にしている。たとえ記録されなくても、資産が絶え間なく減っていくことは事実に間違いないし、話題から消えることもない。ラルフ・サグレロは夜も遅くなってから灰皿のなかの長い吸いさしを探し回りながら、そのことで愚痴を言った。自称元弁護士だが公的支援を受け、食い物を漁り歩く。老人ホームの住人は病気も貧困化もこきまぜて病気で括られる。公的支援を受けるようになれば、彼らは日常生活を快適なものにする基本的必需品を買う金にさえ不自由するばかりか、それによって彼らおよび彼らについて読む人々が彼らを、資本主義産業としての老人ホームの生産に寄与する沈黙の、貧困化した人々と見る可能性のある物語もないのだ。

ミス・ブラックの分析は一つの意味で正しいことがわかった。彼女や隣人たちは、若い頃に組織を保証するさまざまな基金に金を拠出した。しかし、約束の介護は産業も州も与えてはくれなかった。

それは州と産業の間で金を交換する商品に化けたのだ。産業にとっては収入源として、私費にせよ公費にせよ、全ての入居者は介護の生産に参加した。数学の教師が言ったことは正しい。なるほど彼らは彼女から金を奪って儲けているのだ。

看護助手のソランジ・フェリアは夜勤勤務でミス・ブラックを介護し、言葉を交わしたことがあった。彼女らはさまざまな話題について話し合ったが、二人の困った問題や評価は一致した[22]。労働者と経営者の関係を「私たちが働き、儲けているのは彼らだわ」という言葉で表現したのはソランジだった。経営方針と、それを支える公共政策の下で、二人とも貧しい生活を強いられている。彼女らは被介護者とか被管理者と呼ばれる一方で、協力して介護業務を産み出している。老人ホームの経営母体である組織と州に、意味は違うとはいえ依存している点ではともに立場は同じで、同じ原材料として被搾取過程に置かれている。「私がここに来てからこっち、彼らは私からお金を取り上げて儲けている」という言葉は、老人ホームに住む男女ばかりでなく、彼らの面倒を見る看護助手の言葉だといっても過言ではない。

シャロン、私たちのところに食べ物は何もないとわかっているでしょ

午前一時までには起きて歩き回る者が何人か出るし、寝たきりの者からは要望がいくつか出される。シャロン・ドレークはしばしばデスクのところに現われ、眠れないと訴える。「おなかがすいたんだけど、何か食べるものはない？」

「シャロン、私たちのところに食べ物は何もないとわかっているでしょ。何とか眠るようにしてみたらどお？」

この元ウェイトレスは夜中に腹をすかせ、看護助手は眠る努力を促すことで健康管理の実習をしているのだった。老人ホーム会社と州保健局は、食事の支給に特別な規定を設け、食事と食事の間隔は一四時間以下となっていた。したがって行政の指導と日常生活の隔たりを調整するには、空腹は眠って忘れろ、とでも言うしかない。

シャロンとの出会いは、老人ホームの介護を商品に、入居者を管理しやすい単位に、それぞれ作り変えるさいにカルテの果たす重要な役割をしだいに明らかにしていった。出会いは書類に書かれることよりも省かれることに光を当てた。シャロンを説得してベッドに戻すことは容易ではなかった。そのやり取りには彼女を納得させるだけの理屈をこねるなど、ある程度の技術を要した。時には利き目のあることもあり、全くないこともあった。両者にとってそれは常に精神的努力の要ることだったが、シャロンがベッドに戻り、明りが消えた途端に、彼女の空腹も説得に要した努力も終る。いずれも書類には記録されない。形式的にはそれらは起こらなかったことになる。シャロンの空腹や、それが必要とした介護行動は整然と消去され、夜の仕事は闇に消えるのである。

それと対照的に、記録を見るかぎりシャロンは十分な食事を与えられていることになる。この情況に関して彼女が知っていること、並びに介護職員が知っていることは沈黙させられる。彼女が十分な食事を与えられているとする記録はその沈黙に依存している[23]。彼女が眠ろうと寝返りを打ったとき、患者という彼女の毎日の仕事はまだ終っていない。もっと意識的な努力が残っているのだ。食事が配られてようやく断食状態が解消される一定の時間まで空腹を我慢するのがそれである。

「またアーサーが呻《うめ》いているわ」アーサーの呻き声は私には聞こえなかったが、ドロシー・トマソンには聞こえていた。彼女は彼の発言に対する感受性と、彼の扱い方のレパートリーを開発し、それを日常の指示のなかでみんなに披露した。この感情的に緊張した環境では、個人的関係にはいいものもあり、あまりいいとは言えないものもあった。しばらくすると、アーマ・ダグラスも言うように、「好きになればあなたの赤ちゃんみたいなもの」ということになる。非常に多くの助言が創られた関係をめぐって行なわれるので、私は「この仕事に必要なこと」についてミセス・ボンデロイドの言った言葉がもっとよくわかるようになった。母親のウイットは必要条件にとどまらない。それはこの仕事をやっていくうえでどうしても必要な要素なのだ。仕事の内容は生命兆候の計測、体重測定、シャワー介助、ベッド整備、食事と用便の介助、等々となっているが、微妙な人間対人間の相互作用がこうした仕事を行なう際の基盤を提供する[24]。したがって大抵の仕事は記録されずに終るのである。

要求への反応と認識される看護、人間関係の構築、および「ただ側にいてやること」などは、企業の考える生産性のモデルには馴染まないものだ[25]。介護の資本主義的解釈では、数えられないもの、コード化できないもの、外部から管理できないもの、検査できないもの、および売られないもの——換言すれば商品化できないもの——等々は全て消去する。こうした言葉で名付けることのできないものの多くは、書類化の過程によって介護と同様に目に見えるものになる。書類化することで仕事の実行に先立つ全ての生産的連鎖性が消去されるが、これが仕事をつまらないものにするのである。

陰の仕事はほとんど全てが女性によって行なわれているが、それには彼女らが他の領域の経験から得た介護の知識が含まれる。この仕事の正式な定義においては、以前従事した仕事や働き手の性別は問われない。看護助手にとっては、仕事は一連の非熟練労働で構成され、彼女らの一生の仕事につきものの女性に基盤を置く技術で成り立っている。地位にはあたかも女性によってそれが満たされるのは偶然に過ぎない、といわんばかりの名前がついている。しかし、仕事と、それをやるのが女性であるという事実とのつながりはもっと複雑である。書類化の過程は、背後に横たわる母親のウイットを消去することで仕事を変質させた。それでもこうした技術は、たとえ口頭でのみ受け継がれ、目に見えない仕事をこなす女性によって実行されようと、残ったのである。

ナースステーションではカルテだけに照明の当たる夜も遅い時間には、多くのことが闇に押しやられる。書類は非常に多くの事柄を可視領域からかき消す。夜には空腹を訴える者がいるかもしれない、あのすえた小便臭は一日かけてひどくなっているかもしれない、明日のシャワーは冷たいのではあるまいか、ホットケーキは湿っていないだろうか、などといったことが書類に載る可能性は間違いなくない。ここでは、拘束ヴェストを着せられるかもしれないという話もなければ、どうしてこんな不毛の介護がこれほど高くつくのか、という疑問も起こらない。こうした問題はそれぞれ、それ自体の健康管理という尺度に変貌した。空腹は栄養に、空気は科学的衛生施設に、シャワーは入浴スケジュールに、拘束ヴェストは娯楽室監視に、それぞれ変貌したが、その一方で費用の問題は看護助手と看護される者の関《あずか》り知ったことではないのである。これらの問題に関する問いかけは昼といわず夜といわずつづいている。しかし、問いかける声はどうしたものか書類までしか届かず、書類のなか、またはその向こうまでは到達しないのだ。

営繕課長はそれらがどう見えるべきかを知っていた。しかし、入居者自身はあまり見てはならない。少なくとも行政のやることは見ないに限る。午前五時には、夜間勤務者のためにいくつかの午前中にやるべきことが始まる。したがって私たちは全員がしばらくナースステーションを空けることがある。ジョアン・メイコンはこの時間に起きて好奇の目を輝かせながら歩き回ることがよくあり、自分のカルテを覗いたりもする。技術的には、入居者は全員が自分のカルテを読めることになっている。しかし、非公式的には、私たちは彼らがナースステーションに立ち入ることを禁じなければならない。入ろうとする彼女を見たとき、私は「ジョアン、何をやっているんだ？　そんなものは見てはならないということはわかっているだろう？」と厳しくとがめなければならなかった。彼女がすぐに立ち退こうとしなかったので、私は心配になってきた。管理職に見つかれば、私も困ったことになるからだ。「頼むから出てくれよ、ジョアン！」私は言い張った。ジョアンは彼女に関するこの個人的知識からなにも知る時間がないうちに追い出された。

午前六時が近づくと、どんな看護職員でも夜勤者の敵——つまり睡魔との戦いが始まる。うとうとしているところを管理職に見とがめられでもすれば、深刻な問題が起こるだろう。もしドロシー・トマソンが一三時間の連続勤務が終る頃にデスクで居眠りをしていても、あまり問題にはならない。また、こうした時間に彼女と一緒でもなければ、彼らは何が彼女を疲労困憊させたかほとんど見当がつかないから、記録される気遣いは先ずない。彼らは監視を怠ったところは見ているだろう。したがってドロシーは自動的に何日かの出勤停止になるか、即座に馘《くび》になるかのいずれかだ。私たちは強引に彼女を揺すり起こして動き回らせ、入居者のチェックに行かせた。

そんなわけでドロシーは起きて体を動かすことになった。血圧が上がって「体中がほてる」なんて言っていられない。この産業では、健康管理職員の健康はいつも危険にさらされてきた。企業特有の職掌に分割し、人数を削減された労働者は絶え間ない腰痛、頭痛、目まい、に悩まされる。看護助手、清掃夫、洗濯係、等々の職掌に携わる者は健康管理の仕事で病気に罹《かか》る。「この仕事で病気になったわ」とはヴェラ・ノリスの言葉だったが、返ってきた答は、「でも誰かがそれをやらなきゃならないでしょ」というものだった。しかしヴェラの愚痴の批判的な響きは耳に残った。なぜならそれは介護の社会的解釈——つまり、何人の看護助手がどんな労働条件の下でやるべきか、というその仕事に特有の定義——だったからだ。ヴェラが愚痴をこぼしたのは自分の仕事についてであって、介護そのものに関してではない。この仕事の職業的危険は、こうした産業的副産物に事欠かない、まさしくこの種の事業の産物である。ヴェラは自分の仕事がどうあってほしいかについて多くの提案をしたが、自分の選んだ職業をやめたいとは一言も言わなかった。どの提案にも仕事が取り込まれた組織の型からの脱却が含まれていた。

周到にモニターされ記録された、遺漏のない介護活動が大いに強調された。夜に二人の看護助手と、二つのフロアを担当する一人のLPNが、目を覚ましてコールボタンを押す一〇人から二〇人の入居者の対応にてんてこ舞いしていても問題ではない。その状態を看護師のパール・デロリオは「藪火事を消す」と表現したが、一緒にいてほしいというサラ・ウォースティンの要請は、急を要するボタンコールへの対応が優先するからもちろん無視される。遺漏なき介護活動などという抽象的概念を思いつき、計測している会社や医師や州の行政担当者の冷ややかな観方からすれば、こうした夜には全てが異常なし、ということになる。適切な健康管理は適切な割合の労働者と、賃金コストを含め、なるべく低い生産コストによって達成されてきた。夜間に人けのない廊下は、書類上の手続きを経て、生産性が高いことを意味する。不在が遺漏なき介護活動になったわけだ。

したがって、記録を取ることは実際に起こったことを反映している、というより、実際に起こったことの抜粋というのが正しい。事業の所有者と検査役に名づけられ支配されて、介護は看護助手ではなく会社が行なうものになった。抜粋過程はここで起こった。金が一つの集団によって地表まで運ばれ、それから採取され、数えられ、別の集団に所有されるようなものだ。仕事の過程にはこの書類化と、浄化済みの単位の選別と、計測と、検査済の印が含まれる。介護は量化されてカルテのページを満たすが、それが健康管理に労働コストを削減して患者と職務と余剰利益を産み出そうとする現行の企業論理を当てはめさせることになった。

実際の仕事が職務に変わってナンバーがつけられ、測定され、チェックされることになったあと、それは上司に管理されるものになる。このさい上司にその仕事の経験があるかないか、それがどのような過程で完成されるかについての知識の有無は問題外である。ひとたび飛躍が起こってカルテに名前がついて量化され、その単位が数えられると、それは所有権が主張され、管理され、所有される。そうなると介護に対する人間の必要性は、組織が所有しそれ自体の条件で分配することのできるものに対する消費者の需要として定義づけられる。日常の必要とそれの調達が数えられ、説明のできる論理となるかぎり、損益の計算は可能になるのである。

この手続きは入居者の生活を記録してしだいに分離し、隔離した個人の歴史に作りあげてゆくという結果を生む。個人は行為を受ける者の状態に陥入《おちい》り、社会的関係から個人、個人から患者、患者から疾病、疾病から健康サービスの単位、そして最後には物になる。これらの要素が糾合されてベッドを構成する。したがって個性をもった人間からベッドへの飛躍は直接的なものではなく、観念的な道をたどる。つまり、社会的に脈絡化された人間から隔絶した個人に、それから患者ならびに疾病のカテゴリーに、その後肉体から行為、およびそれらにたいして行なわれる任務に、そして最後は記録されてコード化へ移行するのだ。この概念のコンベヤーベルトの末端では「ベッド」が論理に登場し、人間とベッドの融合、入居者と商品の融合を完成させる。「今日は二〇一から二一六号ベッドがあなたの担当よ」という言い方は単なる言葉のあやではない。

生産手段は照明の下のデスクに座ることだ。ここで患者が創られ、こうした手段の後で、その過程で、それを巡って、そのまえに、行なわれる仕事は消去される。照明の向こうの暗がりでは、消費者と生産物の区別は曖昧になる。「ベッド」と同様、「カルテにないことは起こらなかったことだ」という科白《せりふ》は、看護助手に正確な記録を付けさせる大胆な方法にとどまらない。それはビジネスとしての介護のあり方を正確に捕らえた言葉なのだ。したがって老人ホームで暮したり働いたりすることには、いずれも粉砕されて断片化することが含まれる。行政の考え方によれば、老人ホームの関係者は任務の遂行者とそれの受け手に仕分けされる。彼らの生活と仕事の形式的な書類化によって、入居者も彼らを直接介護する者も粉砕され、単位および単位の計測値になったのである。

金は金鉱から掘り出されたあとさまざまな変化をたどり、産出に要した労働は消去される。価格のついた商品として売買するには、金は砕いて単位にし、重さを計測しなければならない。灰色の金にしても同じである。

本書の前半の三つの章は老人ホームの介護を資本主義産業にする生産関係を扱っている。老人ホームに長期入居する男女と、直接介護業務に当たる者は、ともに貧困の淵に立たされていると言う。彼らは貧困状態、ないしはその脅威にさらされている。こうして彼らは粉砕されて原材料となり、企業に依存する身となって、社会的に創られた患者や任務の遂行者になる準備が整うのである。

第4章から6章までは、これが達成される手段を扱っているが、その過程で患者、任務、ベッド等々が登場する。書類化の過程は質から量への本質的な飛躍を提供するので、入居者や職員はこうした存在物に変貌しかねない。ひとたび飛躍が行なわれ、老人ホームでの居住と介護の仕事が書類化の過程でカルテに書き込まれ、単位に数えられると、ホーム内での生活は外から管理され、検閲され、価格を付けて所有される。老人は金に変えられるのである。

こうした関係や生産手段はビジネスとしての介護が発展しうる基盤を提供した。所有権はただ単に日常生活に降り立つ抽象的な力として表われたのではない。むしろ、それはその存在をホームでの生活から引き出し、その対面労働の脈絡のなかでもたらされた実際の介護の生産を抽象し変貌させて、それ自体の量的・概念的計画と両立する談話にしたのである。官僚的支配は絶えず拡大して日常生活にまで及び、さまざまな専門家、管理者、認定者らは仕事の慣行にしたがって日常生活に彼らのカテゴリーに関連した名前をつける[26]。

老人ホームの介護は、一般的には産業資本主義の下に発達してきた生産方式と同じではない。また、この方式——利益増進の州政策に保証された私企業方式——が将来にわたって可能な唯一の組織形態でもない。この研究でわかったことは、二〇世紀末のアメリカ合衆国の老人ホームはビジネスとして発展しつつあるが、それらは内在する一連の矛盾の上に建設されているということだ[27]。

灰色の金を作ることは純金を作ることとは違う。しかし、両者の関係は隠喩を越えている。理由はその過程が両企業を導くより大きな生産方式において類似しているからである。両者とも計測し、買い、売ることのできる商品を生産している。両者の場合、計測できるものは、仕事はしないが実際に仕事をしている人々を搾取する者によって管理される。両者とも、階級、人種、性、世界の労働力等々を支配している。南アフリカの鉱山だろうが、午前一時に起こる胃を締めつけるような空腹の訴えをなだめすかすことだろうが、計測に先立って一連の仕事をしなければ商品の生産はできない。両者の例において、先立つ継続的な生産は所有過程の一部として消去されるが、その一方で企業はあたかも管理が全てを引き起こしでもしたように、トップダウンで生産されたものとして文書化される。灰色の金という元素を生む者は、純金を掘る鉱夫のように肉体労働者と名づけられ、その生産のコストに計上される。

けれども、介護がなされる現場の現実では、事が円滑にはこぶとは限らない。先ず人はベッドや労働コストのように受動的に物になることを承知せず、フロアで反抗が起こる。年老いて体力のない老人や、ロボット同然の職員だけではない。そもそも彼らは社会が作った環境に生きているのだ。彼らの言葉や置かれた状況は、経験とそれを支配するために使われる用語の矛盾を指摘する。

食事や用便や歩行の介助を受けることは自力による活動とは違う。疾病や身体の虚弱は患者とイコールではないし、介護が必然的にそれが名指す特定の仕事を意味するわけでもない。あたかも母親のウイットが医学と同じではないようなものだ。チーズサンドイッチは、栄養価の尺度になったあとでさえ、かならずしも食べられる食物ではない。拘束ヴェストは人を椅子に拘束するときには拘束ヴェストではないし、水のシャワーは、たとえ入浴記録に違いが表われないとしても、湯の出るシャワーと同じではない。

看護助手の交替時間に五人から一〇人の入居者がナースステーションに集まって二五セント玉をねだることは、「今日は何か起こった？」「いや、切り傷とかすり傷が二つか三つだけ」というやり取りとは違う。貧困化は病気とは違うし、貧困賃金は専門職業化と同じではない。生命の印を看護《みまも》ることは生命兆候を計測することとは違うし、検査は見ることと同じではない。ましてや椅子に括りつけられることが「起床《アップ》している」ことになるなどは言語道断というべきだろう。

こうした例のそれぞれにおいて、前者の表現は入居者や看護助手が体験し使っていた言葉だが、介護についての官僚言葉に変貌した途端、後者に変わったのである。介護が商品に変わると、反応が全くなくなり、ゆっくりやっていたことが迅速化し、背中をさすることがローション塗布に置き換えられ、夜間には廊下から介護者の姿が消え、こうしたことは全て優れた生産管理の結果と見なされる。日常生活にその書類化が浸透するにつれて、前者の言葉は全て後者のそれに変わっていった。ペンを動かすだけで変わったのである。

にもかかわらず、官僚による管理は、どれほど支配的かつ広範囲に及ぼうと、不完全な状態にとどまった。その支配下で暮し働く者の実際に置かれた状況、または反動を十分に抑えることができなかったのである。たとえ遺漏なき介護の尺度によって正当化されようと、廊下は夜間に介護者のいない状態が続いた。たとえチーズサンドイッチや、ドロシー・トマソンの言う「水スープ」が概念的に再構成されて栄養の単位になろうと、それらがトレーに半分残ったままであることに変わりはない。それらが残ったことは知られ、人の口にのぼり、拒絶される。量に転換されはするが、その質は残る。夜半までつきまとう空腹も残ったままだ。ファーン・パリロは秤《はかり》に定期的に乗り降りして体重が記録されるが、血圧の高いドロシー・トマソンは、秤に異常はないと知っている。傾いているのは建物のほうだと。

こうした条件の下で暮す人々については、彼ら自身や、ホームの従業員や、見舞客や、家族がその条件を知っている。休憩、食べ物、痛み、孤独、意志疎通、コスト、こうした事柄のいずれかに対する管理の欠如、等々が尽きない話の種になる。ホームに住む人々と、彼らを介護する人々が、こうした基本的要素を管理できないということは、老人ホームを支配する管理の論理には従っているが、ホームの日常体験にはあまりよく適合しない。

老人ホームに住む人々の多くは、自分たちを産業の生産物にする用語や規則には日々の話し言葉のなかで抵抗する。彼らの声は記録のなかでは消されたかもしれないが、彼らはなお組織の分析者だった。彼らはその条件の下で生きて働き、ベッドや労働コストにはできないことをしたのである。つまり彼らは口を利いたのだ。

第7章　「ちょっとここらで一休み」するために

こうしたホームで暮し、働く男女が彼らの置かれた状況について話すと、彼らはしばしば自分たちの生活を支配する規則と所有制度に抵抗を表明する。彼らはホームが違う組織であって欲しいと言うが、彼らの声は官僚支配と医学用語の下に沈んだままだ。しかし、彼らの目下の話と、日常の闘いで、彼らは老人ホームについて考え方と喋り方の代替的方法に対する起程点を上げた。介護については二種類の物語があった。一つは正式なもので文書化され、専門家と行政官が共有していた。もう一つは水没したまま文書化されず、老人ホームの入居者とそこで働く者が共有していた[1]。

本章の目的はこれら二つの物語の探究をつづけ、分裂と矛盾点がどこにあったかを追求することにある。この分裂点は傾いた巨大な建物の亀裂に似ている。亀裂の補修にはその内部論理を分析し、はたして継ぎはぎ細工で十分か、それとも建物全体を解体し、再建する必要があるかどうかを検討しなければならない。亀裂は行動を起こすことができ、また起こす必要のある空間を提供するが、この場合には、行動は社会的・政治的なものである。

それに続くのは、老人ホームにおける違った種類の日常生活の基盤をどのようにして形成するかを考えた、既に報告済みの言葉や状況の一部の見直しである。私は以前現われた言葉や行動に基づくさまざまな可能性を示唆し、それらをいくつかの社会学的想像力と混ぜあわせ、代替的な力の脈絡性の中に投入する。

看護助手、看護師、入居者、訪問する家族や友人たち——彼らは全て訪問先で見る介護のあり方に異議を唱える。彼らは自然でもなければ避けられないものでもない老人ホームの政治経済学の中でこうした反応を示している。それは社会的構造物であり、一定の種類の人の労力と、権威と、所有権の産物である。人間の産物であるため変えることはできる。本書が報告する状況のなかで口にされる言葉から、外部の権力が指示する類の変化にとどまらず、内部から始まる変化をも想像することは可能である[2]。

健康管理の母親のウイットにようこそ

学校教育にはいくつかの矛盾点があった。最初の教師だったミセス・ボンデロイドは途中で解雇された。解雇の理由は学生にはわからずじまいだったが、彼女が当時育ちつつあった介護の考え方に合わなかったためだ、と憶測する者もいる。正式なカリキュラムへの脇科白《ぜりふ》として、この仕事の核心にあるのは母親のウイットだと言った彼女の主張は、教科書やテストを構成する科学や測定に基づく授業のあり方と深刻な対立をもたらし、多項目選択式のテストでこの仕事の適格者を判断できるとする州の主張と相容れないものだった。だからある意味でミセス・ボンデロイドの解雇は論理的な帰結だったのである。介護とは何かに関する水没した物語に基づく彼女の考え方は、医療産業で肉体労働に従事する者を養成するには進歩的すぎたのだ。

母親のウイットを強調するに当たって、彼女は人間関係を通じて教えた。「彼らの目を見続けること」「聴力が最後まで残る、ということを忘れてはいけない」「たとえ死んでも自分の患者であることに変りはない」等々の言葉と比べ、州が是認する学校のカリキュラムは、感情的に複雑で相互作用的な仕事を、一連の生物医学的で、計測可能な任務にすることによってのみ知的専門知識を取り入れた。

訓練はそうでなければならぬというものではない。それは実際に仕事をしている人々、つまり看護助手によって教えられるべきだ。訓練を受ける者は彼らの働く姿を見て学び取る。事実、看護助手は学生が知る必要のある知識の全てを教えることができた。ガーナ出身のダイアナは、ミセス・ボンデロイドの後任の教師に向かって、「私たちはこんなラテン語の単語なんか覚える必要はないと思います。学ばなければならないのは人の体がどうすればきれいになるかだわ」と言ってのけた。訓練期間に身につけようと悪戦苦闘したのは、仕事を人間関係のなかに組み込む過程でどうすれば恐怖心や当惑や吐き気が克服できるか、ということだが、それを最も手際よく教えてくれたのはアーマ・ダグラスをはじめとする現場のベテラン達だった。

授業はベテラン看護助手や古参入居者が監督する場合のほうがよくわかった。実際に働いている人の方が仕事の遣り方を心得ている。何人の人手が必要かは言うまでもない。入居者には仕事の出来ばえの良さがわかる。そうした良質の介護が、与えてやる式の態度の払拭に役立ち、相互の社会的交換に基盤を置いた介護の言葉の発見にむけて一歩を踏み出すことにつながるだろう[3]。

ビヴァリー・ミラーという学生はこうした代替的な方法に問題が起こりがちなことを理解していた。ミスター・ストアが臨床訓練の時間に学生に課する更なる課題を探していたとき、彼は、「そうだな……戻って心理社会学的なことでもやるんだな」と言った。ビヴァリーは、それは「患者とお話をする」という意味ですか、と（二度）訊き返した。そうだと答えたので、彼女は、「私たち、一日中何をしていたと思っているんですか？」と訊いた。もしビヴァリーが代替カリキュラムを考える立場に置かれたとすれば、彼女は仕事を覚える手段として一連の手続きの最後に「お話」をとってつけたように付け足すとか、介護職員が入居者に施す擬似科学的作業として分離したりはせず、「お話」に中心的役割を与えたに違いない。

介護職員が与え手で、入居者を受け手と考える二分法を否定して再教育すれば、後者の介護知識を訓練の手始めに前面に押し出すことができる。老人ホームに入居して四年になるミセス・ハーマンは、声の高さについて大事なことを教えた。彼女は新任の看護助手がゆっくり、かつはっきり、とりわけあまり高くない声で喋れるようになるまで耳を傾け、少し高過ぎると、「わたしゃ目が見えないんだよ、耳が聞こえないんじゃないんだからね、この馬鹿！」と雷を落とした。亡き夫を日増しに恋しがるエリザベス・スターンの様子を見た人々は、悲しみの理解を訓練の筆頭にもってくるべきだ、アルツハイマー病と診断された人々でさえその表情がわかるようにしてもらいたい、と思うだろう。グレース・デロングは手の関節炎について大抵の教師には想像もつかないほどの経験をもっている。「赤ん坊のそばには行かないことよ」と彼女は教えた。メアリー・カーニーの意見に従う者は、笑っているときに計った生命兆候と泣いているときの生命兆候が同じ介護活動だと考えてはならない、と指摘するだろう。

新入りの看護助手はしばしば、「寝たきりの患者にしてやることで最も大事なことは何か？」という問いかけに首を捻《ひね》る。要求される答は、「二時間おきに寝返りを打たせ、拘束ヴェスト欄にその旨記録すること」である。シャーロット・ウォルシュはこれに反対だった。癌で瀕死の床にあって絶えず痒みに悩まされていた彼女には、何か月にもわたって四六時中ベッドで過ごす体験と、痒み止めのローションが必要なときについて教えたいことが山ほどあった。彼女のあとから似たような苦しみを味わった入居者も、学生や新任の看護助手が企業化された任務や機械的な記録に発する用語や考え方の間違いに気づくのを側面から援助することができた。学生が教師から学ぶのは仕事の一つの側面だが、彼らが介護でのやり取りで付き合う寝たきりや椅子に拘束された患者からは全く別の側面を学んでいる。職員と入居者の共通の関心事は、彼らを働きかける者と働きかけられる者に二分する企業による分断によって曖昧になる[4]。

民族問題はどんなカリキュラムにも登場する。ほとんどの老人ホームが民族的に階層化された組織だからである。正式のカリキュラムは白い制服が包む黒、茶、黄色、などの肌の色の違いを剥ぎ取った。もし民族がまるで一つの要素ではないかのように、正式の養成課程でこの先も抑えられ続ければ、ヴィヴィアン・バーンズのあとに続く黒人女性は、「彼らは私たちを看護助手として教育しているの、それとも黒人女性としてなの？」と訊き続けるに違いない。未来の学生や入居者は、多文化的な環境でどう機能するかという問題にもっと関心を抱くだろう。看護助手養成学校の理事が明らかにしたように、看護助手は働いている職場を決して批判したり、やれと言われた仕事に疑問を差し挟んだりしてはならない、ということを学ぶかわりに、ヴィヴィアンのような未来の学生は、服従の言葉に基盤を置く訓練は身に付けたくないと思うだろう。

第三世界出身の女性、とりわけフィリピン出身者は、彼女ら自身の経験から言って、しだいに世界の労働システムに取り込まれてゆく介護業務の教育に当たることができるだろう。ジャニタ・カーモナやフランク・サガンの後に続く者は、昔の民族紛争を繰り返さなくてもすむだろう。「フランクは彼らを解放した」と彼は言った。「するとこの俺がどうなったか見てくれよ」こうした他国籍企業の組織の下で相互抑圧について腹蔵のない議論を戦わせると、入居者や未来のフィリピン人看護助手は、行動こそ地域的かもしれぬが考え方は地球規模的で、協力し合うことのできる解放闘争がまだある、と判断するかもしれないのである。

職業学校のオーナーは、私たちが整えるベッド一台につき二五セントを取ることができればいいが、と言った。実際には何万ドルもの金が儲かっているのだ。オーナーは自分が売らねばならない職業訓練を要求する法律の州案に手を貸して儲けてさえいる。

けれども、健康管理の第一線では、デブラ・モフィットが賃金の余りのひどさにショックを受けた。専門職業化などという介護産業の高邁な理想には、生き延びるだけの費用にも満たない低賃金が厳しく反論した。それが引き起こす日々の闘いと怒りを耳にすれば、そうした亀裂からどのような経緯で組織的な反逆が爆発的に起こるか、想像に難くはないだろう。従業員と入居者は互いに協力し、最低賃金は最低限の生活を支えるとする間違った概念を正さねばならない。

キャロル・デイヴィスはこの問題の改善に熱心だった。彼女は組合の役員になりたかったが、職を失いはしないかと恐れてもいた。役員になれば組合活動を妨害するために圧力がかかるが、彼女は、最低賃金が生活賃金に変わるまではそれがこの種の産業生産を止める唯一の方法だ、と感じていたらしい[5]。入居者と彼らの家族は、労働者の連帯やストライキといった組合活動を迷惑がるどころか、むしろ支持した。肉体的・感情的に疲労困憊した労働者と、労働の回転ドア構造に耐えなければならないのは彼らだった。

キャロルは組合の日程に組み込みたかったもう一つの提案をしたが、それは介護要員と入居者の日常生活を変えることを目的とするものだった。折りも折り、娘が病気になって賃金を差し引かれるということが起こって慌てた。賃金のために介護することと、子供の介護の板挟みになり、回復期の娘を老人ホームに連れてくることができたらどんなにいいだろう、とつくづく思わないではいられなかった。母親と娘が同じ病室にいて、母親の職場に住む老人に娘を多少看《み》てもらう。グレイ・パンサーの指導者だったマギー・クーンは、老人ホームはすべからくデイケアセンターであるべきだ、と主張した[6]。マギー・クーンもキャロル・デイヴィスも、子供が周りにいればみんなの気分が変わる、と言った。入居者も、母親も、子供自身も気分が変わるのである。

企業と州は、決められた仕事をなしとげるのに必要な労働者の数を規定する責任制度を導入した。しかし、入居者や自分の欲求に適切な注意を払うには人数が足りない、と多くの職員が指摘している[7]。彼らはまた、たとえば掃除婦や洗濯係には吐き気を催す化学剤にさらされる時間を短くしてやるとか、ベッドを整える看護助手の腰痛を防ぐために勤務のあり方を抜本的に変える必要がある、などの提案も行なった。ヴェラ・ノリスの、「この仕事には気分が悪くなる」という言葉などは、記録に残ることのない単なる労働者の呟きとして扱うことなく、これらの仕事が組織され、区分化され、分配されて断片的な労働になっていった直接の結果と認識すべきである。人体を持ち上げる肉体的にきつい作業も見直しが必要で、チームワークの導入が望まれる。

そうした目標もまた、労働コストを増やすより削減する努力に入れあげる企業経営者の目的と真っ向から衝突する。労働力を削減すべく新たな計画を発表した経営者はそれを、「昔は協力して働いたが、今は自主的にやる」という言葉で要約してみせた。彼の計画では、三人半の労働者が四人でもできなかった仕事をすることになるのだ。

並み居る看護師のなかでも、LPN〔有資格実地看護師〕のパール・デロリオは、この仕事をするには人数が足りない、と主張した一人である。看護助手は折りに触れて恐るべき体力を発揮するが、長年にわたって人を持ち上げたり腰を屈めたりすると体のあちこちに痛みが起こる。逆説的に聞こえはするが、こうした女性たちは豊富な経験をもってしても寄る年波には逆らえず、しだいに仕事が辛くなってくる。男性は肉体労働に手を貸してくれるし、場合によっては男性入居者のほうが対処しやすい。顔を撫で回しながら、女は顔の剃り方を知らんと言ったリト・エスパルザは少なくともそう考えていた。

もっと高い賃金を、もっと多い労働者を、もっと多くの子供を、もっと多くの男性を——という考え方は新たな出発点を提供したに過ぎない。これらがここに並べられたのは内容よりも供給源のためだ。これは老人ホーム管理の官僚の専門家ではなく、ホームの日常生活の専門的実務家から出たものである。こうした問題の多くについて、彼らの意見はただ違っているだけではない、反対された。経営者にとっては、できるかぎり低い賃金と最小人数の労働者は生産効率の高さを意味するが、労働者や入居者にとっては、それは逆効果を招くことになる。介護業務にはかなりの協力が必要だが、ビジネスとして経営する場合には紛争や不和も起こる。紛争に関する記録は公の書類では手に入らない。しかし、病室では嫌でも目に付くのだ。

私たちの社会保障費はどこへ行ったのさ?

ミス・ブラックは車椅子に乗って、理事が出して見せた費用の論理の向う側へ移動することを主張した。彼女は、自分を罠にはめた経済の網は一つの可能な論理に過ぎない、私の物事に対する感覚と全く相容れない罠だ、と言いたいらしい。彼女は、理事には到底理解できない力が働いて自分に降りかかったスペンドダウンという社会的災害を生き抜いてきた。世の中には彼女のように、根本的改革の名目で全ての資産を奪われる人間が大勢いるとあって、彼らは制度そのものを疑わざるをえない。しかし、メディケイドは救済だとする公的議論に目を晦《くら》まされた彼らは、鎮静剤ばかりでなく、大衆政策のイデオロギーによっても沈黙させられている。ミス・ブラックと同じ道をたどる人々は彼女の主張を受け継ぎ、彼女に「私の社会保障費はどこへ行ったのさ?」と言わせた支配体制に抵抗しつづけるだろう。彼女の怒りは鎮静剤の投与で鎮められ、「反抗的態度に出る」という烙印を押される。こうした支配形式が政治と経済の論理に根ざす彼女の不満を解消する手段としては通用しなくなる日も遠くはないだろう。

医療を表わす強力な接頭辞である「メディ」と、介護や保護を意味する「ケア」や援助を示す「エイド」という接尾辞で合成されたメディケアとメディケイドは、「高齢者への医療給付」として無批判に大衆に受け入れられた。実際にはそれらは医療会社や医師への支払い基金である。何十年もの間、唯一の政治問題は「給付額」を増やすべきか減らすべきかだった。もう一つの方策はこのプログラムを全面的に廃止することだろう。社会的権利としての健康管理に向けて新たな出発をすることは、アメリカがこの問題で先進工業国に追いつくことに手を貸すはずだった。老人ホームの内部から判断すれば、こうしたプログラムは官僚の言うような類いの介護や援助をもたらしはしなかった。多くの入居者は、このプログラムが彼ら自身や隣人たちにもたらす利益はきわめて少なかった、と感じている。両プログラムとも、利益促進政策を追求するなかで価格インフレを助長する一方で、給付を受けた者の心に依存性を芽生えさせ、彼らの力を殺《そ》ぐことになった。

アメリカ合衆国の政治の地平には、国民に支持される健康管理制度はまだ見えてこない。しかし、現行の制度に対する不満にはほとんど普遍的なものがある。社会保障プログラムそのものが大恐慌のさなかに作成されたが、これは当時発言力の強かった労働者階級の扇動によるところが少なくない。彼らのなかには、今世紀末の何年かを老人ホームで過ごすことになる者もいるだろう。この世代の人々には、一九六〇年代の彼らの子供たちと同じように、社会保障制度を激しく批判した記憶がある。一九三〇年代と一九六〇年代の健康管理および社会福祉に関する運動は、一九八〇年代を通じて鎮圧された。その間に、政府は軍事契約と作戦活動に膨大な資金を投じ、国防予算は一〇年以上にわたって毎年三〇〇〇億ドルに膨れ上った。同時に政府は、全国的に支持された医療制度を維持することができないと主張し、それに替わるプログラムとして私費に企業の補助金を混合する方法を選ぶことにした。医療を現代の文明社会の印《しるし》と見なす大抵の先進工業国と違って、アメリカ合衆国は医療サービスを市民の権利というより、直接、または保険によって、それを受けるゆとりのある者の特権にしたのである[8]。

老人ホーム介護の全国の年間経費は、現行の政策通り市場価格に何の抑制も加えられないと仮定すれば、二〇世紀の終りまでには四〇〇から六〇〇億ドルに達すると見積もられている。グレイ・パンサーのマギー・クーンは、全国の老人ホームの経費を合計しても国防総省のスターウォーズ計画の予算より少ないだろう、と言ったことがある。似たような比較をすれば、中央情報局の年間予算は三〇〇億ドルを越えている。国民の支持を受けた健康管理制度は、国の資源を軍事設備の建設に充てるというコンテクストにおいてのみ不可能なのである。

国の立場は老人ホーム介護を市民の権利としてではなく、企業への資本移転の手段として支持するというものだ。老人ホーム産業は公的資金からの補助金によって繁栄している。それは既に国家によって補助された産業であり、価格は企業の経営者任せで、市民は貯蓄を拠出することが要求される。この政策は費用の名目で正当化される。健康管理の国営化は、アメリカ以外の国では安くつくことが証明されているにもかかわらず、費用がかかりすぎると言われる[9]。

個人保険は、社会化された制度がないとあって成長は間違いないとはいえ、老人ホームの支払いのごく一部に過ぎない。個人保険は長期入院にたいして、過去半世紀の間、短期入院に対してやってきたこと、つまり価格を高騰させ、医療を階級に基づかせる慣行、を永久化し、医療費を払える者がある程度の救済金を受け取れるようにした。もし入居者や家族や介護者が互いの貧困化に備えて社会不安ならぬ社会保障の保護のもとに暮すようになれば、介護業務の民間移管そのものが最終的には疑問視されざるをえなくなるだろう。

介護者、入居者および家族、灰色の金の原料を生産する者には、南アフリカの金鉱で金を掘る労働者と共通したところがある。一九九〇年には、先進工業国で国民に健康保険のないところはアメリカ合衆国と南アフリカ共和国の二か国だけだった。南アフリカの労働者の搾取はうまくいかず、革命寸前の状態だった。医療を民間に移管したもう一つの社会、合衆国でも、政治動乱が長期医療制度の内部で醸成されつつあった。破産するほど高額な医療費を払わせられる入居者、連れ合い、子供らは、「ここに来てからこっち、彼らは私からお金を取り上げて儲けている」というミス・ブラックの結論に賛成している。その一方で、介護職員はソランジ・フェリアの「私たちが働き、儲けるのは彼ら」という言葉にうなずく。彼女らは上の階の金鉱まで立て孔を上るエレベーターのなかで身を寄せあってつぶやいている。

全ての老人ホームは、社会の健康管理政策の一部であるという点でつながっている。多くの入居者は複数のホームで暮した経験からそのつながりを理解している。なかにはホーム間の孤立状態を打破し、壁と壁の間にコミュニケーションのチャンネルを通したいと願う者もいる。この点でグレース・デロングはある程度の影響力を行使したいと思った。彼女はアメリカ退職者連盟の期限切れの会員カードをもっており、再加入したいと望んでいた。将来にわたって会員資格を維持し続ければ、老人ホーム内に支部を設けることができる。彼らが取り組みたいと思っていることの一つは、ほとんど全ての老人ホーム入居者を待ち受ける財政的な転落の旅である。もしこうした入居者間の接触が彼らを分かつ階級差を越えてもっと頻繁に行なわれれば、怒りをもってはっきりものを言う人々のなかには、介護の商業化の一つの結果である貧困化の過程――たとえそれが彼らの弱さから来る自然の成り行きのように見せかけていようと――を指摘する者も出てくるだろう。彼らのさまざまな経験は、利益と貧困化がこの制度の下では弁証法的な相関関係にあって、一方が他方から出てくるということを確証するだろう。

長期介護の経済コースを最後まで生きた人々は、まだ資産を使い果たしていない人々に比べ、この関係がよくわかっているようだ。恐らく公的支援を受けている入居者は、彼ら自身の支援の抜本的な変革を促す方法を望んでいるだろう。失うものはほとんど残っていないとあって、彼らは先輩の示唆に従い、自分たちにできる小さいけれども扇動的な戦略を駆使して反逆を試みるだろう[10]。

シャロン・ドレークとメアリー・レイノルドは、食事のまえにブラディ・マリーが一杯飲みたいわね、とよく冗談を言っていた。マーガレット・ケーシーはひそかにストックしてあるウイスキーを一緒に飲みたかったところだろう。三人ともリラックスして活気を取り戻すため、日常生活のなかにカクテルの習慣を復活させたかった。その要求は簡単に容れられるものと思った。しかし、折りにふれてこっそりカクテルを飲んだらどうなるだろうか？　鎮静剤その他の薬の投与に差し支えるとあって、医師や管理当局の厳しい顰蹙《ひんしゅく》を買うことになるのだ。病院の外では、飲酒は構わないが鎮静剤の服用は不可とされる。ところが院内では逆なのだ。医学的理由のほかに、こっそりカクテルを飲めば責任が本人から管理者に移行するために、ここの社会的支配体制に対する重大な挑戦ということになるのである。カクテルは余りにも過激かつ危険なジェスチャーで、ホームから追い出されるはめになることさえあった。

たまには夜のおやつを断わり、乏しい小遣いを出しあってピザを注文することもあるが、こうした行動もまた規則違反である。入居者は何であれ分けあうことを厳しく禁じられていた。ポール・ラブリエットがイレーヌ・モローにテレビをくれてやろうとしたところ、「ここでは皆を平等に扱うことになっている」という理由で駄目だと言われた。この規則は人を扱う者と扱われる者の間に明らかに一線を画している。カクテルは言うに及ばず、入居者がピザのようなものを分かち合うことは、社会的支配のこの区分に挑戦することになり、好意的に扱うわけにはいかないのだ。実際、金を出しあって食べ物を注文することはもっと厳しいタブーを破ることになる。要するにそれは隔絶した個人の行為を集団の行動に変えることになるのだ。

非常に多くの人間が閉じ込められている依存という名の鉄の檻に、集団的協調や心的動揺を発生させるのは難しかった[11]。しかし、官僚的支配はいくら浸透しても全面的なものではない。それは突き上げる不満の泡を抑えながら不安定にぐるぐる回る蓋のようなものだ。集団的拒否が問題外とは思えない。非常に多くの入居者が特定の食事を拒否すれば、全員が揃ってノーを突き付ける事態まではわずか一歩の距離に見えてくる。とりわけほかに食べるものがある場合にはそうだ。

フローラ・ドビンズはその「ほかに食べるもの」を提供したかった。細菌や食物の所有に関する規則が、自分や仲間の食事の足しになるものを貯蔵する小型冷蔵庫の購入をためらわせた。彼女やおやつを食べさせたい隣人たちにとって、規則は衛生上の問題よりも冷蔵庫への依存が恒久化することと関係があったかもしれない。ミセス・ドビンズのあとの人々は小型冷蔵庫を持ちたいという彼女の考え方を受け継ぎ、冷蔵庫を所有する権利のために戦うかもしれない。しかし、そうした要求は経営方針に抵触するだろう。入居者自身に自分や仲間の欲求を満たすことができることを意味するからだ。

一九八〇年代のミス・ブラックの言葉は、当時としては急進的な要求だった。社会保障費の受給が自分の思い通りにいかないことや、自分たちの基金が一つの産業の建設を助けている事実などは、破綻させられた未来の年金受給者にはとうてい我慢のならないことだ。あの分けあって食べたおやつを巡って、独りぼっちのミス・ブラックが叫び声を上げるしかなかったことを、そのうち皆で訊く夜が来るだろう。そのとき入居者の集団は彼女の質問を鸚鵡《おうむ》返しに繰り返し、私を私たちに言い換えて、「私たちの社会保障費はどこへ行ったのさ?」と詰め寄るに違いない。

私はダウンしてるのよ、起床《アップ》なんてしてないわ

入居者の集団行動に関するこうした考え方は空想的でロマンティックに聞こえるに違いない[12]。多くの入居者には政治的交流はおろか、どんな種類の社会的交流もない。家族との提携や職員の支持なしに、自力で変革を起こすことが彼らにできる、と考えるのは現実的ではない。この先本章ではその問題を扱うことになるが、入居者には隠れた力があるという考え方を今すこし敷衍《ふえん》し、この研究の基本的発見について述べたい。それは、要するに老人ホームの入居者は間欠的に頭が混乱することがあるとはいえ、彼らの介護の実態と、それをどのように変えてもらいたいかについて大いに言うべきこ

とをもっている、ということだ。

娯楽室に漂うように見える重苦しい沈黙でさえ、結局沈黙ではないことがわかる。少なくともそれはうつろな沈黙ではない。娯楽室の周りには、多くの種類の違う沈黙がある。眠気と痴呆から起こる沈黙、傷つき疎外されたことから起こる沈黙、退屈と怒りに起因する沈黙、といったぐあいにさまざまだが、人によっては沈黙が社会関係の一つの形式であって、複雑かつ表現不能な感情を処理する唯一の方法だったりする。なかには、しばらく側にいて特有の混乱を理解してくれる人がいないため、自分を締めつけるようにとぐろを巻いた感じの沈黙もある。沈黙はかならずしも秩序が保たれていることを意味しない。時には静められた混沌のように見えることもあるが、それは患者に特有の受動的な生き方をする者が行なう論理的な選択だと言ってもいいだろう。

沈黙のなかにも会話やいざこざはある。多くの入居者は、住んでいるホームで社会生活の創造に手を貸している。彼らは自分の健康管理にいそしみ、指示に従って養生に努めるなり指示を拒否するなりし、そのかたわら職員や他の入居者と助けあっている。大抵の者は課せられた医療や管理の政策と規則の鉄格子越しに彼らの経験と欲望を調整しながら、自分の人生を理解するために闘っている[13]。たとえばシャーロット・ウォルシュは寝たきりの状態だが、受動的どころではない。彼女は文字どおり鉄格子を相手にしなければならない。痛みや痒みのためにしばしば薬を必要としながらも、指示された時間通りに薬が来ないため、彼女はベッドに巡らした高さ二フィートの防護柵にコールボタンを打ちつける癖がついた。それは意思を伝えようとする必死の試みだったが、同室や周りで働く者にはどうしようもない。それはまた、ニーズに反応する力がほとんどない人々の間の交流の一つの形式でもあった。

シャーロットの呻《うめ》き声は単なる肉体的苦痛ではなく、官僚的否認に対する苦痛の表現と聞こえた。指示された養生法は規則という意味で、医師の命令したものだが、このさい医師とは、辞書の定義によれば「治療または健康に良い影響を与える者」である。彼は老人ホームにはほとんどいたことがない。したがってホームは医療管理からほど遠く、シャーロットの痛みも痒みも治療または健康に良い影響は与えられなかった。それでいて周りの者は彼女の叫びを聞かせられるはめになり、看護助手には処方以上のことをする権限がなかった。

こうした環境のなかでも、集団的動揺に発展しそうなことが起こる可能性はある[14]。呻き声を聞いた人のほとんどは女性で、彼女らは大抵が生涯のある時期、ないしは生涯にわたって、人を介護した経験をもっている。規則は入居者が互いに治療をしあうという形の援助を禁じていた。この先は、誰かの呻き声が聞くに耐えない場合には、痛いところなり痒い箇所なりに薬や軟膏を塗ってやってもいいことになるだろう。入居者は、介護職員だけに治療する権限があるとは考えず、ローションやマッサージを分かち合うなど、自分や他人のために行動する権利と機会を取り戻さなければならない。

メアリー・ライアンとビューラー・フェダーズは、一日中拘束ヴェストに縛りつけられている人々のために喋った。メアリーはとうとう、自分を拘束して放置する、白衣を着た人間をすべて信用しなくなった。拘束およびポジションシートには、彼女は「拘束ヴェスト着用のうえ起床《アップ》」と書かれているが、彼女の周りにいる者は、「私はダウンしてるのよ、起床《アップ》なんてしてないわ」と嘆く声を聞かされることになる。

一九九〇年には、拘束ヴェスト、鎮静剤、検査の強化、等々を禁止する連邦規則が施行され、介護職員の資格も厳しくなった[15]。果してこうした一括予算調停条例（OBRA）の規制によって、内部矛盾だらけの老人ホームの根底に横たわる諸問題に取り組むことができるか、は疑問のあるところだ。拘束ヴェスト問題の根底には職員不足がある、というビューラーの説明には連邦条例は触れずじまいである。「だって彼らはあなたたちをこれ以上雇わなくてもすむでしょ」と彼女は言った。新しい規則は賃金構造や、スペンドダウンや、貧困化や、価格などを無視している。こうした根本的な問題を無視することで、国家はそれを恒常化しているのだ。その意味で、OBRAの規制は規制であると同じ程度に規制撤廃でもある。それは老人ホームの構造的不条理性には触れず、その一方でそもそもこうした問題の根源とはほとんど無関係な人々に対して、より多くの訓練と厳しい規則による解決を提案しているのである。

介護を受ける側にも彼らの日程がある[16]。マージョリー・マッケイブは生温い湯でシャワーを浴びせた職員に噛みついたことがある。「あなたもここに入って浴びてみればいいのよ！」この挑戦はほかの患者たちが食事や、拘束ヴェストや、何週間も何か月もベッドに縛りつけられる経験について繰り返した。非常に多くの入居者がこんな調子で職員に食ってかかったので、それは底辺から学ぶべきだということを指摘する戦略のようなものになった[17]。未来の入居者は恐らく介護職員、理事、オーナー、検査官らを促しつづけ、介護産業のなかに彼らが創ることに手を貸した情況を自ら体験させることになるだろう。たとえば数日または数夜ホームのベッドに一人で寝るとか、冷たいシャワーを浴びてみるとか、ポテトグーラッシュやクッキーの味見をしてみる、などのことをすればいいのだ。そうしたものを導入しながら、使い心地を体験したこともなければ、味も知らない連中がどんな顔をするか、ビデオにでも撮れれば興味深い研究になるに違いない。

また、こうした考察の目的は老人ホームのモデルを示すことにあるのではない。内側、つまり示唆された内容の基盤を提供した入居者や介護職員の立場から窓を開くことにあるのだ。恐らく、もっと実行可能なやるべきことが多くの介護職員や入居者の喉まで出かかっていることだろう。部内者の見解を取り入れた文献も手に入る。老人ホームの入居者の自叙伝も数がしだいに増えている[18]。加えて、諸制度の民族誌学的社会科学についても豊富な伝統があり、広く入居者、研究者、介護職員、および家族の興味を引くだろう[19]。これら四つの集団の力を借りれば、自叙伝を書いたり、テープに録音したりする入居者はさらに増えるかもしれない。自叙伝の口述は、こうした先駆者たちの話を記録することに興味のある介護研究者や老人学に企画を提供することが考えられる[20]。こうした方法は全て、産業論理に支配権が握られることを回避する一方で、介護物語の発展に替わるものを提供する。

ホームの内部では、入居者協議会はもっと強くなって、当事者能力を発揮することができる。とりわけ家族や、弁護士や、オンブズマンの援助があれば強くもなれるはずだ[21]。ジョン・ケリーは金も教育もある入居者だが、彼はつね日頃そうした努力に貢献したいと考えている。弁護士に勝るとも劣らぬ法律の知識が自慢の彼は、老人ホームの入居者は民主主義的権利意識が脆弱なことを痛感していた。時が経てばジョン並みに自由になる資力をもつ入居者が現われて弁護士の一人も呼んで、この種の事業形態の下で危険にさらされているのはどんな憲法上の権利かを相談する日が来るかもしれない。患者の権利侵害問題は法廷に持ち込まれる場合もある。カレン・トンプスンはホームに住むレズビアンの恋人を訪れることを禁じられた。彼女はミネソタ・市民的自由組合を弁護人に立てて訴訟を起こした。組合はこの事件は「老人ホームの入居者や訪問者の言論と交際の自由を保証する憲法修正第一条に違反する」と警告した[22]。

この訴訟は家族の権利問題を想起させる。家族は規則と入居費用に対してはきわめて無力である。主として配偶者や娘や親戚の隣人たちが身内の面倒を見るが、時には看護主任に要請をしたり、苦情を訴えることもある。彼ら自身あまり金をもっていないことが多いので、一対一の対応では困惑することもしばしばある。PTA活動が親の戸惑いを解消するようなもので、連盟を作ったり、連盟に加入したりすることで困惑はいくぶん解消されるが、入居者連盟も州単位や全国規模の組織と連携し、場合によっては訴訟を起こすなどすれば老人ホームの改革は進むし、連れ合いや子供らが介護の医療・産業モデルに抵抗の声を上げることも可能になるだろう。彼らは市場のなかの声なき消費者にすぎないのが現状なのだ。家族は入居者や第一線で介護に当たる看護助手と同じ姿勢で、日常業務の遂行にいささかの権限をもち、社会政策を形成していかなければならない[23]。三つの集団は全て、専門化した仕事の規範や国の規制をもつ病院と対決している。病院は値段をつけて医療を売る利益追求の事業で、合理性と費用効果と理念的にケア〔心配、配慮、世話、保護、介護など〕のような言葉に満ちた物語のモデルである。

しかし、彼らが直面する合理性そのものが矛盾の泥沼にはまり込み、日常生活と管理的な現実の分離を強いている。経営努力は会社の貸借対照表と政府の規制に向けられるので、それは日常生活の中心的儀式を歪める。医療と企業の合理性は怒りや悲しみのような入居者の感情表現を否定し、それらを診断のカテゴリーの一部として再定義する。つまり結果としてそれらの存在を否定する、ということだ。

この葛藤の核心となる例は死者に捧げる哀悼の気持である。入居者や介護職員は絶えず死を扱わねばならない。医療モデルが圧倒的な数を占める世界では、死は特殊な社会的形式を帯びる。払いのけられ、隠蔽され、人の口に上らず、まるでその話題はタブーか何かのようにひそひそ声で扱われるのだ。「あのスペイン人の男の人はゆうべ死んだにちがいないわ」とミセス・ドビンズは声をひそめて言った。「日中ドアを閉めるのは人が死んだときだけよ」

入居者のなかには通夜や葬儀に参列した経験のある者が多い。しかし彼らは晩年の最後の歳月を一緒に人の死を悼む機会のない環境で過ごしているのである。個人の行為として祈りを捧げる入居者は多いが、牧師がときたまミサを行なうために立ち寄る場合を除いて、哀悼の意を表わす公的な儀式などはないのだ。ミセス・ドビンズはときおり一緒に祈らないかと人を誘うことがある。公の儀式を呼びかけても別段おかしくはなかっただろうが、彼女がそれをしたことは一度もなかった。

しかし、病人を患者として孤立状態に置く強いイデオロギーの力に逆らって皆で死者を悼みたい気持や、その必要を主張すれば、これもまた革命的な要求と判断されかねない。死と哀悼の意の社会的構成を変えようとする試みは全て、食べ物、休憩、コミュニケーション、拘束ヴェスト、などの場合のように、やはり小さい秘めやかなジェスチャーで始めなければならないのである。恐らくミセス・ドビンズの考え方に賛成する者はそのうち彼女の隣人たち二、三人に声をかけ、何人かの家族と介護職員を誘い、医療的産業的業務を束の間中断して祈りを捧げ賛美歌をうたうことになるだろう[24]。

モニカは最近どんな食べ方をしている?

　結局、過激な入居者や、彼らの妻や娘たちや、看護助手たちのなかには、立ち入り禁止線を越えてナースステーションに入り、彼らの生活を支配する世俗の神が住む秘めやかで神聖な暗号を見ようとするだろう。彼らはカルテを盗みにかかるかもしれない。ジョアン・メイコンは夜間にしばしば廊下をさまよい、自分のカルテを盗み見ようとした。「カルテを見ちゃだめ」と言われても、自分の生活がどう記録されているか知りたい気持は抑えようがなかった。未来の入居者は管理の障壁を破りたいあまり、こうした書類をぜひ見せろと主張するに違いない。彼らの意見や、欲求や、分析は記録には載っていない。それでも入居者には言いたいことが大いにあり、それは文書化され記録された資料を豊かにするに違いない。家族もこの可能性をしばしば口にし、彼らの要請が文書化されることを望んだ。こうした文書が根本的な力の梃《てこ》になったことがしだいに認識されるにつれて、入居者や家族は合法と非合法を問わず、記録作成の手続きに更なる関わりを持とうと働きかけるだろう[25]。

　複数の介護職員との謀議なしで、入居者がこの道を歩むことは不可能に近いだろう。しかし、職員もまた、彼らの仕事を定義づけ、推し進める書類を革命的に変えることに関心を持つかもしれない。彼らの言葉や解釈の多くは、「カルテに書いてないことは起こらなかったことだ」という言葉に含意される管理の慣行の下に沈黙させられた。介護職員は入居者と協力してカルテの輪郭を広げたり書き改めたりすることができるし、彼らの日常生活を反映した記録に作り直すこともできる。元ＬＰＮのアンナ・アーヴィンは、現行のものに替わる化粧計画を作りたかった。彼女は、このスケジュールを何か流線形で効率的な生産性の高いものに見せかける言葉を拒否したのである。ベッシーとアンナがカルテに二、三語、自分の言葉を書き込んだとすればどうなるだろうか？　チェック印の隣りにだし抜けにアンナの、「私をほっといて。何を期待するの、奇跡？」という走り書きが出てくれば、カルテも違った風に見えてくるに違いない。

ジョアン・メイコンが自分を公的支援受給者の一人に挙げた書類の上欄に、路上で通行人を呼び止めて声をかけた、「ちょいと旦那、二五セント玉をお持ちかえ？」という言葉を書き込み、ラルフ・サグレロが彼の財務記録を修正して「公的援助？　私ならそれを貧困援助と呼びたいね」と書くなど、こうした言葉が日常的に書かれるようになれば、未来の世代はジョアンやラルフの生活を支配してきた長期療養と貧困の融合からもっと解放されるだろう。

ローズ・カーペンターが「欲しいのはアスピリンだ、睡眠剤じゃない」と書きなぐったり、ロレーヌ・ソコロフがくじいた踝《くるぶし》の処方箋に、「救急車と入院のかわりにバンドエイドと一杯の水」と書いたらどうなるだろうか。仮にクローディア・モロシが看護助手の助けを借りて彼女の行動プロファイルに、「私はママと抱き合いに行きたいけど、それをレズビアン行動と書かれたくない」と書いたとしてみよう。もしもデイヴィッド・フォーサイズと看護師のテリー・アーケイナが彼が鼻孔吸入器を欲しがっていることに気づき、そうしたありふれた治療は看護師の一存で行なってもいいはずだ、と二人で訴え出ればどんなことになるだろうか？　もしヴェラ・ノリスがサラ・ウォースティンの単純な要求に応じられなかった腹いせに、カヴァリッジ・シートに「一緒にいてほしい」というサラの単純な要求を書きなぐって欲求不満を解消したとしたらどうなるか？

補足、書き換え、ないしは単なる悪戯、などの例が多くなればなるほど、カルテの聖性や神秘性はそれだけ減じてくる。カルテは周到に書きこまれ、チェックされ、聖職に任命された者だけが触れることのできる魔法のイコンか何かのように侵すべからざる雰囲気をもっている。けれども、カルテは暴露と同じ程度に隠蔽もする[26]。記録は現実を支配し、歪曲する。量のなかに生活の質をとらえることができないとあって、一組の考え方を押える一方で別の組の考え方を創り、神秘化する。

医療問題の現行の内容をみだりに変更したり、その専門知識に挑戦したりする必要は誰にもない。解剖する必要があるのは、この医療化された権威が支配するに至った広い領域にわたる彼らの生活である[27]。反抗的な入居者、介護職員、並びに家族は、医療の慣行を変えたいとも思わないだろうが、彼らは、過去の連中のように、どうすれば看護業務の遣り方を変えることができるかについて、大いに言うべきことをもっているに違いない。互いにもっと協力し合い、記録をある程度読んだり書いたりすることで、彼らはカルテがいかに共通の利害について発言を控えさせ、目的を同じくする利用を永続させてきたかを研究することができる。フローレンス・カステナーダは、「モニカは最近どんな食べ方をしている？」という問いかけに対する答を符号化しなければならなかった。彼女は、「介助を必要とする」につけたチェック印が、とりわけ私たちがモニカの食事を介助したいと感じている以上に空腹を表わしているのを知っていた。そうした意向の食い違いに対するフローレンスの欲求不満がこぼれ出て、書類書きの仕事でうんざりするとでも書けばどうなるだろうか？　あるいは、ドロシー・トマソンが彼女のよく言っている、入居者が必要とするときに食べ物を与えることができるようになるべきだ、と書けばどうだろうか？

ヴェラ・フローレンスやドロシーがこんなことを書いたとすれば、彼女らは一つの物語から別の物語へと飛躍して黙っているべきことを言葉に表わし、禁じられた領域に踏み込んだことになるだろう。彼女らは日常必要なことと管理的に絶対必要とされていること、要するにこれといった名前はないが両者を調停してギャップを埋め、その対立点を絶えず解決しようと試みる活動というか、あの複雑な作業に従事しているのである。彼女らは母親のウイットを実行し書いているのだ。

母親のウイットは、文字に書きあらわすことのできない多くの感情的、肉体的、非個人的技術を必要とする。しかし、それはまた特殊な規則と規制の下で入居者を相手に働くことで、規則や規制を理解して生活に即したものにし、毎日の必要と外からの規制の間に橋を渡そうと努める仕事でもある。母親の知恵を取り除けば、日々の介護で黙々と土台骨を支えてきた女性がいなくなって、この産業は瓦解するしかない[28]。

国家と産業は共同して官僚物語を作り上げ、それが市場に基盤を置く外部からの支配と支援を受ける商品生産の手段を提供したのである。そうすることで彼らは介護を危機に陥れてきた。介護職員の規制と支配を急ぐ余り、彼らはこの仕事に必要なものを無視し、実務体験に基づく物語を抑圧してきた。人間を商品と労働コストにすることは、必要と欲求の日々の表現を抜き取って押し黙らせることを意味する。こうした矛盾の重圧の下では、医療－産業複合体は衰退せざるをえない。

継ぎはぎ細工ではこうしたビルは長くは保たない。亀裂が深すぎ、応急処置用の石膏は規制を規制する規制みたいなもので効き目がない。経営者に規制緩和を訴え、改革的な政府政策や規制に従ってもはや解決はできない。マージョリー・マッケイブの床擦れは、実を言うと椅子擦れだったが、床擦れには病名も治療法もあるが、椅子擦れには何《いず》れもない。彼女に従う者が椅子擦れを防ごうと思えば、経営者に新しい椅子の購入を依頼するとか、新しい病名を作るだけではすまないだろう。また、新しい規制を設けることを国に依頼するだけでもすまない。この椅子に座る生活を保証する資本主義産業の秩序が、老人ホームで暗黙裡に行なわれているように絶えず問題にされなければならないだろう。未来の人々は、これだけの時間が経ったあとで会社や国がようやく重い腰を上げたことに疑念を挟み、会社または国の慈善を待つことをせず、彼らの抑圧にその実行時点で対決することを選んで、彼ら自身の必要に名前をつけ満足させる方法をもとめることになるかもしれない。

この名前をつける手段の探索は、既に存在する言葉で始まり終るだろう。それは介護を与えたり、受けたりする人々の介護用語のなかにある。たとえそれが彼らに表現を否定する行政機構のなかにあろうと、彼らは自分たちが欲しいと思い必要としているものが何かを知っている。入居者または介護職員がカルテを奪って書き込みをするという幻想は、言葉が入り込んで力関係を形成し、支え、介護の実務に基づく彼らの言葉が奪われた、とする考え方から出ている。

母親のウイットという介護する者とされる者の関係に由来する物語が生まれたことは、白衣を着た女性と、食べ物や痛み止めのような基本的なものを必要とする白いシーツに挟まれた入居者が、共通の利益を念頭に前向きに働いていることを意味する。それは場合によっては秘密コードを盗み、汚物にまみれた彼らの生活の飛沫を書類にかけ、書類を消毒する医療・行政用語を拒絶することになるかもしれない。母親のウイット物語は悲しみから引き出されたもので[29]、介護を一連の機械的作業から、現在の老人ホーム組織を支える社会的、感情的、政治的、実際的技術に向けて動かし、内部から変化をもたらす力をもっている。

母親のウイットの領土には支配も規制もない。母親のウイットには報酬が支払われず、おおむね名前がついていないし、経営者や、理事や、医師や、検査官の言葉で書かれている。もし組織がトップダウンでつくられたように見えてくれれば、母親のウイットは見えない状態にとどまるに違いない。しかし、仕事は組織の存在にとってきわめて重要とあって、その交換に携わる者の見方は隠れた物語を提供し、そこから一連の急進的な見直しを想像することができる。

入居者と看護助手の言葉から、関連した二つの問題を確認することができる。一つは組織内にかなりの紛争があるということ、もう一つは紛争がまさしく分裂を示していることで、それは老人ホームの組織を変える必要があることを物語っている。

本書に点綴するさまざまな要請の大半は仰々しくもなければ実行できないものでもない。個々に取り上げればどれも単純に見える。しかし、まとめて取り上げればそれらは圧力と緊張と動揺のポケット――換言すれば彼らの介護の必要と、必要が起る構造の間の格差――を形成する。こうした建物の基盤の揺らぐ音というか、興奮した集団というかは鎮まる気配を見せず、行政が言葉でその上に薄い概念の漆喰を塗り続ける間にも深まってゆく兆候を示している。根底に横たわる原因は深まっている。このレベルまで下がれば、震動は目に見えるし耳に聞こえてもくる。

元ウェイトレスは夜におやつを食べたがったし、看護助手は彼女にそれを与えたがり、働く母親は一つの仕事でやりくりをつけたかった。誰かに側にいてもらいたかった者もいれば、死者に哀悼の気持を捧げたい者もいる。清拭を望む者がいるかと思えば、ほとんど全員が清拭してくれる看護助手の数を増やしてほしいと願っている。

人種問題を話題にしたい者がいれば、故国の革命の話をしたがる者もおり、さらにもう一人は賃金問題で、四人目は社会保障費で、それぞれ激怒した。娘を連れてきたい者や、以前のように背中をさすって欲しい者、さらなる自治権を取り戻したい者などもいた。

ごうごうと音をたてて流れるこうした不満や要求の底流には日夜対処しなければならない。不満や要求を持ち出す人々と持ち込まれる人々は、こうした苦情の原因をつくりだしたか、少なくともそれに対応できなかった組織から解決策を引き出さねばならない。問題は看護助手、入居者、彼らの妻、夫、娘、息子――と、昼といわず夜といわず介護業務に従事して介護物語に参加している者の間を巡る。

知恵と策略を行使する者は、分裂の時点で日常生活と外部からの支配を関連づけて矛盾点を調停し、説明し、手元の資材で仕事をし、乏しい資金を引き伸ばし、この産業の管理的、規制的、経済的必要を生き延びる努力をしなければならない。腹をすかせた入居者を寝るように促し、怯える者を一人で生きよと諭《さと》しながら、内部の補修に当たるのは彼らである。彼らは建物の基盤の欠陥部で渾身の力を振り絞って最も重要な煉瓦を動かし、きわめて重要な交差部分に押し込むなど、この脆弱な構造物を保たせるべく懸命に働いている。彼らは、内部の必要と、外部の力と、管理と介護の物語が合流し調停される物理的・社会的空間を占めている。

この視点はまた彼らに厖大な知識と潜在力を与える。彼らには空隙を埋めることが要求されているので、彼らはそれを見、かつ耳を傾ける。彼らは両方の物語を聞く。そして基礎と上部構造が分離する危なっかしい領域で作業をしている。亀裂箇所を接着しようと悪戦苦闘しているのである。

この観点から得られる知識は変革の源泉ともなりうる。看護助手、看護師、入居者、彼らの妻や娘は、介護実務の礎《いしずえ》を築いたとあって、それの管理の解体に大いに手を貸すことができる。彼らの観点は、どのような変革の必要があるか、並びにその方法に関する洞察を与えてくれる。母親のウイットは抽象的な概念でもなければ思いつきでもない。老人ホームを結合させることのできる、広い範囲にわたる実践から得られた知恵だ。母親のウイットは、まさしく行動が起こり、またその必要がある間隙《ギャップ》で必要とされる。したがってそれは変革の予定表の母胎なのだ。彼らは基礎と上部構造をつなぐ戦略的煉瓦の辺りを動き回っているとあって、どの煉瓦を動かせば建物が崩壊するかを知っているのである[30]。

介護に基づく母親のウイットとその物語は、作成する必要のある変革のリストは提供せず、それから作成することのできる知識の基礎に照明を当てる。それは不変かつ広範な実践集である。それは一つの態度以上の、一連の目に見えない技術にとどまらない、内部と外部の力の調和を越えたものだ。こうしたものの全てであるために、それは革命的な実践の基盤となりうるのである。

その意味で、こうした泡立つ要求のどれが集団的世論喚起活動の連帯に凝結して要求の形をとるかはほとんど問題ではない。介護の物語のなかに住む者や働く者にとって、起程点はいくつもある。抵抗の一つのジェスチャーは、支配物語の下での不満の呻きの一部として全てのジェスチャーにつながる。解体作業の手始めにどのグループの煉瓦が取り除かれるかは、基礎を強化するのに必要なものでないかぎり問題にはならない。どこにしろ母親のウイットが調停しなければならないところでは、反乱は集団の圧力で勃発することがある。変革は既にある基礎の上に築かれて、二つの物語が衝突するところで行なわれる批判から起こる場合もある。

この基盤の上に立って見ることが変革について考える言葉と、内容と、変革がそこから進展することのできる基盤を与える。それはある面では既に進行しつつあるのだ。看護助手またはよそから移動してきた入居者は、厚かましくもカクテルや、ピザや、冷蔵庫を持ち込むかもしれない。看護助手、入居者、連れ合い、といった人々は、互いに食べ物を持ち込んだり持ち出したりしあうかもしれない。なかにはマッサージをしてやる、拘束ヴェストを緩めてやる、追悼会を催す、などのことをする者もいるだろう。記録を押収したり、自分たちはみんな破産してしまったと宣言したりするグループも出るだろう。彼らは名前のかわりにナンバーをつけられることに抵抗してナンバーをごまかす。ベッドのなかには寝支度のされないままに放置されるのもある。恐らく管理者や検査官を除けば誰も気にしないだろう。

問題は既に不安定な上部構造を解体することではない。介護基地のために強固な礎《いしずえ》を築くことなのだ。母親と、母親のウイットを実践する者たちは、こうした物語に登場する者の多くにとって手の届かない人々のように、通常は基本的なことから出発する。母親のウイットから出る変革は恐らく給食、清拭、教育、笑い、慰め、抱擁、叱責、などのうちどれか一つでもすることと関わりがあるだろう。それには目に見えなく名前もつけられなくなった、栄養物を与え、恐怖を静め、混乱の相談相手になり、衣服を着せ、髪を梳《くしけず》り、掃除や会話をし、関係を構築し、待ち、冗談を言い、触れ、接触を避ける、などの技術の向上とそれで遊ぶことが含まれる。何から弾みをつけるかは問題ではない。日々の闘いは母体のなかのさまざまなところで起こる。それは病院を家に変えることである。

換言すれば、介護に当たる者は昼といわず夜といわず、保養所を建てようとしていることになる。しかし、毎日夜が明けるか明けないうちに、工場のそれに似たスケジュールが患者と仕事の生産をはじめ、時間で区切り計量したサービスの単位を配り出す。午前七時の始業は、スケジュールに縛られる者の生活に負担をかけ、老人ホーム本来の目的を阻害する。恐らくその規則の下で働く者は、十分に休息をとったつもりで互いに接し合うほうが自分たちの利益にかなう、と思うだろう。もし灰色の金の鉱夫がその時間に働き出すことを拒めば、ベッドのシーツ替えは進みようがない。

時間の支配権を回復することは、保養所を再建するのに要する反逆のようなものだ。それには仕事を細分化して労働者を二倍にし、勤務時間を短縮しなければならない。そうなって初めて、ドロシー・トマソンのように目まいや体中がほてるのを我慢しながら交替勤務を二つ連続でこなす勤務様態にも、そうした無理が介護職員と入居者の双方に及ぼす危険を認識したうえで真剣に取り組むことになるだろう。

始業時間を午前九時とするほうが介護の共同参加者にとっては仕事がやりやすい、ということになろう。そうなればイナ・ウィリアムズやアイリーン・クローフォードに従う看護助手は自分の子供の面倒を見たり、近くの喫茶店に立ち寄ってくつろいだりする時間がとれることになる。

ヘレン・ダナヒューに従う者は、九時に目を覚ますかもしれない。午前七時には目を覚ましているかもしれないが、まだぱっちりと目が開いたわけではない。健康管理の第一線で早朝の仕事がなくなれば、ヘレンのような多くの者はその時間を睡眠に充てることになる。一世紀近く生きてきたヘレンは、権威の毛布の下で長い時間を過ごしながら、「ここで窒息死することになりそうだ」と考えている。彼女の後の人々が灰色の金にされるという矛盾の下でこれ以上生きることを拒否すれば、彼らはそうした朝に毛布を顎まで引き寄せ、にっこり笑ってまたぞろ眠りに戻っていくだろう。彼らはヘレンが要求した全てのことを取り戻す力を回復したわけで、「ちょっとここらで一休み」する途上にあることになろう。

訳者あとがき

本書は、Timothy Diamond, *Making Gray Gold — Narratives of Nursing Home Care* (The University of Chicago Press, 1992) の全訳である。原題を直訳すれば『灰色の金をつくる——老人ホームの介護物語』となるが、内容をふまえて邦題は『老人ホームの錬金術』とした。

著者のティモシー・ダイアモンドは、医療組織を研究する社会学者であるが、自ら職業訓練学校に入って看護助手の資格を取得し、シカゴ市内の老人ホームで一年余にわたって看護助手として働いた。その体験をもとに、老人ホームの実態を描き、アメリカの医療現場の現状と問題点を鋭く抉ったルポルタージュが本書である。一九九二年シカゴ大学出版局から刊行されたハードカヴァーは二〇〇一年までに一一版を重ね、一九九五年刊行のソフトカヴァーも七版目が出るという売れ行きで、今やアメリカでは健康管理を口にする政治家、医療研究者、医師、介護実務に当たる助手、老人ホームの経営者はいうに及ばず、入居者にとっても必読の書といわれている。

「アメリカ社会の高齢化は……一部の人々にとって絶好の機会を提供している。老人ホーム産業がそれをどう利用できるかが現実の問題になっている」とある金融専門誌は報じたが、この主張は社会学者のティモシー・ダイアモンドにとって全く違う問題を提起した。つまり、アメリカでは老人の日々の介護がどんな経緯で一つの産業となるに至ったか、ならびに老人ホームはビジネスとしてどのように運営されているのか、という問題がそれである。

介護実務に当たる看護助手はおおむね少数民族や第三世界出身の女性で、彼女らは二週間の手取額が二〇九ドルといった最低賃金以下の収入で働いている。ダイアモンドは、ホームの管理規則に抵触せぬよう配慮する一方で、高齢の入居者の自尊心を傷つけないように気遣う多くの看護助手に温かい目を注ぐ。そして経営のバランスシートや行政機関の規則の要求を容れることが老人ホームの介護業務を歪め、質の低下をもたらしている現実を抉り出す。アメリカは日本よりも弱肉強食の傾向が強い世界といわれ、公的な介護制度を創設する雰囲気はなく、一九九〇年現在、先進工業国で国民に健康保険のないところはアメリカ合衆国と南アフリカ共和国の二か国だけだというダイアモンドは、スペンドダウンなる言葉で表現される老人ホーム入居者を待ち受ける財政的な貧困化の過程を痛烈に分析している。女性問題、医療社会学、老人学、政治・経済学の広範な知識が本書を単なるルポルタージュにとどまらぬ学問的著作にしているといえよう。

さらにダイアモンドは、カルテの開示をはじめ、看護助手やホームの入居者を対象とする組合の設立など、変革への実際的な手順をも示唆している。約二〇〇万人の老人が一万六〇〇〇のホームに入居していて、その数が日々に増えつつあるアメリカの状況は日本にもそっくり当てはまるといっても過言ではない。そうした現状に鑑み、本書の翻訳は時宜を得たものといえるだろう。

なお、ティモシー・ダイアモンドは、ノース・ウェスタン大学「女性に関するプログラム」の賛助会員としてフィールドワークに従事した後、ラトガース大学ダグラス・カレッジ、カリフォルニア州立大学で教鞭をとり、現在はウェスタン・ミシガン大学の社会学教授である。

最後になったが、編集部の秋田公士氏には上梓に至るまで一方ならぬお世話をいただいた。記して感謝の意を表する次第である。

工藤　政司

二〇〇四年　初夏

サウジアラビア王朝史	J.B.フィルビー／岩永，冨塚訳	¥5700
愛の探究〈生の意味の創造〉	I.シンガー／工藤政司訳	¥2200
自由意志について〈全体論的な観点から〉	M.ホワイト／橋本昌夫訳	¥2000
政治の病理学	C.J.フリードリヒ／宇治琢美訳	¥3300
書くことがすべてだった	A.ケイジン／石塚浩司訳	¥2000
宗教の共生	J.コスタ=ラスクー／林瑞枝訳	¥1800
数の人類学	T.クランプ／髙島直昭訳	¥3300
ヨーロッパのサロン	ハイデン=リンシュ／石丸昭二訳	¥3000
エルサレム〈鏡の都市〉	A.エロン／村田靖子訳	¥4200
メソポタミア〈文字・理性・神々〉	J.ボテロ／松島英子訳	¥4700
メフメト二世〈トルコの征服王〉	A.クロー／岩永，井上，佐藤，新川訳	¥3900
遍歴のアラビア〈ベドウィン揺籃の地を訪ねて〉	A.ブラント／田隅恒生訳	¥3900
シェイクスピアは誰だったか	R.F.ウェイレン／磯山，坂口，大島訳	¥2700
戦争の機械	D.ピック／小澤正人訳	¥4700
住む　まどろむ　嘘をつく	B.シュトラウス／日中鎮朗訳	¥2600
精神分析の方法 I	W.R.ビオン／福本修訳	¥3500
考える／分類する	G.ペレック／阪上脩訳	¥1800
バビロンとバイブル	J.ボテロ／松島英子訳	¥3000
初期アルファベットの歴史	J.ナヴェー／津村，竹内，稲垣訳	¥3500
数学史のなかの女性たち	L.M.オーセン／吉村，牛島訳	¥1700
解決志向の言語学	S.ド・シェイザー／長谷川啓三監訳	¥4500
精神分析の方法 II	W.R.ビオン／福本修訳	¥4000
バベルの神話〈芸術と文化政策〉	C.モラール／諸田，阪上，白井訳	¥4000
最古の宗教〈古代メソポタミア〉	J.ボテロ／松島英子訳	¥4500
心理学の７人の開拓者	R.フラー編／大島，吉川訳	¥2700
飢えたる魂	L.R.カス／工藤，小澤訳	¥3900
トラブルメーカーズ	A.J.P.テイラー／真壁広道訳	¥3200
エッセイとは何か	P.グロード，J.-F.ルエット／下澤和義訳	¥3300
母と娘の精神分析	C.オリヴィエ／大谷，柏訳	¥2200
女性と信用取引	W.C.ジョーダン／工藤政司訳	¥2200
取り消された関係〈ドイツ人とユダヤ人〉	H.マイヤー／宇京早苗訳	¥5500
火　その創造性と破壊性	S.J.パイン／大平章訳	¥5400
鏡の文化史	S.メルシオール＝ボネ／竹中のぞみ訳	¥3500
食糧確保の人類学	J.ポチエ／山内，西川訳	¥4000
最古の料理	J.ボテロ／松島英子訳	¥2800
人体を戦場にして	R.ポーター／目羅公和訳	¥2800
米国のメディアと戦時検閲	M.S.スウィーニィ／土屋，松永訳	¥4000
十字軍の精神	J.リシャール／宮松浩憲訳	¥3200
問題としてのスポーツ	E.ダニング／大平章訳	¥5800

（表示価格は本書刊行時のものです．表示価格は，重版に際して変わる場合もありますのでご了承願います．なお表示価格に消費税は含まれておりません．）

十九世紀パリの売春	パラン=デュシャトレ／A.コルバン編 小杉隆芳訳	¥2500
変化の原理〈問題の形成と解決〉	P.ワツラウィック他／長谷川啓三訳	¥2200
デザイン論〈ミッシャ・ブラックの世界〉	A.ブレイク編／中山修一訳	¥2900
時間の文化史〈時間と空間の文化／上巻〉	S.カーン／浅野敏夫訳	¥2300
空間の文化史〈時間と空間の文化／下巻〉	S.カーン／浅野，久郷訳	¥3400
小独裁者たち〈両大戦間期の東欧における民主主義体制の崩壊〉	A.ポロンスキ／羽場久浘子監訳	¥2900
狼狽する資本主義	A.コッタ／斉藤日出治訳	¥1400
バベルの塔〈ドイツ民主共和国の思い出〉	H.マイヤー／宇京早苗訳	¥2700
音楽祭の社会史〈ザルツブルク・フェスティヴァル〉	S.ギャラップ／城戸朋子，小木曾俊夫訳	¥3800
時間　その性質	G.J.ウィットロウ／柳瀬睦男，熊倉功二訳	¥1900
差異の文化のために	L.イリガライ／浜名優美訳	¥1600
よいは悪い	P.ワツラウィック／佐藤愛監修，小岡礼子訳	¥1600
チャーチル	R.ペイン／佐藤亮一訳	¥2900
シュミットとシュトラウス	H.マイアー／栗原，滝口訳	¥2000
結社の時代〈19世紀アメリカの秘密儀礼〉	M.C.カーンズ／野崎嘉信訳	¥3800
数奇なる奴隷の半生	F.ダグラス／岡田誠一訳	¥1900
チャーティストたちの肖像	G.D.H.コール／古賀，岡本，増島訳	¥5800
カンザス・シティ・ジャズ〈ビバップの由来〉	R.ラッセル／湯川新訳	¥4700
台所の文化史	M.ハリスン／小林祐子訳	¥2900
コペルニクスも変えなかったこと	H.ラボリ／川中子，並木訳	¥2000
祖父チャーチルと私〈若き冒険の日々〉	W.S.チャーチル／佐藤佐智子訳	¥3800
有閑階級の女性たち	B.G.スミス／井上，飯泉訳	¥3500
秘境アラビア探検史（上・下）	R.H.キールナン／岩永博訳	上¥2800 下¥2900
動物への配慮	J.ターナー／斎藤九一訳	¥2900
年齢意識の社会学	H.P.チュダコフ／工藤，藤田訳	¥3400
観光のまなざし	J.アーリ／加太宏邦訳	¥3300
同性愛の百年間〈ギリシア的愛について〉	D.M.ハルプリン／石塚浩司訳	¥3800
古代エジプトの遊びとスポーツ	W.デッカー／津山拓也訳	¥2700
エイジズム〈優遇と偏見・差別〉	E.B.パルモア／奥山，秋葉，片多，松村訳	¥3200
人生の意味〈価値の創造〉	I.シンガー／工藤政司訳	¥1700
愛の知恵	A.フィンケルクロート／磯本，中嶋訳	¥1800
魔女・産婆・看護婦	B.エーレンライク，他／長瀬久子訳	¥2200
子どもの描画心理学	G.V.トーマス，A.M.J.シルク／中川作一監訳	¥2400
中国との再会〈1954―1994年の経験〉	H.マイヤー／青木隆嘉訳	¥1500
初期のジャズ〈その根源と音楽的発展〉	G.シューラー／湯川新訳	¥5800
歴史を変えた病	F.F.カートライト／倉俣，小林訳	¥2900
オリエント漂泊〈ヘスター・スタノップの生涯〉	J.ハズリップ／田隅恒生訳	¥3800
明治日本とイギリス	O.チェックランド／杉山・玉置訳	¥4300
母の刻印〈イオカステーの子供たち〉	C.オリヴィエ／大谷尚文訳	¥2700
ホモセクシュアルとは	L.ベルサーニ／船倉正憲訳	¥2300
自己意識とイロニー	M.ヴァルザー／洲崎惠三訳	¥2800
アルコール中毒の歴史	J.-C.スールニア／本多文彦監訳	¥3800
音楽と病	J.オシエー／菅野弘久訳	¥3400
中世のカリスマたち	N.F.キャンター／藤田永祐訳	¥2900
幻想の起源	J.ラプランシュ，J.-B.ポンタリス／福本修訳	¥1300
人種差別	A.メンミ／菊地，白井訳	¥2300
ヴァイキング・サガ	R.プェルトナー／木村寿夫訳	¥3300
肉体の文化史〈体構造と宿命〉	S.カーン／喜多迅鷹・喜多元子訳	¥2900

魔女と魔女裁判〈集団妄想の歴史〉	K.バッシュビッツ／川端,坂井訳	¥3800
科学論〈その哲学的諸問題〉	カール・マルクス大学哲学研究集団／岩崎允胤訳	¥2500
先史時代の社会	クラーク,ピゴット／田辺,梅原訳	¥1500
人類の起原	レシェトフ／金光不二夫訳	¥3000
非政治的人間の政治論	H.リード／増野,山内訳	¥ 850
マルクス主義と民主主義の伝統	A.ランディー／藤野渉訳	¥1200
労働の歴史〈棍棒からオートメーションへ〉	J.クチンスキー,良知,小川共著	¥1900
ヒュマニズムと芸術の哲学	T.E.ヒューム／長谷川鉱平訳	¥2200
人類社会の形成（上・下）	セミョーノフ／中島,中村,井上訳	上 品切 下 ¥2800
倫理学	G.E.ムーア／深谷昭三訳	¥2200
国家・経済・文学〈マルクス主義の原理と新しい論点〉	J.クチンスキー／宇佐美誠次郎訳	¥ 850
ホワイトヘッド教育論	久保田信之訳	¥1800
現代世界と精神〈ヴァレリィの文明批評〉	P.ルーラン／江口幹訳	¥980
葛藤としての病〈精神身体医学的考察〉	A.ミッチャーリヒ／中野,白滝訳	¥1500
心身症〈葛藤としての病2〉	A.ミッチャーリヒ／中野,大西,奥村訳	¥1500
資本論成立史（全4分冊）	R.ロスドルスキー／時永,平林,安田他訳	(1)¥1200 (2)¥1200 (3)¥1200 (4)¥1400
アメリカ神話への挑戦（I・II）	T.クリストフェル他編／宇野,玉野井他訳	I ¥1600 II ¥1800
ユダヤ人と資本主義	A.レオン／波田節夫訳	¥2800
スペイン精神史序説	M.ピダル／佐々木孝訳	¥2200
マルクスの生涯と思想	J.ルイス／玉井,堀場,松井訳	¥2000
美学入門	E.スリヨ／古田,池部訳	¥1800
デーモン考	R.M.=シュテルンベルク／木戸三良訳	¥1800
政治的人間〈人間の政治学への序論〉	E.モラン／古田幸男訳	¥1200
戦争論〈われわれの内にひそむ女神ベローナ〉	R.カイヨワ／秋枝茂夫訳	¥3000
新しい芸術精神〈空間と光と時間の力学〉	N.シェフェール／渡辺淳訳	¥1200
カリフォルニア日記〈ひとつの文化革命〉	E.モラン／林瑞枝訳	¥2400
論理学の哲学	H.パットナム／米盛,藤川訳	¥1300
労働運動の理論	S.パールマン／松井七郎訳	¥2400
哲学の中心問題	A.J.エイヤー／竹尾治一郎訳	¥3500
共産党宣言小史	H.J.ラスキ／山村喬訳	¥980
自己批評〈スターリニズムと知識人〉	E.モラン／宇波彰訳	¥2000
スター	E.モラン／渡辺,山崎訳	¥1800
革命と哲学〈フランス革命とフィヒテの本源的哲学〉	M.ブール／藤野,小栗,福吉訳	¥1300
フランス革命の哲学	B.グレトゥイゼン／井上尭裕訳	¥2400
意志と偶然〈ドリエージュとの対話〉	P.ブーレーズ／店村新次訳	¥2500
現代哲学の主潮流（全5分冊）	W.シュテークミュラー／中埜,竹尾監修	(1)¥4300 (2)¥4200 (3)¥6000 (4)¥3300 (5)¥7300
現代アラビア〈石油王国とその周辺〉	F.ハリデー／岩永,菊地,伏見訳	¥2800
マックス・ウェーバーの社会科学論	W.G.ランシマン／湯川新訳	¥1600
フロイトの美学〈芸術と精神分析〉	J.J.スペクター／秋山,小山,西川訳	¥2400
サラリーマン〈ワイマル共和国の黄昏〉	S.クラカウアー／神崎巌訳	¥1700
攻撃する人間	A.ミッチャーリヒ／竹内豊治訳	¥ 900
宗教と宗教批判	L.セーヴ他／大津,石田訳	¥2500
キリスト教の悲惨	J.カール／高尾利数訳	¥1600
時代精神（I・II）	E.モラン／宇波彰訳	I 品切 II ¥2500
囚人組合の出現	M.フィッツジェラルド／長谷川健三郎訳	¥2000

著　者

ティモシー・ダイアモンド
(Timothy Diamond)

アメリカの社会学者．ノース・ウェスタン大学「女性に関するプログラム」の賛助会員として研究とフィールドワークに携わる．その間，加齢問題社会学研究中西部協議会の特別研究員として給費を受けた．その後，ラトガース大学ダグラス・カレッジ（女性問題研究ローリー講座）およびカリフォルニア州立大学で教鞭をとり，現在はウェスタン・ミシガン大学の社会学教授である．

訳　者

工藤政司（くどう　まさし）

1931年生．弘前大学文理学部卒業．東京国際大学教授等を歴任．訳書に，ジョーダン『女性と信用取引』，カス『飢えたる魂』（共訳），アルヴァレズ『夜』，スタイナー『真の存在』，シンガー『愛の探究』，『人生の意味』，ハリスン『買い物の社会史』，チュダコフ『年齢意識の社会学』（共訳），ヒューストン『白い夜明け』（以上，法政大学出版局），オースティン『エマ・上下』，グレーヴズ『さらば古きものよ・上下』（以上，岩波文庫），スタイナー『G. スタイナー自伝』（みすず書房），ネルキン／リンディー『DNA 伝説』（紀伊國屋書店），ディーネセン『不滅の物語』，フラー『巡礼たちが消えていく』（以上，国書刊行会），ショー『乱れた大気』（マガジンハウス），同『ローマは光の中に』（講談社文庫），その他がある．

老人ホームの錬金術

2004年 6 月22日　初版第 1 刷発行

著　者　ティモシー・ダイアモンド

訳　者　工藤政司

発行所　財団法人 法政大学出版局
〒102-0073 東京都千代田区九段北 3-2-7
電話 03-5214-5540／振替 00160-6-95814

組版：HUP　印刷：平文社　製本：鈴木製本所

ISBN4-588-67205-3

Printed in Japan

原　注

序　文

1　名前は全て仮名である。初出の名前はフルネームを使っている。その後は老人ホームでどう呼ばれていたかによってフルネームまたはファーストネームを使った。

2　Eric P. Buchy は，*Los Angeles Herald Examiner*, 18 Nov. 1988, sec.2, p.1 掲載の "Health Care Field Continues to Boom" の中で，1980 年代の看護助手職の成長率は 22%だと述べている。Natalie Waraday は，*Chicago Tribune*, 23 Oct. 1988, sec.19, p.15 掲載の "Nursing Assistants Have Big Role in World of Need" の中で，労働統計局を引き合いに出し「可能な雇用の最も有望な成長は看護助手職にあり，2000 年までに全国で 33%の成長が見込まれるとしている。Charles P. Alexander は，"The New Economy," *Time*, 30 May 1983, 64 の中で，看護助手の雇用は 117 万 5000 人あり，1990 年までには 168 万 2000 人になる，つまり 50 万 7000 人の増加が見込まれるという。労働人口としては看護助手は秘書についで 2 番目の大きさである。

3　看護助手の仕事を論じた社会科学文献の数少ない言及のなかで，この研究に影響を与えた三点を以下に挙げる。Jaber F. Gubrium, *Living and Dying at Murray Manor* (New York: Martin's Press, 1975); Charles Stannard, "Old Folks and Dirty Work: The Social Conditions for Patient Abuse in a Nursing Home," *Social Problems*, 20 (1973): 329-42; and Jeanie Kayser-Jones, *Old, Alone and Neglected: Care of the Aged in Scotland and the United States* (Berkeley and Los Angeles, Calif.: University of California, 1981).

4　Michael J. Weiss, "Oldsters: The Now Generation," *American Way*, July 1982, 96.

5　Mary Elizabeth O'Brien の *Anatomy of a Nursing Home* (Owings Mills, Md.: National Health Publishing, 1989), xiii によれば，1989 年にはアメリカ全土の老人ホームの数は 1 万 5000 だった。

6　Jeff Blyskal, "Gray Gold," *Forbes* (23 Nov. 1981), 80-84.

7　本研究に対する影響が最も大きかった参与観察研究には以下のようなものがある。Michael Burawoy, *Manufacturing Consent: Changes in the Labor Process under Monopoly Capitalism* (Chicago: University of Chicago Press, 1979) および Judith A. Dilorio, "Sex, Glorious Sex: The Social Construction of Masculine Sexuality in a Youth Group," in *Feminist Frontiers*, ed. Laurel Richardson and Verta Taylor (New York: Random House, 1989), 261-69 は，日常の観察を広い政治的脈絡性の中に置く研究である。また，Erving Goffman, *Asylums* (Garden City, N.Y.: Doubleday, Anchor Books, 1961) ならびに Jaber F. Gubrium, *Living and Dying at Murray Manor* は，施設の日常生活の詳細に関して豊富な資料を提供してくれる研究である。本研究はまたシカゴ派の名で知られる社会学の民族誌学的伝統に負うところも大きい。Everett C. Hughes, *The Sociological Eye* (Chicago: Aldine, 1971) and William F. Whyte, *Street Corner Society: The Social Structure of an Italian Slum*, 3d ed. (Chicago: University of Chicago Press, 1981) も見よ。

8　研究の主要な方法論的，理論的依りどころは Dorothy E. Smith からえた。この仕事は組織化した民族誌学的方法を実践しようとする試みである。Smith の説明によれば，組織化した民族誌学は日常世界を不確定なものにし，「Marx や Engels の唯物論的方法の概念のように論述のなかではなく，個人間の日常の社会関係のなかで始まる一種の社会学として機能する。不確定なものは問い掛けの基盤として日常の経験の世界と，資本主義の社会関係の社会的に組織された関係を解明する」。Smith, *The Everyday World as Problematic: A Feminist Sociology* (Boston: Northeastern University Press, 1987), 98; *The Conceptual Practices of Power: A Feminist Sociology of Knowledge* (Boston: Northeastern University Press, 1990); *Texts, Facts, and Femininity: Exploring the Relations of Ruling* (Boston: Routledge, Chapman and Hall, 1991) を見よ。

9　物語をいかに構成するかという問題について，私は，Laurel Richardson の著作，特に以下を参考にした。"The Collective Story: Postmodernism and the Writing of Sociology," *Sociological Focus* 21 (1988): 199-208 および *Writing Strategies: Reaching Diverse Audiences* (Newbury Park, Calif.: Sage, 1990). また，Carol A. B. Warren, *Gender Issues in Field Research and Field Work* (Newbury Park, Calif.: Sage, 1988) および Susan Krieger, *The Mirror Dance: Identity in a Women's Community* (Philadelphia: Temple University Press, 1983) も参照した。

第1章　健康管理の第一線にようこそ！

1　Rose Schniedman, Susan Lambert, and Barbara Wander, *Being a Nursing Assistant* (Bowie, Md.: Robert J. Brady, 1982), xiii.

2　文献のなかには母親として子供を育てる慣行から出てくる知識と技術を探究しているものもある。たとえば，Sara Ruddick の *Maternal Thinking: Toward a Politics of Peace* (New York: Ballantine, 1990) を見よ。

3　Schniedman, Lambert, and Wander, *Being a Nursing Assistant*, 66.

4　看護師がたどる学校から医療現場へのぎょっとするような変遷については Virginia Olsen と Elvi W. Whittaker の *The Silent Dialogue: The Social Psychology of Professional Socialization* (San Francisco: Jossey-Bass, 1968) を見よ。また，医学生版では，Howard S.Becker，他の *Boys in White: Student Culture in Medical School* (Chicago: University of Chicago Press, 1961) を参照のこと。

5　フィールドワークをやっていると打ち明けることの倫理に関する議論については，以下を参照。Barrie Thorne, "You Still Takin 'Notes?': Fieldwork and Problems of Informed Consent," *Social Problems* 27 (1980): 284-97; Severyn T. Bruyn, *The Human Perspective: The Methodology of Participant Observation* (Englewood Cliffs, N.J.: Prentice-Hall, 1966); and Joan E. Sieber, ed., *The Ethics of Social Research: Fieldwork, Regulation and Publication* (New York: Springer-Verlag, 1982). 研究に先立って打ち明けることは不可能だと感じた。秘密にするつもりはなかったものの，事情からそうせざるをえなかった。調査研究をするつもりだといえば，雇ってくれないと考えた。この問題に関する他の言及については，第2章注7を参照されたい。

6　Elizabeth Elliott は洞察に満ちた研究のなかで，多くの老人ホームの健康管理では，介護に当たる職員が職業的境界線を床掃除に引く，ということで Vivienne Barns の考え方に同意している。"I Don't Do Floors," "Private Duty Nurses Aides and the Commercialization of Sickness Care in the Home,"(Ph.D. diss., Northwestern University, 1991), chap.3 を見よ。

7　女性の目に見えない仕事に関する研究の外観については，Arlene Kaplan Daniels, "Invisible Work," *Social Problems*, 34 (1987): 403-15 を見よ。

8　仕事が行政の官僚言葉でどう書かれ，どう言及されるかと比較して実態がどんなものかということが，Dorothy Smith の方法と同様に本研究の一つのテーマである。とりわけ *The Everyday World as Problematic*, chap.3 を見よ。

9　医療モデルの討議には，Andrew C. Twaddle and Richard M. Hessler, *A Soci-*

ology of Health (St. Louis: C. V. Mosby, 1987); Howard Waitzkin, *The Second Sickness: Contradictions of Capitalist Health Care* (New York: The Free Press, 1983); Caroline Currer and Meg Stacey, eds., *Concepts of Health, Illness and Disease: A Comparative Perspective* (New York: Berg, 1986) を見よ。

第2章　一か所で働くだけで，どうやったら暮せるの？

1　国際労働市場については，とりわけ Adele Mueller, "The Bureaucratization of Feminist Knowledge: The Case of Women in Development," *Resources for Feminist Research* 15 (1986): 36-38 を見よ。Smith の方法で研究を進めている Mueller は，発展途上社会の女性に関する「専門知識の生産」について鋭い分析を行なっている。*In and Against Development: Feminists Confront Development on Its Own Ground* (East Lansing, Mich.: Michigan State University, 1991) および "The 'Discovery' of Women in Development: The Case of Women in Peru." を見よ。この論文は 1987 年 3 月にワシントンで開催された比較国際教育学会年次総会の席上発表された。*Crossroads of Class and Gender: Industrial Homework, Subcontracting and Household Dynamics*, ed. Lourdes Beneria and Martha Roddan (Chicago: University of Chicago Press, 1987) も見よ。Jeannine Grenier は "Nurses from Manila." *Union* (Oct.-Nov. 1988), 26 で，アメリカでは 1 万人の外国人看護師が一時就労許可の下で働いていると見積もっている。Tomoji Ishi, "Politics of Labor Market: Immigrant Nurses in the United States." をも参照。この論文は 1988 年，アトランタで開かれたアメリカ社会学協会の年次総会で発表されたものである。また Michael Pressor, "Foreign Nurse Graduates: Exploitation and Harassment," *Health Activists Digest*, 3 (1982): 37-39 も参照されたい。

2　看護助手のこの割合はアメリカ合衆国に一般化できる。たとえば Committee on Nursing Home Regulation, Institute of Medicine, *Improving the Quality of Care in Nursing Homes* (Wash., D.C.: National Academy Press, 1986), 52.; and O'Brien, *Anatomy of a Nursing Home*, 110-13 を参照せよ。

3　Rebecca Donovan, "'We Care for the Most Important People in Your Life': Home Care Workers in New York City,'" *Women's Studies Quarterly* 1 and 2 (1989): 56-65 は，ホームの健康管理に携わる看護助手が似たような賃金で働いていることを報告している。

4　1986 年には，子供が二人いる家族の貧困ラインは 8570 ドルだった。William Hines, "Kids and Poverty Mix for City's Teen Moms," *Chicago Sun-Times*,

14 April 1986, p. 16.

5　組合はサービス従業員国際組合という名称で，看護助手はほとんど全員がそれに入っていたが，圧力がかかることもしばしばあった。1990年に，全米労働関係会議は，国内最大の老人ホームチェーンであるビヴァリー・エンタープライズ社が13の州にまたがる35施設の組合活動を妨害したことを発見した。Bob Baker,"Nursing Home Chain Guilty of Unfair Labor Practices," *Los Angeles Times*, 17 Nov. 1990, p. 28を見よ。

6　秘密裏の方法がときおり必要なことについては，Murray L. Wax, "Paradoxes of 'Consent' to the Practice of Fieldwork." *Social Problems* 27 (1980): 272-83を見よ。また，同じ問題では，John F. Galliher, "Social Scientists'Ethical Responsibility to Superordinates: Looking Up Meekly," 298-308; Judith A. Dilorio,"Being and Becoming Coupled: The Emergence of Female Subordination in Heterosexual Relationships," in *Gender in Intimate Relationships*, ed. Barbara J. Risman and Pepper Schwartz (Belmont, Calif.: Wadsworth, 1989): 94-107等もある。私はDilorioの著作，およびJudis Rollinsの以下の著作に特に励まされた。*Between Women: Domestics and Their Employers* (Philadelphia: Temple University Press, 1985)."The Ethical Issue" in Rollins, 11-17.

7　Paul Willis, *Learning To Labor: How Working Class Kids Get Working Class Jobs* (New York: Columbia University Press, 1977) はその労働を学ぶ際に何を探せばいいかについて教えられるところがあったし，Judith Wittnerはそれについてどう書くべきかを知る上で個人的に助言してくれた。Michal M. McCall and Judith Wittner, "The Good News about Life History," in *Symbolic Interaction and Cultural Studies*, ed. Howard S. Becker and Michal M. McCall, 46-89 (Chicago: University of Chicago Press, 1990). テキスト発表（提示）の実験に関しては，特にGeorge E. Marcus and Michael M. J. Fischer, *Anthropology as Cultural Critique: An Experimental Moment in the Social Sciences* (Chicago: University of Chicago Press, 1986), chaps.2 and 3; also Kath Weston, *Families We Choose: Lesbians, Gays, Kinship* (New York, Columbia University Press, 1991) 等々を参照されたい。

第3章　私の社会保障費はどこへ行ったのさ？

1　老人ホームの入居費は急速に高騰している。"Who Can Afford a Nursing Home?" *Consumer Reports*, 53 (May 1988), 300で引き合いに出された見積りでは，1988年には平均2万2000ドルで，インフレが最近の緩やかな状態

に留まれば2018年までに「約5万5000ドルになるだろう」という。

2　Jon D. Hull, “Insurance for the Twilight Years,” Time, 6 April 1987, 53 は，1986年には，700のライフケア（生涯医療サービス付きのマンション）地域社会が20万人に提供されると報告しているが，この数は今後10年間に2倍になると予測される。Julie Amparano,“Marriott Sees Green in a Graying Nation,” *Wall Street Journal* (11 Feb. 1988), p.28 は，平均入居費は8万ドルから20万ドル，毎月の維持費は800ドルから1500ドルと報じている。

3　こうした政策の一般的な概要については，Elizabeth Ann Kutza, *The Benefits of Old Age: Social Welfare Policy for the Elderly* (Chicago: University of Chicago Press, 1981); Bernice L. Neugarten, ed., Age or Need? (Beverly Hills: Sage, 1982); E. Richard Brown, “Medicare and Medicaid: Band Aids for the Old and Poor,” in *Reforming Medicine: Lessons of the Last Quarter Century*, ed., Victor W. Sidel and Ruth Sidel, 50-78 (New York: Pantheon Books, 1984); Robert M. Ball with Thomas N. Bethell, Because *We're All in This Together* (Wash., D.C.: Families U.S.A., 1989) 等々を参照されたい。これらの政策の包括的概観については William G. Staples, *Castles of Our Conscience: Social Control and the American State, 1800-1985* (New Brunswick, N.J.: Rutgers University Press, 1990), chap.6 などが提供している。

4　Jean Grover, “Caring and Coping,” *Women's Review of Books*, 4, no.9 (1989): 25-26; Allan L. Otten, “States, Alarmed by Outlays on Long-Term Care, Seek Ways to Encourage More Private Coverage,” *Wall Street Journal*, 11 Feb. 1988, p.48. こうした論説は，1986年の総額381億ドルに上る老人ホーム請求額のうち，個人保険によって支払われたのは1%に満たず，51%が患者および親戚が払い，42%がメディケイド，2%がメディケア，その他6%と報じている。Charlene Harrington, “Public Policy and the Nursing Home Industry,” *International Journal of Health Services* 14 (1984): 481-90 をも見よ。

5　老人ホーム規制委員会は，*Improving the Quality of Care in Nursing Homes*, 371 の中で，1980年には，老人ホームに住む者の数は150万人をわずかに越えていると述べ，2000年には250万人以上に増える見込だとしている。Peter Kemper と Christopher M. Murtaugh は “Lifetime Use of Nursing Home Care,” *New England Journal of Medicine* 324 (28 Feb. 1991): 595-600 の中で，彼らの調査では，1990年に65歳をこえた220万人のうち90万人，すなわち43%以上が死ぬまえに少なくとも一度は老人ホームに入るものと予測している。

6　適用期限はメディケア・パートAと関係がある。*Consumer Reports*, “Who

Can Afford a Nursing Home?" を見よ。Annette Winter, "Long-Term Care Options," *Modern Maturity* (June-July 1986): 70-71; Elizabeth Arledge, "Who Pays for Mom and Dad?" "Frontline"(Public Broadcasting System, aired 30 April 1991); M. Garey Eakes and Ron M. Landsman,"Medicaid Money-and You," *Modern Maturity* (Feb.-March 1990): 85-90 等も参照。

7 ミス・ブラックは，ミス・ブラックと呼んでもらいたいと主張した。また，私は Families We Choose, 9 に書かれた Weston の「見知らぬ人をファーストネームで紹介することだけが研究の参加者から個性や敬意や大人の地位を微妙に差し控える一方で逆説的に親密感を伝える」という助言に従って，登場人物を最初に紹介するときには苗字を使った。しかし，ファーストネームはしばしば病室で使われるので，苗字を使ってほしいと希望する人の場合以外には，二度め以降はファーストネームを使っている。

8 Daniel J. Schulder, "At Last, A Promise of Nursing Home Reform," *Public Policy Report*, 17 (Jan.-Feb., 1988): 30-31. OBRA の規則はメディケイド入居者の小遣いを 25 ドルから 45 ドルに上げた。Schulder はこれを 15 年間で初めての増額だと報告している。

9 Barney J. Feder, "What Ails a Nursing Home Empire," *New York Times*, 11 Dec. 1988, sec.3, p.1 はメディケイドの平均支払い額は，1985 年には 1 日当たり 52 ドルだった。これを 365 倍すると，年間 1 万 8980 ドルの支払い額となると報じた。

10 診断関連グループ（＝DRG 特にメディケアの患者の入院費用償還のための 470 の支払い分類種別：病状の診断，外科処置，患者の年齢，予想入院期間などをもとに分類される）制度の一つの結果として病院が「重症患者を早期に」退院させることについては Carroll L. Estes and Elizabeth A. Binney, "Toward a Transformation of Health and Aging Policy," *International Journal of Health Services*, 18 (1988) : 69-82 を見よ。1983 年に導入され，低賃金労働者の増加，職員削減，過重労働，等を招いた見込支払い制度（prospective payment system）の影響に関する議論については，Karen Brodkin Sacks, "Does It Pay to Care?" in *Circles of Care: Work and Identity in Women's Lives*, ed. Emily K. Abel and Margaret K. Nelson (Albany, N.Y.: State University of New York Press, 1990), 188-206 を参照。

11 Nora K. Bell は，"What Setting Limits May Mean," *Hypatia*, 4 (1989): 177 の中で，「老人ホームの患者の不釣り合いな割合の数（74.6％）が非常に高齢の白人女性で，連れ合いがいない」と報告している。Charlene Harrington, "Public Policy and the Nursing Home Industry." をも見よ。

12　このジャンルの過程を指摘した Bari watkinns に感謝する。老人ホームに関する公共政策の発達の歴史的説明については，Staples, *Castles of Our Conscience*, chap.6; Michael Harrington, *The New American Poverty* (New York: Viking, Penguin Books, 1984), chap. 5, ならびに Barbara G.Brents による特に挑発的な論文，"Policy Intellectuals, Class Struggle and the Construction of Old Age: The Creation of the Social Security Act of 1935," *Social Science and Medicine*, 23 (1986): 1251-60 を参照されたい。

13　しばしば超制度化を意味する非制度化の過程については，Robert M. Emerson and Carol A. B. Warren,"Trouble and the Politics of Contemporary Social Control Institutions,"*Urban Life*, 12 (1983): 243-47 を，ならびに全て同じテーマを扱っているこの号のほかの読み物を参照されたい。また，Robert W. Habenstein and Phyllis B. Kultgen, *Power, Pelf, Patients* (Columbia, Mo.: Missouri Gerontology Institute, 1981); and Carroll L. Estes and Charlene A. Harrington, "Fiscal Crisis, Deinstitutionalization, and the Elderly," *American Behavioral Scientist*. 15 (1981): 811-26 も参照せよ。

14　一つの画一的な施設よりも，むしろ違った関係を含む過程としての家族については，Barrie Throne with Marilyn Yalom, eds., *Rethinking the Family: Some Feminist Questions* (New York, Longman, 1982) を見よ。このコレクションの含まれる全てのエッセイは家族の概念を解体している。とりわけ Barrie Thorne, "Feminist Rethinking of the Family: An Overview," 1-24; and Rayna Rapp, "Family and Class in Contemporary America: Notes Toward an Understanding of Ideology," 168-87 を参照。Weston, *Families We Choose* をも見よ。

15　determined survivors という言葉は Janis A. Smithers の *Determined Survivors: Community Life Among the Urban Elderly* (New Brunswick, N.J.: Rutgers University Press, 1985) から借用した。

第４章　ここではどうして休ませてくれないのよ

1　老人ホームの性構成の更なる議論については，Sally Bould, Beverly Sanborn, and Laura Reif, *Eighty-five Plus: The Oldest Old* (Belmont, Calif.: Wadsworth Publishing, 1989), 35-42 を見よ。

2　Maggie Kuhn, "The Future of Aging,"*University of Illinois*, Chicago, 24 Nov. 1984.

3　1990 年，一組の連邦規制が発効し，OBRA と略称される総括的予算調停法

(Omnibus Budget Reconciliation Act) の 1 条項が拘束ヴェストの使用を制限した。Claire Spiegel, "Restraints, Drugging Rife in Nursing Homes," *Los Angeles Times*, 25 March 1991, p.1 はカリフォルニア州の Little Hoover Commission の報告としてカリフォルニア州の老人ホーム入居者の 68% から 80% が拘束ヴェストの着せられ，全米高齢者法律センターは OBRA が全国の拘束ヴェスト使用を 25% 減じると見積もっている，と述べている。外部からの規制がどれほどの影響を与えるかはなお疑問のあるところだ。著者はこの問題を第 6，7 章で詳しく取り上げた。

4 よそで作られ規制される社会秩序を理解する努力は Smith の分析の主要テーマである「変貌の論理はいたるところにある」一方で，日常生活の問題だとする。*The Everyday World as Problematic*, 94 を見よ。

5 Arlene K. Daniel の研究は仕事の形式としてのボランティア活動の領域を開拓した。*Invisible Careers: Women Civic Leaders from the Volunteer World* (Chicago: University of Chicago Press, 1988) を見よ。

6 Ellen Newton は，一連のオーストラリアの老人ホーム生活の魅力あふれる自伝のなかで，同じ診断で入所させられたと書いている。ヘレン・ダナヒューもエレン・ニュートンも，一生老人ホームに住むとは思っていなかった。Ellen Newton, *This Bed My Centre* (London: Virago, 1979) を見よ。ある研究は，一たび入居すれば出ることができるのは「短期滞在者」だけだと示唆している。Joan Retsinas and Patricia Garrity, "Going Home: Analysis of Nursing Home Discharges," *The Gerontologist*, 26 (1986): 431-36 を見よ。

7 Paul C. Luken, "Social Identity in Later Life: A Situational Approach to Understanding Old Age Stigma," *International Journal of Aging and Human Development*, 25 (1987): 177-93 は "out of it" のような社会的アイデンティティが特殊な社会的状況から生れることを示している。

8 彼女は，Dorothy Smith も言うように，彼らの生活をテキストが調停するような過程に整理していたのである。Smith は *The Conceptual Practices of Power*, 5 で「患者の生活を病歴として再構成する者の仕事を通じて，それは経験され実体験されるにつれて消されていくのである」と述べている。Mueller, "The Bureaucratization of Feminist Knowledge." をも見よ。

9 Alexander Solzhenitsyn, *One Day in the Life of Ivan Denisovitch* (New York: Viking, Penguin Books, 1963) は食事中の沈黙の理由について一つの説明を提供し，「食べている間，誰ひとり口を利かなかったのはその時間が神聖だったからだ」としているが，私は老人ホームを捕虜収容所や，ほかの種類の収容施設になぞらえる遣り方には躊躇せざるをえない。したがって私は

Asylums (Garden City, N.Y.: Doubleday, Anchor Books, 1961) に描かれる“total institution” という考え方は取らない。この本は社会学を学ぶに際して重要ではあったが，セミナー，軍隊，病院，老人ホーム等々で過ごした時間も貴重な経験だった。Dorothy Smith の方法を踏襲したこの研究は，抽象概念を見出すとか，生み出すことを目的とするものではない。

10 鎮静剤の問題は複雑である。部外者はよく「彼らは麻薬を投与されていたのか？」と訊いたものだが，確かにそれに違いない。しかし，鎮静剤の使用は私には分析する資格がないものだと結論づけた。Don Riesenberg は，向精神薬の過度の使用を示す最近の研究に関する報告をしている。“Drugs in the Institutionalized Elderly: Time to Get It Right?” *Journal of the American Medical Association*, 260 (1988): 3054 を見よ。

OBRA の規制は鎮静剤の過度の使用を制限する試みを行なってきた。また，それの影響は医師の自主権が否定されない以上疑問である。Eliot Freidson が明らかに実証したように，この領域の自主権を放置したままの規制は医師の権威を高めるだけである。*Doctoring Together: A Study of Professional Control* (Chicago: University of Chicago Press, 1980) を見よ。

11 この状況は，入居者がどっちを向いても規則ずくめの状態と戦おうとすることから「疲れ果てる」多くの例の一つのように思われた。入居者が「疲れ果てる」件については，Carolyn L. Wiener and Jeanie Kayser-Jones, “The Uneasy Fate of Nursing Home Residents: An Organizational-Interaction Perspective,” *Sociology of Health and Illness*, 12 (1990): 84-104 を見よ。

12 Jaber F. Gubrium は *Living and Dying at Murray Manor*, chap.6 の中で老人ホームにおける死の力学について詳しい説明を行なっている。Elizabeth Gustafson, “Dying: The Career of the Nursing Home Patient,” *Journal of Health and Social Behavior*, 13 (1972): 226-35 をも見よ。

13 「生き残り戦略」と入居者の「仕事」については，Anselm S. Strauss, et al., “The Work of Hospitalized Patients,” *Social Science and Medicine*, 16 (1982): 977-86 を見よ。また，Margaret Stacey の “Who Are the Health Care Workers? Patients and Other Unpaid Workers in Health Care” を参照。これは 1984 年メキシコ市で開かれた国際社会学協会会議の席上発表された論文である。

14 社会的に支配された施設が「問題」や「取り扱い件数」に対応するばかりでなく，それらを作り出す問題については，私は特に Robert Emerson の著作に依拠した。一例として Robert M. Emerson, “Holistic Effects in Social Control Decision-Making,” *Law and Society Review*, 17 (1983): 427-55; Rob-

ert M. Emerson, E. Burke Rochford, Jr., and Linda L. Shaw, "The Micropolitics of Trouble in a Psychiatric Board and Care Facility," *Urban Life*, 12 (1983): 349-67; Robert M. Emerson and Melvin Pollner, "Dirty Work Designations: Their Features and Consequences in a Psychiatric Setting," *Social Problems*, 23 (1976): 243-55 を参照。

15　少なくともアメリカ合衆国では，アルツハイマー病と診断された患者のために別個の設備を設ける企業の誘因は，二重の目的に奉仕している。Alix M. Freedman は "Nursing Homes Try New Approach in Caring for Alzheimer's Victims," *Wall Street Journal*, 26 Sept. 1986, p.21 ではそれを説明して，「何よりも，そうした患者の面倒を見ることは疲れ切った家族の善意と相当な利益を保証する，ということを認識する老人ホームが増えている――実際，主として私費入居の患者が使う特別設備は，平均して一日 45 ドルから 65 ドル経かる標準的な老人ホーム介護に比べて日額で 5 ドルから 15 ドル高いと見積もられている」

16　書類が必要を消去する問題については，Smith の方法に拠る Marie L. Campbell の研究が特に洞察に満ちている。"Management as Ruling: A Class Phenomenon in Nursing," *Studies in Political Economy*, 27 (1988): 29-51; "The Structure of Stress in Nurses' Work" in *Sociology of Health Care in Canada*, ed. B. Singh Bolaria and Harley D. Dickenson (Toronto: Harcourt Brace Jovanovich, 1988), 393-405 を見よ。

17　Adrienne Rich, "Integrity," in *A Wild Patience Has Taken Me This Far: Poems 1978-81* (New York: W. W. Norton, 1981), 8. 私は "Wild patience" という言葉に注目し，1985 年 5 月 23 日に Wellesley College Center for Research on Women の 10 周年記念日における講演で特徴ある優美な表現のなかでそれを使った Catharine R. Stimpson に負うところが大きい。

第 5 章　カルテに書いてないことは起こらなかったことだ

1　欲求をモニターし予想する技術に関しては，私は Alison Griffith と Dorothy E. Smith 共著の "Mother's Work and School" を引用したが，これは 1985 年にコンコーディア大学シモーヌ・ド・ボーヴォアール研究所で，「見えない経済における女性」についての会議の席上，講演した論文である。また，Mary E. Hawkinson, "Women's Studies Office Workers." *Sojourner*, 13 (1986): 4-8 も参照されたい。

2　介護作業における「家族」は圧倒的に女性である。こうした性別化した役

割はそこから出ている。この問題の議論並びに応用については，Abel and Nelson, eds., Circles of Care; and Janet Finch and Dulcie Groves, eds., *A Labour of Love: Women, Work, and Caring* (Boston: Routledge and Kegan Paul, 1983) を見よ。

3　Daniels 著の *invisible Careers* で詳述されたテーマである。

4　仕事の精神的，情緒的側面を消去する任務のスケジュールは，テキストの力の組成とテキストの媒介する支配関係を例証する。Smith, *The Everyday World as Problematic*, 212.

5　介護作業の流動的かつ非本質的な側面については，Marjorie L. DeVault, *Feeding the Family: The Social Organization of "Caring" as Gendered Work* (Chicago: University of Chicago Press, 1991) を見よ。

6　医療現場の時間の経過については，David R. Maines, "Time and Biography in Diabetic Experience," *Mid-American Review of Sociology*, 8 (1983): 103-17; Evitar Zarubel, *Patterns of Time in Hospital Life* (Chicago: University of Chicago Press, 1979) を見よ。

7　Herbert Marcuse は *Negations: Essays in Critical Theory* のなかで，我々の感じた混乱を捕らえたかもしれない。「資本主義的合理主義の展開において，不合理は理性になる……［そして］高い生産性は破壊力になる」。以上，Sondra Farganis の *The Social Construction of the Feminine Character* (Totawa, N. J.: Rowman and Littlefield, 1986), 195 からの引用。

8　感情ばかりでなく，複雑な一連の技術としての介護に関しては，Hilary Graham, "Caring: A Labor of Love," in *A Labour of Love*, ed. Finch and Groves, chap. 1; and Clare Ungerson, "Why Do Women Care?" in *A Labour of Love*, chap.2 を見よ。Emily K. Abel and Margaret K. Nelson, "Circles of Care: An Introductory Essay," in *Circles of Care*, ed. Abel and Nelson, chap.1; and Berenice Fisher and Joan Tronto, "Toward a Feminist Theory of Caring," chap.2 をも参照。

第 6 章　秤に悪いところはないわよ，……

1　テーマは Michel Foucault に負うところが大きい。彼の業績に関しては，私は間接的に Kathy E.Ferguson 著の *The Feminist Case against Bureaucracy* (Philadelphia: Temple University Press, 1984); Smith, *The Conceptual Practices of Power*; Jaber F. Gubrium and David Silverman 編の *The Politics of Field Research: Sociology beyond Enlightenment* (Newbury Park, Calif.:

Sage, 1989); and Hubert L. Dreyfus と Paul Rabinow, Michel Foucault 共著の *Beyond Structuralism and Hermeneutics* (Chicago: University of Chicago Press, 1982) 等々から引用している。

2 商品創造と生産に関しては，T. R. Young, *Red Feather Dictionary of Socialist Sociology*, 2d ed. (Red Feather, Colo.: Red Feather Institute, 1978), 25 を見よ。Young (25) は，「商品とは社会関係に対する支持としての財貨またはサービスから私的利益という意味への変貌」だとしている。また Claus Offe 著，John Keane 編の *Contradictions of the Welfare State* (Cambridge, Mass.: MIT Press, 1984) も参照のこと。健康管理を商品として扱う慣行については，Howard Waitzkin, *The Second Sickness: Contradictions of Capitalist Health Care* (New York: The Free Press, 1983) を見よ。

3 労働の単純作業化に関しては，Harry Braverman, *Labor and Monopoly Capital* (New York: Monthly Review Press, 1974); Michael Burawoy, *Manufacturing Consent* を見よ。介護特有の単純労働化に関しては，Susan M. Reverby, *Ordered to Care: The Dilemma of American Nursing, 1850-1945* (New York: Cambridge University Press, 1987) を参照。

4 疎外の概念は，Isidor Walliman, *Estrangement: Marx's Conception of Human Nature and the Division of Labor* (Westport, Conn.: Greenwood Press, 1981) から引用。Allan Schnaiberg は *The Environment: From Surplus to Scarcity* (New York: Oxford University Press, 1980), 139 で効率を産業様式の礎石として論じている。曰く，「効率は責任，イデオロギー基盤，産業システム，および個人企業の標準である。他の目標は直接間接に政府および組織的政治力によって会社の計算に政治的に繰り込まれねばならない」。Marie Campbell の “The Structure of Stress in Nurses' Work,” 401: “The administrative capability to assess” における，以下の文章と比較されたい。「サービス生産の点で必要（ニーズ）を評価する行政能力は，最終的には「効率」を適用することになる。「効率的に」組織された病院では，買われた労働時間内に提供されるよりも多くの仕事が事実ある。こうした余分の仕事は看護師の努力によるものである」

5 分離したアルツハイマー病専用設備のように，おむつの使用は効率的だと考えられ，資本主義的関心から切り離すことができない。Jean Dietz は，「高齢者の失禁は年間 80 億ドルの値段表が付いていると見積もられる」と述べ，*Chicago Tribune* 紙 1989 年 7 月 14 日号は，この 80 億ドルはこの国で透析と環状動脈バイパス手術費を足した年間総額を越えている」と指摘している。彼女はさらに，おむつは労働コストを削減すると言う。

6　潜在的効力にはかなり疑問があるとされるが，わたしはOBRA規制に特に言及している。Robert L.Kaneは，“A Nursing Home in Your Future?” *New England Journal of Medicine*, 324 (1991): 628で，「実際には，平均的入居者が受ける介護は一日につき3時間以下である」と指摘し，そうしたコンテクストでは，「虚弱な高齢者を保護するための規制が，今では彼らの選択を制限し，サービスを提供したいと考える人々のコストを上げている」としている。

7　特にSacksの“Does It Pay to Care?” Circles of Care, 189-90, 201-2を見よ。Celia Davisは，“The Regulation of Nursing Work: An Historical Comparison of Britain and the U.S.A.”のなかでイギリス向けに比較分析を行なっている。

8　民族，性，階級抑圧等々の連動的な性質については，Patricia Hill Collins, “Learning from the Outsider Within: The Sociological Significance of Black Feminist Thought,” in *Beyond Methodology: Feminist Scholarship as Lived Research*, ed. Mary Margaret Fonow and Judith A. Cook, 35-59 (Bloomington and Indianapolis: Indiana University Press, 1991)を見よ。

9　Committee on Nursing Home Regulation, *Improving the Quality of Care in Nursing Homes*の415ページに上る報告は，賃金問題に1ページ（101）を割いている。Jill Frawleyの2ページにわたる論文は有益である。彼女はそのなかで，「我々は常に職員の人数が足らないが，金を節約するためであることはわかっている。一人の疲れた助手が本来二人でやるべき仕事を無理してダブルシフトで行なう。時給4ドルなにがしかの割では，食っていけるだけを稼ぐにはダブルシフト（16時間）でやらざるをえない」と書いている。“Inside the Home,” *Mother Jones* (March-April, 1991), 31.

10　女性の観点から得られる知識に関して，私は特にSmithの以下の著作から引用した。*The Everyday World as Problematic*, chap.2; Alison M. Jaggar, *Feminist Politics and Human Nature* (Totowa, N.J.: Rowman and Allenheld, 1983), 385-89.

11　企業の所有権を認証するために，国は矛盾した立場に陥る。John KeaneによるClaus Offeの論文の説明によれば，「永久的な財政赤字の可能性もまた，大きくなってくる。理由は福祉国家の生産の「社会化」に関連する増大するコストと投資やその利益の占有を巡る私的支配が続くことの間に矛盾が起こるためである」。Offe, *Contradictions of the Welfare State*, 19.

12　Lynn M. Olson, “Bureaucratic Control in Health Care: The Technology of Records,” Ph.D. diss., Northwestern University, 1986を見よ。OlsonはNancy Cokran, Andrew C. Gordon, Merton C. Krauseの初期の共著“Proactive Re-

cords," *Knowledge: Creation, Diffusion, Utilization*, 2 (1980): 5-18ならびに, Kai Eeikson と Daniel E. Gibertson 共著の "Case Records in the Mental Hospital," in *On Record*, ed. Stanton Wheeler (New Brunswick, N.J.: Transaction, 1976), 389-412 の内容を敷衍している。

13 権力とオーナーシップに結び付いた贈与に関しては, Richard M. Titmus, *The Gift Relationship: From Human Blood to Social Policy* (London: George Allen and Unwin, 1970), chap.7 を見よ。

14 たとえば Thomas McKeown, *The Role of Medicine: Dream, Mirage, or Nemesis?* (Princeton: Princeton University Press, 1979) を参照せよ。

15 入居者が社会的環境を生産することに関する詳細な説明は Linda L. Shaw の "Board and Care: The Everyday Lives of Ex-Mental Patients Living in the Community," Ph.D. diss., University of California, Los Angeles, 1988 を参照せよ。

16 Staples は *Castles of Our Conscience*, 125 で,「全ての介護ベッドの 70% 以上は利益追及型のホームにあり, 私企業部門がこの厖大な市場を支配する傾向にある」と述べている。Carolyn Wiener と Jeanie Kayser-Jones が "The Uneasy Fate of Nursing Home Residents," 101 で述べるように, 市場は投資家の所有するチェーンにますます支配されてゆく。

17 マルクスとエンゲルスのドイツイデオロギーから得た Dorothy Smith のイデオロギー概念は, 抽象的概念ではなく, 探求と解剖の可能な現実の慣行から得ている。「施設の民族誌によって探究し説明することのできる領域は仕事の過程と, 施設のイデオロギー的枠組内で説明のできるその他の実務である」。*The Everyday World as Problematic*, 176; see also *The Concepetual Practices of Power*, chap.2.

18 自伝と歴史の交差点, および特定の歴史的場所と時間のなかで生きることの影響については, C. Wright Mills, *The Sociological Imagination* (New York: Oxford University Press, 1959), chap. 8を見よ。Maggie Kuhn, "Challenge to a New Age," in *Readings in the Political Economy of Aging*, ed. Meredith Minkler and Carroll L. Estes (Farmingdale, N.Y.: Baywood, 1984), 7-9 をも参照。

19 集団志向社会と個人志向社会の違い, および後者が健康管理を市民の権利として取り込んでいく問題に関しては, Derek G. Gill and Stanley R. Ingman, "Geriatric Care and Distributive Justice: Problems and Prospects," *Social Science and Medicine*, 23 (1986): 1205-15 を見よ。

20 健康管理において患者が意思決定から除外されてゆく問題については, Derek G. Gill and Gordon W. Horobin, "Doctors, Patients and the State: Relationships and Decision-Making," *The Sociological Review*, 20 (1972): 505-20

を見よ。家族が医療上の意志決定から除外されてゆく問題については Abel, *Who Cares for the Elderly?* chap.2 を参照。

21 国が健康管理部門の利益を保証する問題については，J. Warren Salmon, “Organizing Medical Care for Profit,” in *Issues in the Political Economy of Health Care*, ed. John B. McKinlay (New York: Tavistock, 1984), 143-86を見よ。

22 ここでは問題は，女性のカテゴリーを分離して性の論理体系にもっていこうとする官僚的二分法から一歩横へそれることだ。Mary O'Brien, “Feminist Theory and Dialectical Logic,” *Feminist Theory: A Critique of Ideology*, ed. Nannerl O. Keohane, Michelle Z. Rozaldo, and Barbara C. Gelpi (Chicago: University of Chicago Press, 1982), 99-112を見よ。

23 支配は沈黙の文化に依存する件については，Paulo Friere, *Pedagogy of the Oppressed*, trans. Myra Bergman Ramos (New York: Continuum, 1990), 76を見よ。

24 母胎と母親は同じ根源から引き出される。Judith Wittner は私信の中で，一連の任務としかみない介護の分析はこの相互作用的な母胎を除外している，と言う。Abel は *Who cares for the Elderly?* 7 でこれと似た主張をし，以下のように述べている。「介護のさまざまな側面とストレスを関連づけようとする研究には，実証主義社会科学に一般的な欠点がある。二つの変数間に関連のあることを確証するには，これらの変数をそれらに意味を与える脈絡性から抽象する必要がある。私はそのなかに介護が嵌込まれている母胎のなかの複雑な関係の網を検討することの重要性に着目する」と。

25 *Feeding the Family* のなかで，De Vault は，家族に食べさせることは人間の必要を満たすことに似て，産業モデルにはふさわしくない，と述べている。

26 Muller の “The Bureaucratization of Feminist Knowledge,” 38 及び Smith の *The Conceptual Practices of Power*, chaps.3 and 4 から引用。

27 矛盾の概念に関しては，Offe, *The Contradictions of the Welfare State*, 130-34; also Ferguson, *The Feminist Case Against Bureaucracy*, 21-22を見よ。Ferguson は，Roslyn Wallsch Bologh の論文を引用して次のように述べている。「矛盾した状況は，同時に実現することのできない前提に基づき，一方を追求すれば他方を抑圧するという自己否定に陥るのである」私に言わせれば，老人ホームでは，人間の介護とビジネスは正にそうした矛盾した目標を至上命令としている。Ferguson は矛盾から抜け出す方法としては官僚支配は不完全であることを指摘して次のように述べる。「代替的な声を求め発言するには，官僚社会内の人間経験の二つの拮抗する次元を絶えず想起す

ることが必要である。想起すべきは支配的かつ広範な官僚の談話，それが日常生活に多様な面で侵入していること，および官僚の談話の不完全性，そのなかで機能している分野の紛争を全て吸収することができないことなどである」

第7章　「ちょっとここらで一休み」するために

1　「日常の闘い」という言葉は Judith Wittners の “Ordinary Struggles: The Politics and Perspectives of Displaced Factory Women” からとったものだが，これは 1989 年 8 月，Berkeley で開催された社会問題研究会の年次総会の席上発表された論文である。二つの拮抗する物語という概念は，Michel Foucault からきたもので，特に Foucault の支配的物語と沈潜した物語という著作に関する Ferguson の読みからきたものだ。後者は「服従させられた知識」を構成する。

2　ここでの私の努力は Smith も示唆するように，「我々の日常世界がそれらの彼方に伸びる関係によってどのように組織され，形作られ，決定されるかを女性や人々のために何とか示す」ことにある。*The Everyday World as Problematic*, 121. 目的は入居者と労働者が食物や休憩のような日々の必要を満たそうとする際に示すコンテクストを保持し，Smith の言う「部内者の唯物論」を実験しようとするものだ。唯物論の分析については，私は Hartstock の “The Feminist Standpoint,” 283-310; and from Jaggar, *Feminist Politics and Human Nature*, 87-88 から引用した。

日常生活の矛盾から出発する慣行は一部 John Acker, Kate Barry, Joke Esseveld 共著の “Objectivity and Truth: The Problems of Doing Feminist Research,” in *Beyond Methodology*, 144 からの次の引用である。彼らは「我々が認識している日常生活のテーマは下敷きになっている社会関係に本来備わっている矛盾ないしジレンマの顕現と理解することができる」と主張する。Mary Margaret Fonow and Judith A. Cook, “Back to the Future: A Look at the Second Wave of Feminist Epistemology and Methodology,” *Beyond Methodology*, 1-15 をも見よ。

3　実際の介護現場からの政策日程を策定することに関しては，Abel, *Who Cares for the Elderly?* chap.9 を見よ。わけても看護助手からの報告については，Bobbie J. Hyerstay, “The Political and Economic Implications of Training Nursing Home Aides,” *Journal of Nursing Home Administration*, 8 (1978) を参照。本書の 24 ページには「老人ホームは利益と医療志向の施設

なので，養成訓練への言及や，助手の身分が卑しいという表現はいくぶん革命的な発言と見なされる」と書かれている。

4 介護の与え手と受け手を分ける考え方を打破することは，介護に存在論的な接し方をすることである。Jaggar は，両者とも相関的存在論を基盤としているという意味で急進的フェミニズムと伝統的マルキシズムを結びつけている。*Feminist Politics and Human Nature*, 368 を見よ。

5 最低賃金を生活賃金に引き上げる件については，Ruth Needleman and Anne Nelson, “Policy Implications: The Worth of Women’s Work,” in *The Worth of Women’s Work: A Qualitative Synthesis*, ed., Anne Statham, Eleanor M. Miller and Hans O. Mauksch (Albany, N.Y.: State University of New York Press, 1988), 293-308 を見よ。女性の組合活動が盛んになる問題については，Ruth Needleman, “Women Workers: A Force for Rebuilding Unionism,” *Labor Research Review*, 11 (1991): 1-13; also Gail S. Livings, “Discovering the World of Twentieth Century Trade Union Waitresses in the West.” *Current Perspectives on Aging and the Life Cycle*, 3 (1989): 141-73 を参照。

6 Maggie Kuhn の演説は “Dedicated to the Future” と題して 1989 年 12 月 2 日，ロサンゼルスの the Immanuel Presbyterian Church で行なわれた。

7 Campbell は “The Structure of Stress in Nurses’ Work,” 402 で，この問題の梗概を次のように述べている。「抽象的な書類の情報は，適切なチャンネルを通じて報じられると，経験豊かなプロの言葉に耳を傾け，伝える手続きに置き換えられる。第一線の看護師だけが，分断とその意味に気が付く。そしてこれらの看護師は経営者の情報システムと手続きによって沈黙させられ，寸断される」

8 Vicente Navarro, “Why Some Countries Have National Health Insurance, Others Have National Health Services, and the United States Has Neither,” *International Journal of Health Services*, 19 (1989): 383-404.

9 Steffie Woolhandler and David U. Himmelstein, “The Deteriorating Administrative Efficiency of the U.S. Health Care System,” *New England Journal of Medicine*, 324 (1991): 1253-58. 著者は，カナダ方式の国営健康管理制度を採用することで，アメリカは 1000 億ドル近い行政コストを節約できるだろう，としている。

10 次の議論の精神は，Alison Jaggar, “Love and Knowledge: Emotion in Feminist Epistemology,” in *Gender/Body/Knowledge*, ed. Alison M. Jaggar and Susan R. Bordo (New Brunswick, N.J.: Rutgers University Press, 1989), 145-71 から得た。また，抵抗の戦略に関しては，William D. Darrough, “In the Best

Interest of the Child II," *Journal of Contemporary Ethnography*, 18 (1989): 72-88 を参照。Darrugh はもう一つの入居者が実際につかった戦略を教えてくれたが，これは Jessica Mitford によれば "pie-in" と称してベッドを汚す作戦である。「今度ミセスなにがしがベルを鳴らしたら，わたしは 10 まで数えるわ。それでも看護師が来なかったらベッドを濡らしちゃおうよ」これは見事に利き目があった。Jessica Mitford, *A Fine Old Conflict* (New York: Alfred A. Knopf, 1977), 27.

11 鉄の時代というのは Max Weber の *The Protestant Ethic and the Spirit of Capitalism* (New York: Charles Scribner's Sons, 1958), 181 に出てくる言葉である。官僚の力についての Weber の悲観論は，Foucault や，フェミニスト論者の Smith, Jaggar, Hartsock, Ferguson らは共有しない。Alvin W. Gouldner は *The Coming Crisis of Western Sociology* (New York: Basic Books, 1970), 40 で，違いを次のように説明している。「Weber の官僚論……には強い反社会主義的含意がある。社会主義への変化は官僚化や疎外を防止しない，と考えているからだ」ほかの著述家達は，本章の残りの註に示唆されるように，鉄の檻からの逃亡は実際には可能だと論じる。鉄の檻を破って出る方法が見つかるのは，官僚統制が全体主義的なものではなくて，Ferguson の示唆するように，「一つの過程，支配と抵抗の弁証法のなかの一瞬間だからである」

12 Lila Abu-Lughod は，近年の人間科学の中心にある不確定な事柄の一つは，権力に対する抵抗の関係だったが，抵抗をロマン化けする傾向がある，と指摘する。私は入居者が反逆した潜在的可能性を提起するに当たり，間違いなくロマン化している。しかし私は，彼女がそうするように，抵抗を力の診断として利用し，その方法と歴史的変遷を研究しようとしている。"The Romance of Resistance: Tracing Transformations of Power through Bedouin Women," *American Ethnologist*, 17 (1990): 41-55 を見よ。このテーマを指摘した Suzanne Vaughan に感謝したい。彼女と Paul Luken は，老婦人と住宅の領域に Dorothy Smith の施設民族誌学を適用している。彼らの研究の最初の概要については，Luken and Vaughan, "Elderly Women Living Alone: Theoretical and Methodological Considerations from a Feminist Perspective," *Housing and Society*, 18 (1991), 1-12 を参照。

13 鉄格子のイメージは Adele Mueller 著 "The Bureaucratization of Feminist Knowledge" から得た。

14 John Gaventa は，*Power and Powerlessness: Quiescence and Rebellion in an Appalachian Valley* (Oxford: Clarendon Press, 1980) のなかで，無活

動は決して受動性ではないことを示している。目立たない毎日の抵抗のテクニックが，長い目で見れば最も効果的で意味のあるものである点に関しては，James C. Scott, *Weapons of the Weak: Everyday Forms of Peasant Resistance* (New Haven: Yale University Press, 1985) を見よ。

15　究極的には，OBRA 規制は継ぎはぎ細工の改革である。健康管理における継ぎはぎ細工とその矛盾については，Waitzkin, *The Second Sickness*, 230-31 を見よ。.

16　この計画表を公けにするほかの研究については，*Everyday Ethics: Resolving Dilemmas in Nursing Home Life*, ed. Rosalie A. Kane and Arthur L. Kaplan (New York: Springer-Verlag, 1989); also Wiener and Kayser-Jones, "The Uneasy Fate of Nursing Home Residents." を参照。

17　この認識論は E. P. Thompson 著の *The Making of the English Working Class* (London: Victor Gollancz, 1963) に指摘されている。*Making Gray Gold* という本書のタイトルは，Michael Burawoy の *Manufacturing Consent* ならびに部分的には Thompsonn から得たもので，実際に灰色の金を生産している入居者と労働者が積極的な行為に携わっていることを示そうとする意図がある。Thompson の言葉 (9) によれば，「労働者階級は太陽のように決まった時間には起きなかった。起きる時間はそれ自体が作った現在だった」。言うまでもなく老人ホームでは，「from the bottom up（最初から）」というイメージは文字どおりの意味を帯びてきた感がある。

18　Ellen Newton, *This Bed My Center* (London: Virago, 1979); Joyce Horner, *That Time of Year* (Amherst, Mass.: University of Massachusetts Press, 1982); Carobeth Laird, *Limbo* (Novato, Calif.: Chandler and Sharp, 1979) ; Sallie Tisdale, *Harvest Moon: Portrait of a Nursing Home* (New York: Henry Holt, 1987) を見よ。

19　例として Goffman, Asylums; Gubrium, *Living and Dying at Murray Manor*; Renee Rose Shield, *Uneasy Endings* (Ithaca, N.Y.: Cornell University Press, 1988); David L. Rosenhan, "On Being Sane in Insane Places," *Science*, 179 (1973): 250-58; Bruce C. Vladeck, *Unloving Care: The Nursing Home Tragedy* (New York: Basic Books, 1980) が挙げられる。

20　口述歴史の方法に関しては，Debra L. Schultz, "Women Historians as a Force in History: The Activist Roots of Women Historians," (Master's thesis, City University of New York, 1990); Gail S. Livings, "Discovering the World of Twentieth Century Trade Union Waitresses in the West." を見よ。

21　オンブズマンの積極的な影響については，Ralph L Cherry, "Agents of

Nursing Home Quality of Care: Ombudsmen and Staff Ratios Revisited," *The Gerontologist*, 31 (1991): 302-8 を見よ。地域社会組織の影響については，Constance Williams, "Improving Care in Nursing Homes Using Community Advocacy," *Social Science and Medicine*, 23 (1986): 1297-1303 を参照。

22 Karen Thompson and Julie Andrezejewski, *Why Can't Sharon Come Home?* (San Francisco: Spinsters/Aunt Lute, 1988). 引用は Marie Shear の書評 *Women's Review of Books*, 6 (1989):23 からとったことを示す。

23 Alan Walker は，"Care for Elderly People: A Conflict between Women and the State," in *A Labour of Love*, ed. Finch and Groves, 106-28 の中で，紛争は国と分かち合うばかりでなく，介護者と披介護者に共通する利益について述べている。

24 Max Weber はこの核となる例について書き，「合理性と科学的思考が宗教的儀式の全ての印を拒絶して……救済に如何なる迷信も，魔術的な秘跡を重視する力も，忍び込めなくした」と嘆いた。*The Protestant Ethic and the Spirit of Capitalism*, 105 を参照のこと。Foucault は Weber と同じ懸念を抱いた。また，Dreyfus と Rabinow は *Michel Foucault*, 166 で，「Weber から (Foucault は) 我々の文化の本質的な傾向および最も重要な問題として合理化と客観化に対する懸念を受け継いでいる」と示唆している。Arlene K. Daniels は私信のなかで，倫理と認識論として介護から出発するかぎりフェミニストは官僚のなかに人間感情という「魔術」を再び差し挟むことができるかもしれないと示唆した。彼女の主張を Jagger が "Love and Knowledge: Emotion in Feminist Epistemology" の中で補強している。Berenice Fisher と John Tronto も "Toward a Feminist Theory of Caring," ed. Abel and Nelson, 35-62 の中で "The Feminism and the Reconstruction of Social Science," 207-23 における Sondra Fargains と同様の主張をしている。*The Feminist Case against Bureaucracy*, 196-203 の Furguson についても同じである。

25 (Weber を除く) 前註の全ての著述家は唯物論哲学の中で研究を行ない，Weber の観念論的思想を退けるとともに，官僚的合理性の鉄の檻を破ることはできないとする彼の悲観論を拒絶している。私は彼ら，なかんずく Dorothy Smith から，「書類という現実」の具体的な保存先としてカルテ問題に移る。そこには入居者と看護助手の物語が沈潜し沈黙させられている。Smith の *The Conceptual Practices of Power*, chap.3 を特に参照されたい。

26 ラベルは暴露すると同じ程度に隠しもする，とは私が Laurel Richardson から引き出したテーマである。*The Dynamics of Sex and Gender: A Sociological Perspective*, 3d. ed., (New York: HarperCollins, 1988); and *The New*

Other Women: Contemporary Single Women in Affairs with Married Men (New York: The Free Press, 1985) を見よ。

27　加齢の治療については，Estes and Binney, "Toward a Transformation of Health and Aging Policy" ならびに Karen Lyman, "Bringing the Social Back In: A Critique of the Biomedicalization of Dementia." を見よ。後者は 1988 年，アトランタで開催されたアメリカ社会学協会年次総会で発表された論文である。

28　Mueller, "The Bureaucratization of Feminist Knowledge," and personal communication; さらに，Campbell, "The Structure of Stress in Nurses' Work"; and Celia Davies, "The Regulation of Nursing Work," 154 は，「グループ形成と闘争の形式に焦点を当てる経験を形成し，矛盾を生む施設の母胎」について述べている。

29　Fisher and Tronto, "Toward a Feminist Theory of Caring," 42.

30　Jaggar は "Love and Knowledge: Emotion in Feminist Epistemology," 165 の中で，半ば情緒の養成を含む介護の社会的責任のために女性が発達させる鋭い洞察力について，「この情緒的洞察力は政治分析における一つの技術と認められ，支配のメカニズムを理解し，より自由な生き方を想像する上で女性に特別な利点を与えていると確認されている」と述べている。